LibreOffice

optimal nutzen

Philip Kiefer

Markt+Technik

Gratis-Download

Wenn Sie auf die Buch-Webseite www.mut.de/0048 gehen, können Sie ein PDF mit hilfreichen Tastenkombinationen zu LibreOffice herunterladen.

ISBN 978-3-98810-048-1

Espenpark 1a
90559 Burgthann

Produktmanagement Christian Braun, Burkhardt Lühr
Lektorat, Herstellung Jutta Brunemann
Covergestaltung David Haberkamp
Druck Himmer GmbH Druckerei & Verlag, Augsburg
Printed in Germany

Inhaltsverzeichnis

1. Gut starten mit LibreOffice 5

LibreOffice installieren 5
LibreOffice starten 8
Die LibreOffice-Programme im Überblick 9
Die allgemeine Benutzeroberfläche 12
Benutzerdaten eingeben 14
Datei anlegen, speichern, schließen und öffnen 15
Benutzeroberfläche wechseln 24

2. Writer: Briefe und andere Dokumente erstellen 27

Text erfassen und formatieren 27
Absatzformatierung 41
Tabellen, Grafiken und weitere Inhalte einfügen 46
Darstellung auf der Seite 56
Verweise und Verzeichnisse 62
Formular-Steuerelemente 69
Serienbriefe 70
Überprüfen und kommentieren 72
Drucken 80

3. Calc: Budgets und andere Tabellen erstellen und berechnen 82

Zellen mit Inhalten füllen 82
Zellen markieren 84
Zellen inhaltlich formatieren 85
Zellen optisch formatieren 87
Umgang mit Zellen 91
Sortieren und Filtern 95
Tabellenblätter 98
Formeln anwenden 100
Diagramm erstellen 106
Tabelle drucken 111

4. Impress: Gestalten Sie beeindruckende Präsentationen 114

Präsentation anlegen 114
Folien mit Ihren Inhalten füllen 119

Animationen und Übergänge 126
Präsentation starten 128
Präsentation drucken 129

5. Draw: ansprechende Grafiken erstellen 130

Seite einrichten 130
Zeichnungsfunktionen 132
Formatieroptionen 135
Exportieren 138

6. Math: clever Formeln erstellen 140

Math aufrufen 140
Formel erstellen 141
Formeln formatieren 142

7. Base: Datenbanken anlegen und verwalten 144

Datenbank erstellen 144
Tabellen 147
Abfragen, Formulare, Berichte 152
In Writer auf eine Datenbank zugreifen 157

8. LibreOffice noch smarter nutzen 159

Symbolleisten anpassen 159
Menüs anpassen 163
Tastenkombinationen erstellen 165
Makros 166
Erweiterungen 172
Assistenten 174
Vorlagen herunterladen und verwalten 176
Versionen speichern 182
Schutz für Dateien 184
Abgesicherter Modus 186

Stichwortverzeichnis 187

1. Gut starten mit LibreOffice

Es kann viele Gründe geben, auf ein freies statt auf ein kommerzielles Office-Paket zu setzen. Vielleicht möchten Sie einfach Ihre Softwarekosten auf null senken. Oder Sie möchten sich nicht der Macht großer Softwarekonzerne ausliefern.

LibreOffice ist ein solches freies Office-Paket. Es ist 2010 aus einer Abspaltung des OpenOffice.org-Projekts hervorgegangen. Weiterentwickelt wird die Software von einer gemeinnützigen Organisation namens The Document Foundation bzw. durch eine große Community von Freiwilligen, die sich in der Organisation engagieren. Wer auf ein Softwareprodukt abseits von Kommerz und Datensammeln setzen möchte, ist mit LibreOffice bestens beraten.

In diesem Buch machen Sie sich mit den einzelnen Programmen und allen wichtigen Funktionen von LibreOffice vertraut. Dabei handelt es sich nicht um ein »Was kann die Software alles?«-Buch, das den Anspruch erhebt, sämtliche verfügbaren Funktionen zu beschreiben. Sondern es soll ein wirklich praxisnahes Buch sein, das Ihnen als Ein- und Umsteiger didaktisch sinnvoll die wirklich benötigten Kenntnisse vermittelt, ohne ständig auf einer Webseite nachschlagen zu müssen. Um das kompakte Format dieses Buches zu gewährleisten, wurden bestimmte Funktionen nach Möglichkeit nur einmalig dargestellt, auch wenn diese in mehreren Programmen zur Verfügung stehen. Diese Funktionen werden dort beschrieben, wo es am sinnvollsten erscheint: Funktionen zur Formatierung von Text etwa im Zusammenhang mit dem Textverarbeitungsprogramm Writer, Funktionen zum Formatieren von Diagrammen im Zusammenhang mit dem Tabellenkalkulationsprogramm Calc, Zeichenfunktionen im Zusammenhang mit dem Programm Draw usw.

LibreOffice installieren

LibreOffice läuft auf Computern mit Windows, macOS und Linux bzw. GNU/Linux. Allerdings werden stark veraltete Betriebssysteme nicht unterstützt, etwa Windows-Versionen vor Windows 7 oder Mac-Betriebssysteme vor OS X 10.9 (Mavericks). Auf Android-Geräten lässt sich zumindest eine Viewer-App installieren. Außerdem steht für Android und iOS eine auf LibreOffice basierende App namens *Collabora Office* zur Verfügung.

Damit die Darstellung in diesem Buch so einfach wie möglich bleibt, wird auf einen Mischmasch aus mehreren Betriebssystemen verzichtet und alles auf der Basis des aktuellen Windows-Betriebssystems Windows 11 gezeigt. Wenn Sie einen Computer mit einem anderen Betriebssystem nutzen, können sich zwar kleinere Abweichungen ergeben, aber die generellen Funktionen sind die gleichen. Falls LibreOffice auf Ihrem Rechner noch nicht zur Verfügung steht, beginnen Sie nun mit der Installation des Office-Pakets:

1. Öffnen Sie auf Ihrem Rechner einen Webbrowser, geben Sie die Webadresse de.libreoffice.org/download ein und bestätigen Sie mit der ⏎-Taste.

2. Das von Ihnen genutzte Betriebssystem sollte automatisch erkannt und der entsprechende Download angeboten werden. Sie können zwischen einer stabilen Hauptversion und einer noch vorläufigen neueren Version wählen. Klicken Sie bei der gewünschten Version auf die *Download*-Schaltfläche. Falls Sie eine Version für ein anderes Betriebssystem herunterladen möchten, wählen Sie dieses weiter unten auf der Seite aus. Unter der Schaltfläche *Systemanforderungen* können Sie sich vor der Installation des Office-Pakets über die Voraussetzungen informieren, die Ihr Rechner erfüllen sollte.

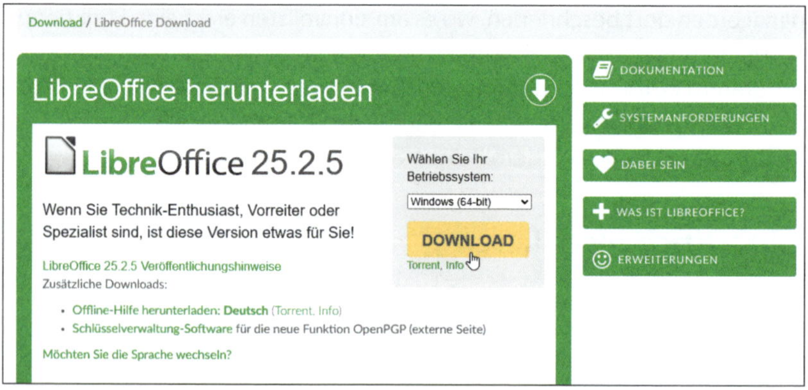

3. Öffnen Sie die heruntergeladene Datei, z. B. per Doppelklick darauf, im Benutzerordner *Downloads*.

4. Es öffnet sich ein Installationsassistent, in dem Sie zunächst den allgemeinen Hinweisen mit *Weiter* zustimmen.
5. Im nächsten Schritt bestätigen Sie in der Regel die typische Installation mit *Weiter*. Alternativ wählen Sie die Option *Benutzerdefiniert*, um anschließend individuell festzulegen, welche Programmkomponenten und Sprachen installiert werden sollen.

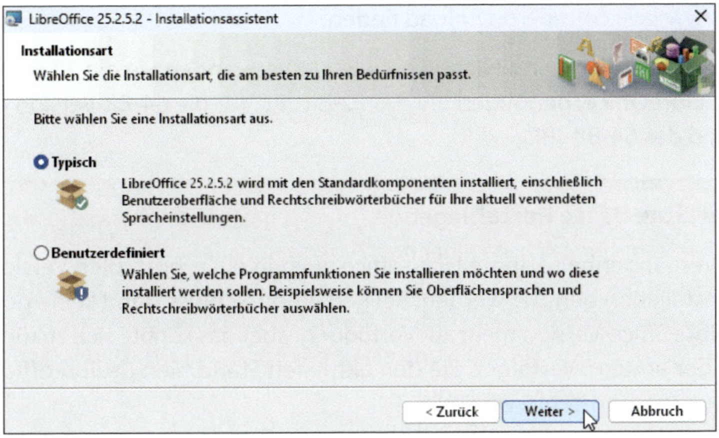

6. Entscheiden Sie per Kontrollkästchen, ob eine Programmverknüpfung außer im Startmenü auch auf dem Desktop angelegt werden soll und ob LibreOffice zusammen mit dem Betriebssystem geladen werden soll oder nicht. Klicken Sie auf *Installieren*, um die Installation des Office-Pakets auf Ihrem Rechner durchzuführen.

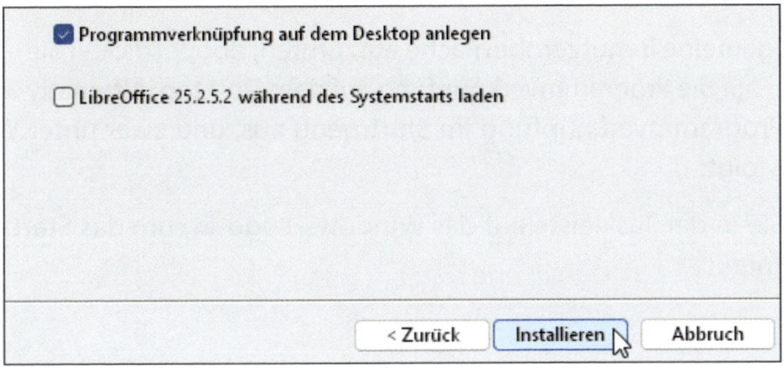

7. Wenn sich während des Installationsvorgangs die Benutzerkontensteuerung zu Wort meldet, bestätigen Sie mit *Ja* (es sind Administratorrechte erforderlich).
8. Nachdem die Installation durchgeführt wurde, klicken Sie auf *Beenden*, um den Installationsassistenten zu schließen.

Für einige LibreOffice-Funktionen ist zusätzlich die Installation einer Java Runtime Environment (JRE) erforderlich, die Sie unter der Webadresse https://www.java.com/de/download finden.

In diesem Zusammenhang wichtig zu wissen: Verwenden Sie die 32-Bit-Version von LibreOffice, benötigen Sie das 32-Bit-JRE, für die 64-Bit-Version entsprechend das 64-Bit-JRE.

Info zu LibreOffice Portable

In der Vergangenheit konnte LibreOffice auch in einer portablen Version ohne Installation genutzt werden. Bei Redaktionsschluss stand keine portable LibreOffice-Version mehr zur Verfügung, aber das könnte sich zukünftig wieder ändern. Verfolgen Sie den aktuellen Stand hier: de.libreoffice.org/download/portable-versions.

LibreOffice starten

LibreOffice bietet eine allgemeine Benutzeroberfläche, in der die einzelnen Programme des Office-Pakets gestartet oder Vorlagen und zuletzt verwendete Dateien ausgewählt werden können.

Um diese allgemeine Benutzeroberfläche aufzurufen, doppelklicken Sie – sofern erstellt – auf die Programmverknüpfung auf dem Desktop. Alternativ wählen Sie die Programmverknüpfung im Startmenü aus, und zwar unter Windows 11 wie folgt:

1. Klicken Sie in der Taskleiste auf das Windows-Logo, um das Startmenü zu öffnen.

2. Wählen Sie *Alle* und scrollen Sie die App-Liste mithilfe der Bildlaufleiste zum Buchstaben *L* herunter. Öffnen Sie per Mausklick den Ordner *LibreOffice*.
3. Entscheiden Sie sich in dem Ordner für den Eintrag *LibreOffice*, um die allgemeine Benutzeroberfläche aufzurufen.

Möchten Sie direkt ein einzelnes Programm aus dem Office-Paket aufrufen, klicken Sie im Startmenü den entsprechenden Eintrag im Ordner *LibreOffice* an, die Programme sind darin alphabetisch sortiert.

Programme in der Taskleiste schneller starten

Die schnellste Möglichkeit, LibreOffice bzw. einzelne Programme des Office-Pakets zu starten, bietet die Taskleiste. Um der Taskleiste ein Programm hinzuzufügen, klicken Sie dieses im Startmenü mit der rechten Maustaste an, wählen im Kontextmenü *Mehr* und dann *An Taskleiste anheften*.

Das Programm kann ab sofort per Mausklick auf das Programmsymbol in der Taskleiste gestartet werden. Möchten Sie ein Programmsymbol wieder aus der Taskleiste entfernen, klicken Sie es mit der rechten Maustaste an und wählen im Kontextmenü *Von Taskleiste lösen*.

Die LibreOffice-Programme im Überblick

Das LibreOffice-Paket besteht aus sechs Office-Programmen, die jeweils unterschiedlichen Zwecken dienen. Hier ein Überblick:

- **Writer** ist die Bezeichnung des Textverarbeitungsprogramms in LibreOffice. Es dient dem Erfassen und Formatieren von Texten aller Art, z. B. von Briefen oder Hausarbeiten.

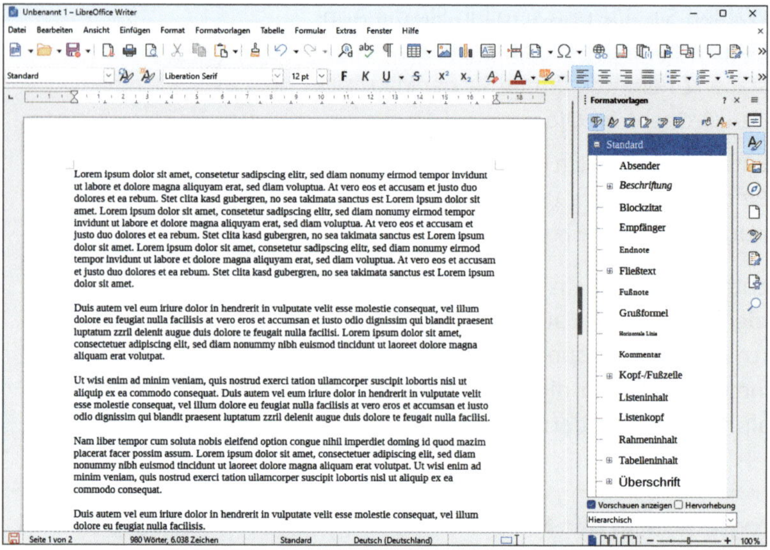

- **Calc** ist das Tabellenkalkulationsprogramm des Office-Pakets. Es dient dem Anlegen und automatischen Berechnen von Tabellen aller Art, etwa von Haushaltsbudgets oder Lohnabrechnungen.

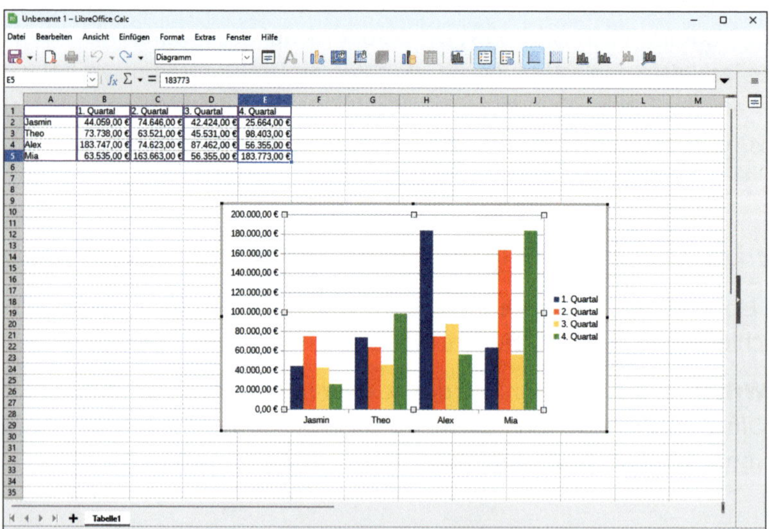

- **Impress** ist der Name des Präsentationsprogramms in LibreOffice. Sie erstellen damit ansprechende Präsentationen, z. B. für Referate oder Vorträge im Verein.

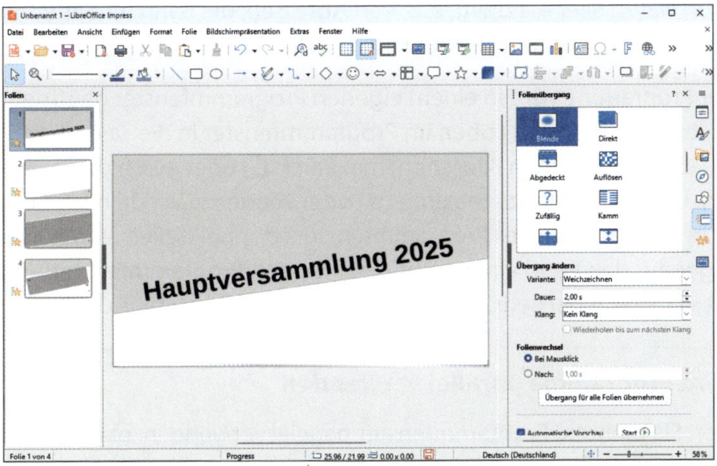

- **Draw** ist ein Grafikprogramm, das ebenfalls zu LibreOffice gehört. Es bietet zahlreiche Funktionen zum Erstellen von Diagrammen, technischen Zeichnungen und Co.

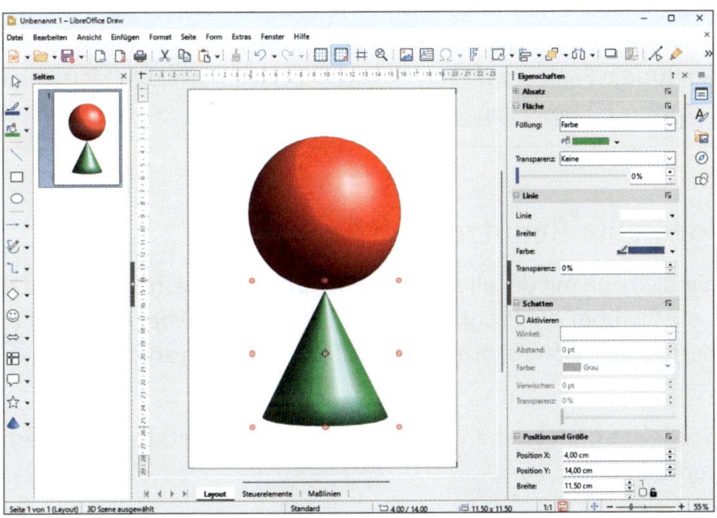

- **Math** ist ein Formeleditor, der auch aus anderen Programmen des Office-Pakets gestartet werden kann, um dort eine Formel einzufügen.
- **Base** ist ein Datenbankmanagementsystem, das zum Erfassen und Verwalten von Daten aller Art dient, z. B. von Adressen, die dann für Serienbriefe in Writer verwendet werden können.

Jedes der Programme wird in einem eigenen Programmfenster geöffnet, das mithilfe der Symbole rechts oben im Programmfenster in die Taskleiste minimiert –, auf den gesamten Bildschirm maximiert ☐ oder geschlossen ✕ werden kann. Um ein Fenster zu maximieren oder wieder zu verkleinern, können Sie auch in die Titelleiste des Programmfensters doppelklicken. Wenn Sie den Mauszeiger auf den Rand eines nicht maximierten Programmfensters bewegen, lässt sich dieses bei gedrückter Maustaste auf eine beliebige Größe ziehen.

Mehrere Programme parallel verwenden

Möchten Sie mehrere Programmfenster parallel verwenden, platzieren Sie diese – bei ausreichend großem Bildschirm – auf einer Hälfte oder einem Viertel des Bildschirms. Klicken Sie dazu unter Windows 11 in die Titelleiste eines Programmfensters und ziehen Sie dieses bei gedrückter Maustaste an den Rand (zur Platzierung auf einer Bildschirmhälfte) oder in eine Ecke (zur Platzierung auf einem Bildschirmviertel) des Bildschirms. Anschließend wählen Sie die weiteren zu platzierenden Programmfenster aus. Weitere Optionen für die Fensterordnung erhalten Sie, wenn Sie den Mauszeiger auf das Symbol ☐ bewegen.

Die allgemeine Benutzeroberfläche

Machen Sie sich nun mit der allgemeinen Benutzeroberfläche von LibreOffice vertraut, die Sie über die Programmverknüpfung *LibreOffice* öffnen. Die Benutzeroberfläche gliedert sich in mehrere Teile, die Ihnen an dieser Stelle vorgestellt werden:

- Die **Titelleiste** bietet neben der Titelanzeige die bereits kennengelernten Fensterfunktionen.

- In der **Menüleiste** greifen Sie auf die verfügbaren Programmbefehle zu. Klicken Sie einen Eintrag in der Menüleiste an, um ein Menü mit den zugehörigen Befehlen zu öffnen.
- Im **Navigationsbereich** links erhalten Sie Optionen zum Öffnen von Dateien oder Vorlagen bzw. zum Starten der in LibreOffice verfügbaren Programme.
- Im großen **Anzeigebereich** werden Ihnen standardmäßig die zuletzt geöffneten Dateien angezeigt, um diese per Mausklick darauf erneut aufzurufen. Sie können sich aber auch die verfügbaren Vorlagen für Briefe, Präsentationen usw. anzeigen lassen. Das Scrollen erfolgt auch hier mithilfe einer Bildlaufleiste.

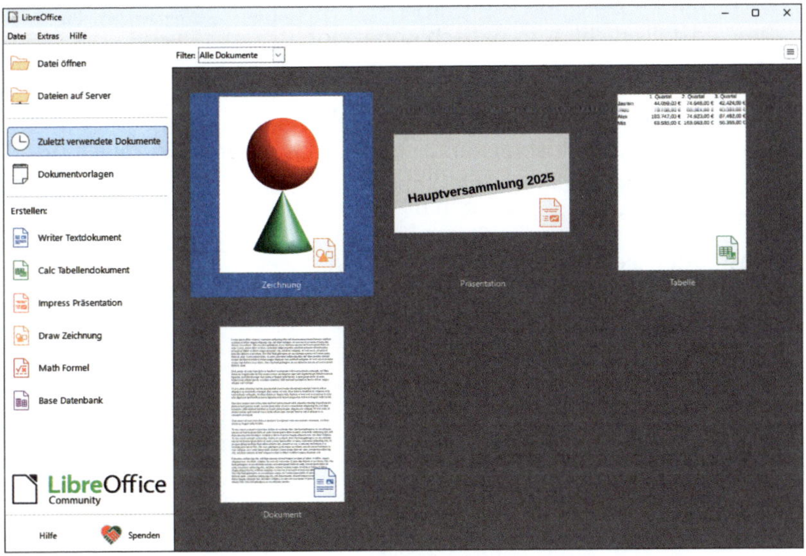

Diese Abbildung zeigt die allgemeine Benutzeroberfläche des Office-Pakets LibreOffice.

Funktionen mit Tastenkombinationen schneller aufrufen

Wenn Sie in der Menüleiste ein Menü öffnen, sehen Sie, dass bei einigen Programmbefehlen eine Tastenkombination angegeben ist. Tastenkombinationen bieten eine alternative – und oftmals schnellere – Methode, einzelne Befehle aufzurufen.

Benutzerdaten eingeben

Bevor Sie damit loslegen, mit LibreOffice zu arbeiten, geben Sie Ihre Benutzerdaten ein, die dann automatisch den Metainformationen Ihrer Dateien hinzugefügt werden. So gehen Sie zum Eingeben der Benutzerdaten vor:

1. Sie haben die allgemeine Benutzeroberfläche von LibreOffice vor sich. Klicken Sie in der Menüleiste auf den Eintrag *Extras*.
2. Wählen Sie im sich öffnenden Menü den Befehl *Optionen*.
3. Im sich öffnenden Dialogfeld lassen sich alle möglichen Programmeinstellungen vornehmen. Zur Eingabe Ihrer Benutzerdaten wählen Sie, falls nicht automatisch angezeigt, links *LibreOffice* und dann *Benutzerdaten*.

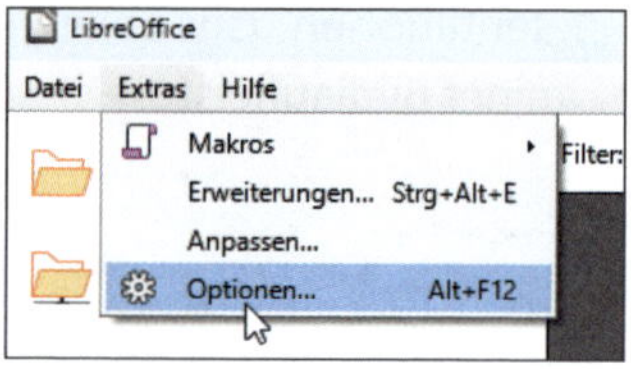

4. Geben Sie die gewünschten Benutzerdaten ein. Sie müssen selbstverständlich nicht das gesamte Formular ausfüllen, sondern geben lediglich die Daten ein, die Sie möchten. Am wichtigsten sind Name und Kürzel.
5. Bestätigen Sie Ihre Einstellungen mit *OK*.

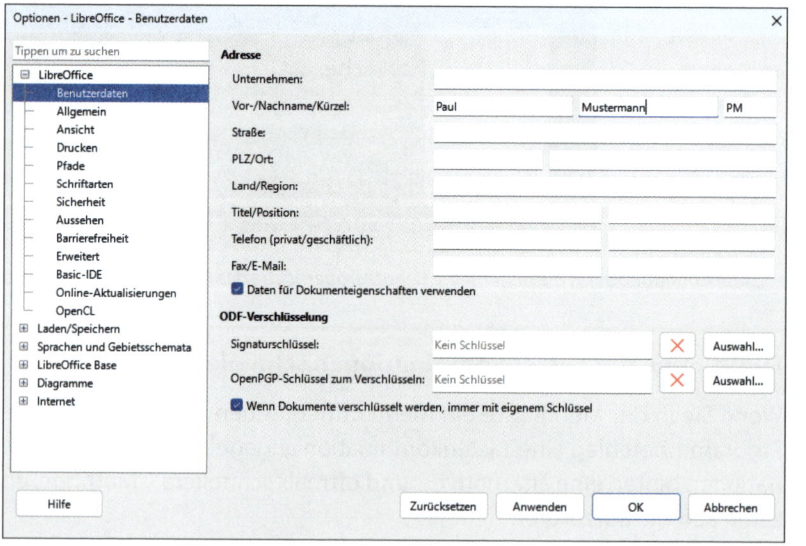

Datei anlegen, speichern, schließen und öffnen

Die Inhalte, die Sie mit LibreOffice erstellen, legen Sie als Dateien auf dem Rechner ab, um sie später jederzeit erneut öffnen und bearbeiten, gegebenenfalls auch an andere Personen weiterreichen zu können. Die folgenden Seiten zeigen Ihnen, wie Sie in LibreOffice neue Dateien anlegen, diese speichern, schließen und wieder öffnen.

So legen Sie eine neue Datei an

Neue Dateien können sowohl auf der allgemeinen Benutzeroberfläche als auch in den einzelnen Programmen angelegt werden. Wenn Sie auf der allgemeinen Benutzeroberfläche im Navigationsbereich auf eines der Programme klicken, wird prompt das entsprechende Programm mit einer neuen leeren Datei geöffnet, die Sie dann mit Ihren Inhalten füllen können. Einen Befehl zum Anlegen einer neuen leeren Datei finden Sie aber auch in der Menüleiste – und zwar nicht nur auf der allgemeinen Benutzeroberfläche, sondern auch in den einzelnen Programmen. Klicken Sie in der Menüleiste auf *Datei* und bewegen Sie den Mauszeiger auf *Neu*, um im Ausklappmenü die entsprechende Auswahl zu erhalten.

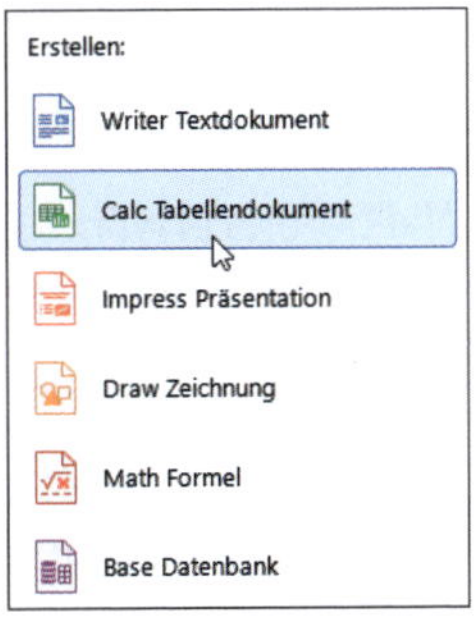

Klicken Sie im Navigationsbereich der allgemeinen Benutzeroberfläche auf ein Programm, um dieses mit einer neuen leeren Datei zu öffnen.

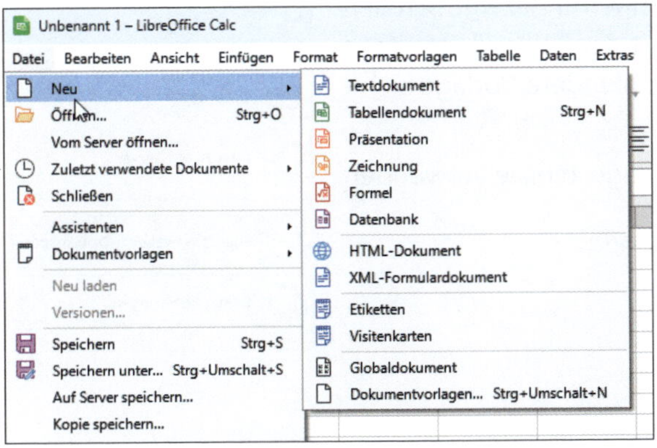

Auch über die Menüleiste lassen sich neue leere Dateien anlegen.

Neue leere Dateien per Tastenkombination anlegen

Neue leere Dateien lassen sich alternativ mit der Tastenkombination Strg+N anlegen. Auf der allgemeinen Benutzeroberfläche öffnen Sie mit dieser Tastenkombination ein leeres Textdokument im Programm Writer.

Haben Sie eines der Programme geöffnet, wird mit der Tastenkombination eine neue und leere Datei angelegt, die dem jeweiligen Programmtyp entspricht.

Eine Vorlage verwenden

Wie bereits erwähnt, lassen sich statt neuer leerer Dateien auch solche Dateien anlegen, die auf Vorlagen basieren. Gehen Sie dazu folgendermaßen vor:

1. Klicken Sie auf der allgemeinen Benutzeroberfläche im Navigationsbereich auf den Eintrag *Dokumentvorlagen*.

   Wenn Sie auf den zum Eintrag gehörenden Pfeil klicken, können Sie per Menü die Anzeige der Vorlagen auf ein einzelnes Programm beschränken.

   Das Verwenden von Vorlagen kann alternativ auch über die Menüleiste erfolgen, auch aus den einzelnen Programmen heraus; in diesem Fall wählen Sie unter *Datei/Neu* den Eintrag *Dokumentvorlagen*. Alternativ drücken Sie die Tastenkombination Strg+⇧+N.

2. Die Vorlagen werden Ihnen angezeigt. Scrollen Sie gegebenenfalls mit der Bildlaufleiste nach unten, um eine ausgeblendete Vorlage sichtbar zu machen.

3. Klicken Sie auf die Vorlage, die Sie verwenden möchten.

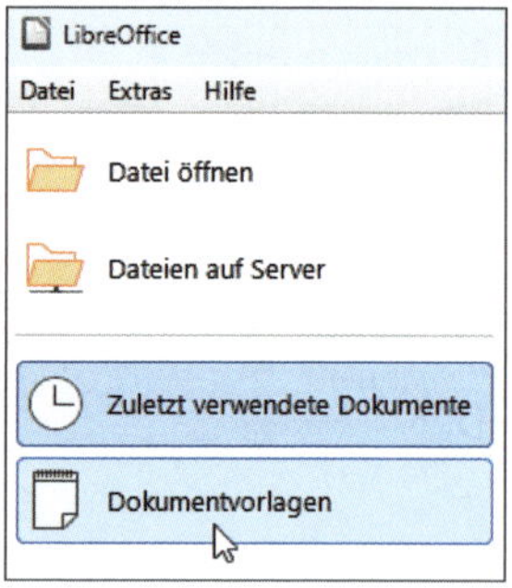

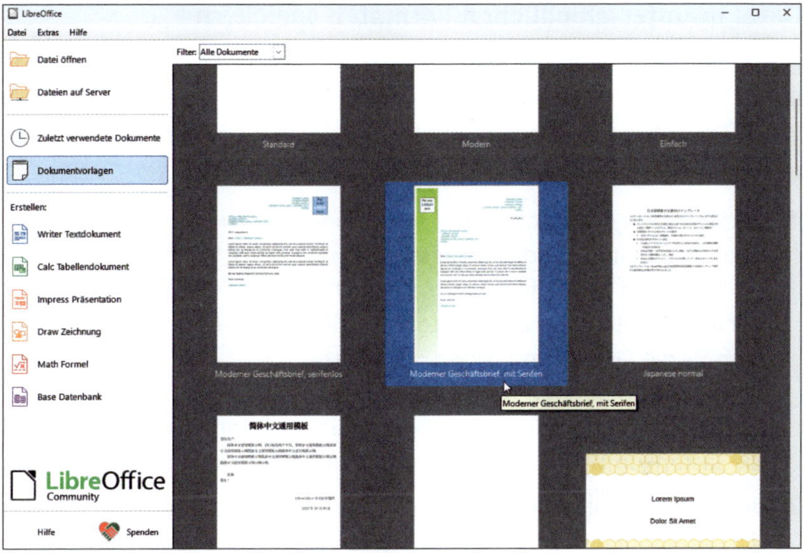

4. Die Vorlage wird im dafür vorgesehenen Programm – hier ein Lebenslauf in Writer – geöffnet und kann von Ihnen nun individuell angepasst werden.

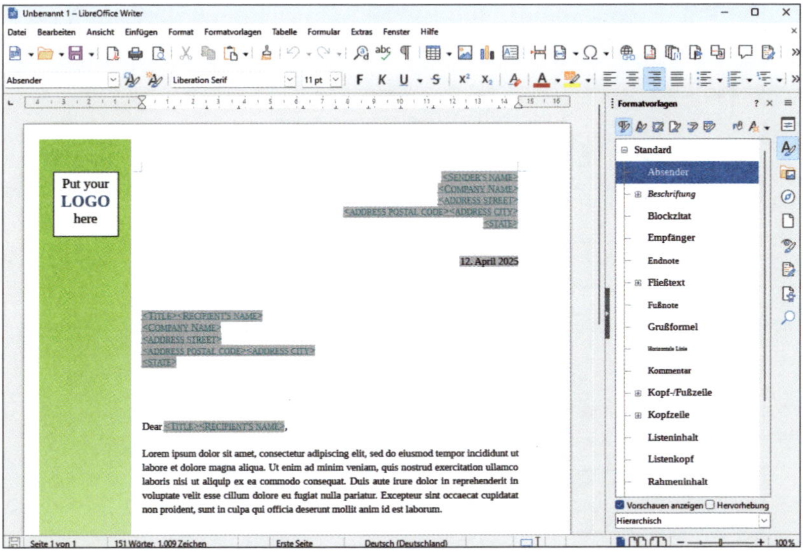

Datei in unterschiedlichen Formaten speichern

Die in den einzelnen Programmen erstellten Dateien lassen sich in unterschiedlichen Formaten speichern. Standard ist das **O**pen **D**ocument **F**ormat (ODF). Wie Sie eine Datei in diesem oder einem anderen Format speichern, erklärt die folgende Anleitung:

1. Klicken Sie in der Symbolleiste des jeweiligen Programms auf das Diskettensymbol. Sie finden den Befehl *Speichern* auch in der Menüleiste unter *Datei*. Alternativ drücken Sie die Tastenkombination Strg+S. Übrigens: Wenn Sie den Mauszeiger auf ein Symbol bewegen, wird Ihnen jeweils die Funktion sowie gegebenenfalls die Tastenkombination in einem kleinen Infofeld angezeigt.

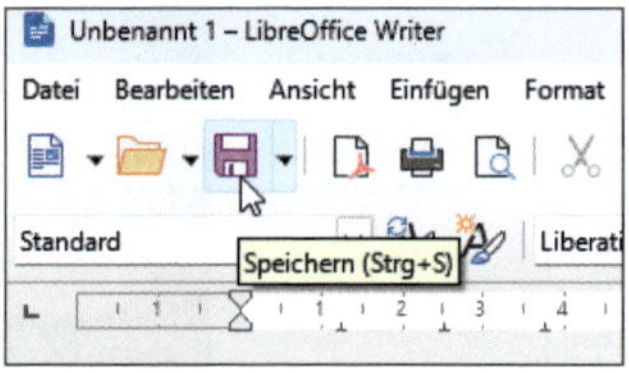

2. Bestimmen Sie im sich öffnenden Dialogfeld zunächst den Speicherort für die Datei. Einen Ordner öffnen Sie per Doppelklick darauf.
3. Klicken Sie in das Feld *Dateiname* und geben Sie eine sinnvolle Bezeichnung für die Datei ein.

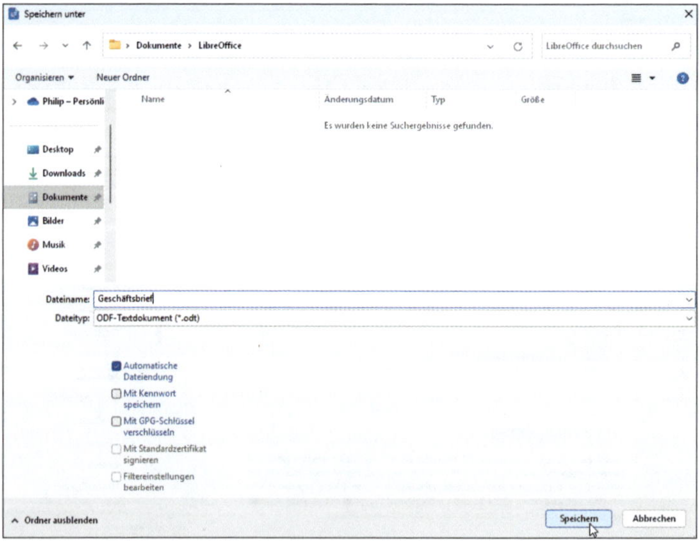

4. Wenn Sie die Datei nicht im Standardformat, sondern in einem anderen Format speichern möchten, öffnen Sie das Menü *Dateityp*.
5. Wählen Sie das gewünschte Format im Menü aus.
6. Bestätigen Sie mit *Speichern*, um die Datei am gewählten Speicherort abzulegen.

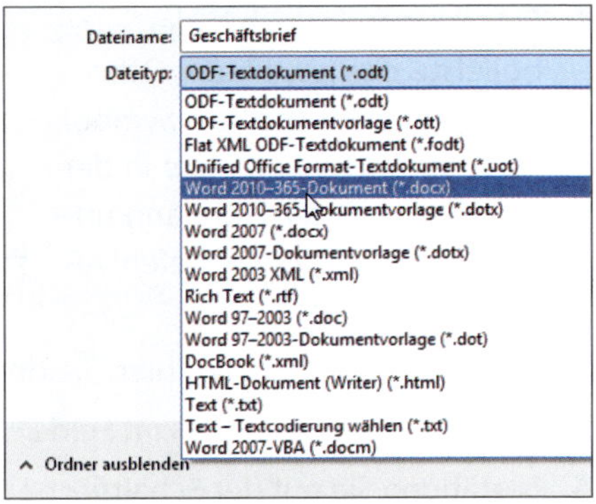

Hinweis: Wenn Sie die Datei nicht im Standardformat speichern, müssen Sie das Speichern in dem anderen Format noch mal zusätzlich bestätigen.

Nachdem Sie die Angaben zu Speicherort, Dateiname und Dateityp gemacht haben, brauchen Sie zukünftig nur noch auf das Diskettensymbol zu klicken, um die Datei erneut zu speichern.

Möchten Sie die Datei zu einem späteren Zeitpunkt an einem anderen Speicherort, unter einem anderen Dateinamen oder einem anderen Dateityp ablegen, wählen Sie unter dem zum Symbol gehörenden Pfeil bzw. in der Menüleiste unter *Datei* den Eintrag *Speichern unter* bzw. *Kopie speichern*.

Neben dem Standardformat ODF sind die wichtigsten Dateiformate zum Speichern Ihrer Dateien die Microsoft-Office-Formate, da das Office-Paket von Microsoft weltweit mit Abstand am häufigsten verwendet wird. Andererseits können auch in Microsoft Office Dateien im Open Document Format gespeichert und geöffnet werden.

Export als PDF-Datei

Ein weiteres wichtiges Dateiformat ist das PDF (**P**ortable **D**ocument **F**ormat). PDF-Dateien zeichnen sich dadurch aus, dass deren Inhalte auf unterschiedlichen Plattformen in gleicher Weise dargestellt werden. So erfolgt der Export als PDF-Datei:

1. Entscheiden Sie sich in der Symbolleiste des jeweiligen Office-Programms für das PDF-Symbol . Alternativ wählen Sie in der Menüleiste *Datei* und dann unter *Exportieren als* den Befehl *Als PDF exportieren*.

2. Wie beim Speichern: Wählen Sie den Speicherort für die PDF-Datei aus.
3. Geben Sie der PDF-Datei im Feld *Dateiname* eine sinnvolle Bezeichnung.
4. Bestätigen Sie mit der Schaltfläche *Speichern*.

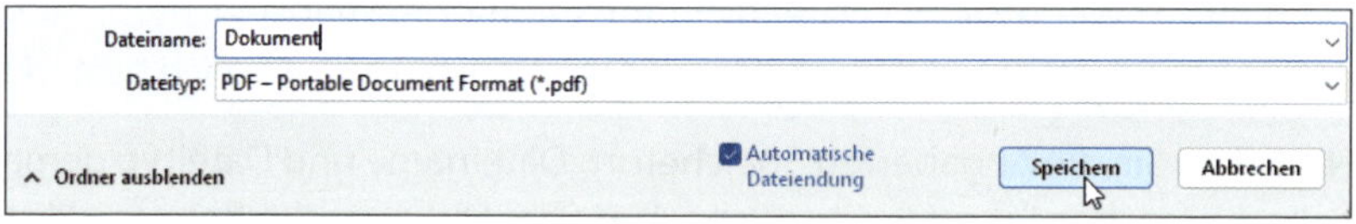

Export als Grafikdatei

Auch ein Export als Grafikdatei ist möglich. Hierzu entscheiden Sie sich in der Menüleiste unter *Datei* für den Befehl *Exportieren*. Bestimmen Sie anschließend im sich öffnenden Dialogfeld den Speicherort und den Dateinamen für die Grafikdatei.

Entscheiden Sie sich dann im Menü *Dateityp* für das gewünschte Grafikformat und bestätigen Sie mit der Schaltfläche *Speichern*.

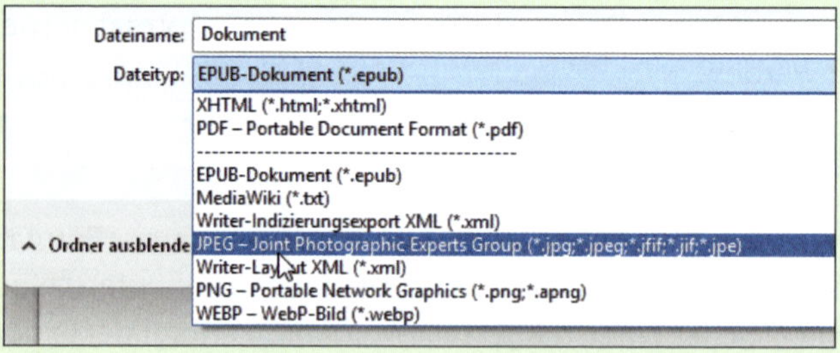

Datei im Internet speichern

Möchten Sie Office-Dateien von mehreren Geräten aus bearbeiten oder auch anderen Personen die Bearbeitung ermöglichen, speichern Sie die Dateien in der Cloud, also im Internet. Diese Option erhalten Sie, wenn Sie sich in der Menüleiste für *Datei* und dann für *Auf Server speichern* entscheiden. Beim ersten Mal müssen Sie zunächst den Server einrichten, z. B. Google Drive oder OneDrive. Anschließend erfolgt das Speichern im Internet praktisch wie das lokale Speichern. Der Vorteil liegt auf der Hand: Die Dateien sind gesichert und überall unabhängig vom verwendeten Computer verfügbar.

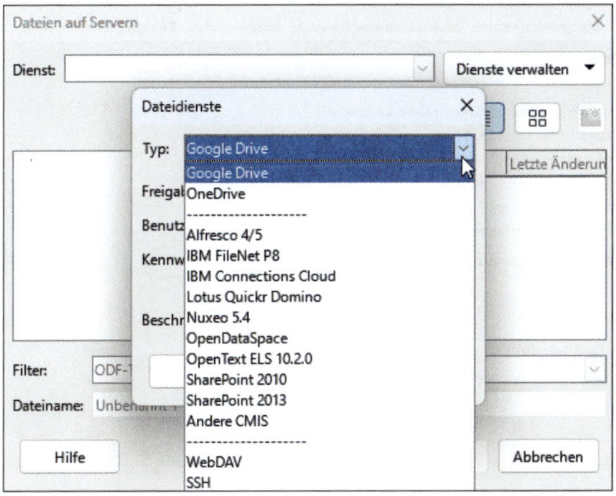

Sie können Ihre mit LibreOffice erstellten Dateien nicht nur lokal auf Ihrem Computer speichern, sondern auch im Internet.

Autowiederherstellen konfigurieren

Wenn Sie eine Datei schließen, werden Sie von LibreOffice gefragt, ob Sie die Änderungen speichern möchten. Sollte aber mal der Strom ausfallen, sind die letzten Änderungen futsch. Speichern Sie Ihre Änderungen deshalb regelmäßig. LibreOffice bietet außerdem eine Funktion zum Autowiederherstellen an – standardmäßig werden Ihre Änderungen damit alle zehn Minuten automatisch gespeichert. Wünschen Sie ein anderes Intervall für das automatische Speichern, gehen Sie wie folgt vor:

1. Klicken Sie in der Menüleiste auf *Extras*.
2. Wählen Sie *Optionen*.

3. Öffnen Sie im Navigationsbereich des folgenden Dialogfelds das Menü *Laden/Speichern.*
4. Entscheiden Sie sich in diesem Menü für den Eintrag *Allgemein* (nicht verwechseln mit dem gleichnamigen Eintrag unter *LibreOffice*!).
5. Passen Sie im Abschnitt *Speichern* das Intervall an.
6. Bestätigen Sie Ihre Einstellungen mit *OK.*

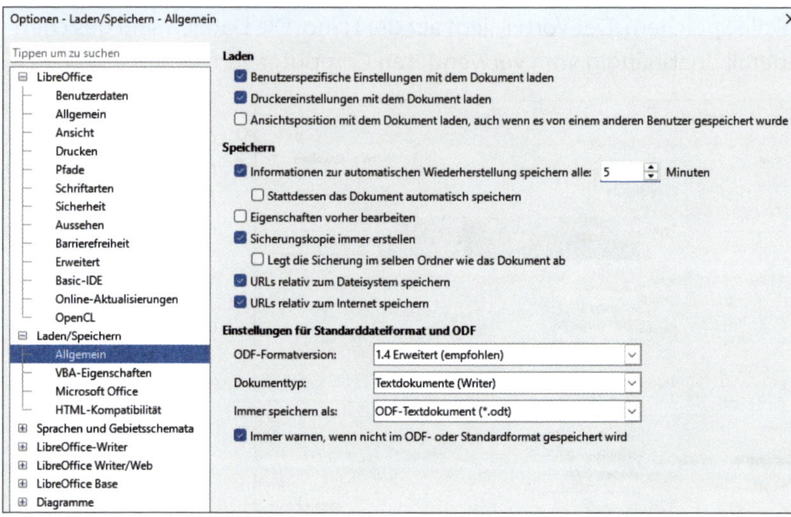

Datei schließen

Um in LibreOffice von einer geöffneten Datei wieder zur allgemeinen Benutzeroberfläche zu wechseln, schließen Sie die Datei. Dies ist auf drei Wegen möglich:

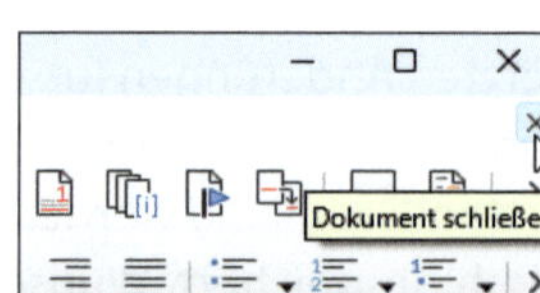

- Klicken Sie ganz rechts in der Menüleiste auf das kleine Kreuzsymbol ✖.
- Wählen Sie in der Menüleiste entweder *Datei/Schließen* oder *Fenster/Fenster schließen.*
- Drücken Sie die Tastenkombination Strg+W.

Alternativ schließen Sie das Programmfenster, um LibreOffice – sofern nur ein Programmfenster geöffnet war – insgesamt zu beenden.

Datei öffnen

Möchten Sie eine gespeicherte Datei später erneut öffnen, gelingt dies am einfachsten über die Liste der zuletzt verwendeten Dateien. Sie greifen auf diese Liste entweder auf der allgemeinen Benutzeroberfläche unter *Zuletzt verwendete Dokumente* zu oder aber in der Menüleiste eines Programms unter *Datei/ Zuletzt verwendete Dokumente*.

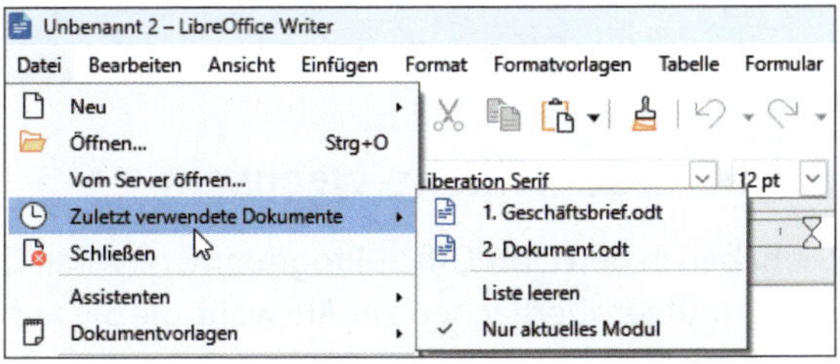

Soll hingegen eine beliebige Datei an einem lokalen Speicherort geöffnet werden, wählen Sie auf der allgemeinen Benutzeroberfläche *Datei öffnen* bzw. in der Menüleiste *Datei/Öffnen*. Alternativ drücken Sie die Tastenkombination Strg+O. Es öffnet sich daraufhin ein Dialogfeld, in dem Sie die gewünschte Datei auswählen und mit *Öffnen* aufrufen.

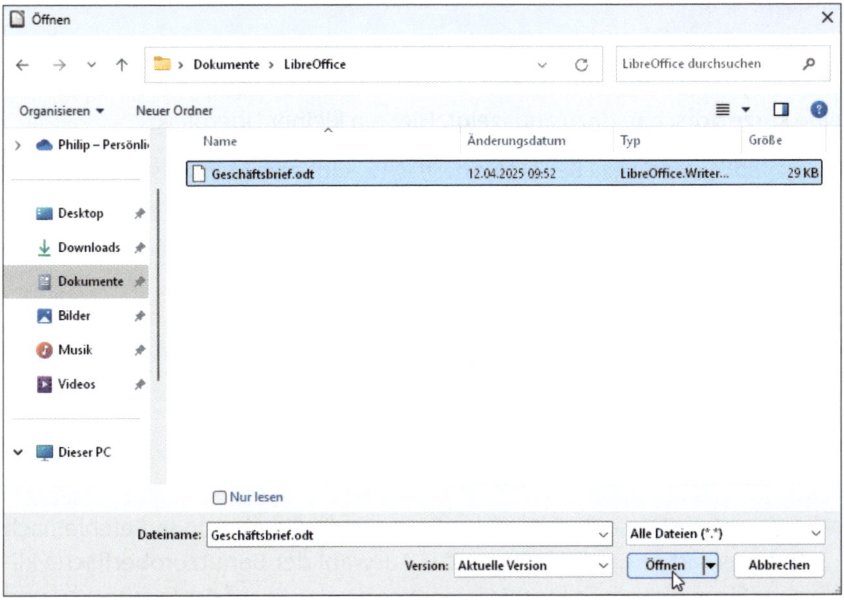

Hier wird eine lokal gespeicherte Datei erneut aufgerufen.

Wurde die Datei in der Cloud gespeichert, entscheiden Sie sich auf der allgemeinen Benutzeroberfläche für den Eintrag *Dateien auf Server* bzw. in der Menüleiste für *Datei/Vom Server öffnen*. Melden Sie sich gegebenenfalls mit den zum Cloud-Dienst gehörenden Zugangsdaten an, um auf die Datei zugreifen zu können.

Ist eine Datei mit LibreOffice verknüpft, können Sie schließlich auch im Dateimanager Ihres Rechners oder auf dem Desktop auf die Datei doppelklicken, um sie mit LibreOffice aufzurufen.

Benutzeroberfläche wechseln

Sie haben in den LibreOffice-Programmen Writer, Calc, Impress und Draw mehrere Benutzeroberflächen zur Auswahl, die Sie auf LibreOffice insgesamt oder auf das einzelne Programm anwenden können.

Um die Auswahl treffen zu können, entscheiden Sie sich in der Menüleiste eines LibreOffice-Programms für *Ansicht* und im geöffneten Menü für *Benutzeroberfläche*.

Im so geöffneten Dialogfeld werden Ihnen die verschiedenen Benutzeroberflächen angeboten. Wählen Sie eine Benutzeroberfläche aus, wird Ihnen jeweils eine kurze Vorschau dazu angezeigt. Hier ein kleiner Überblick:

- *Symbolleisten:* Diese Benutzeroberfläche zeigt eine Menüleiste und darunter befindliche Symbolleisten. Hier erfolgt das Auswählen einer anderen Benutzeroberfläche unter *Ansicht/Benutzeroberfläche*.

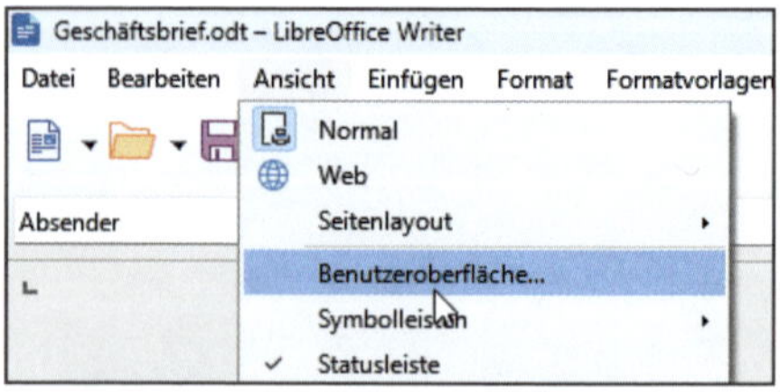

- *In Registern:* Diese Benutzeroberfläche stellt die einzelnen Befehle nach Registerkarten gegliedert dar. Zur Auswahl der Benutzeroberfläche klicken Sie in diesem Fall rechts in der Registerleiste auf das Symbol [≡] und wählen *Benutzeroberfläche*.

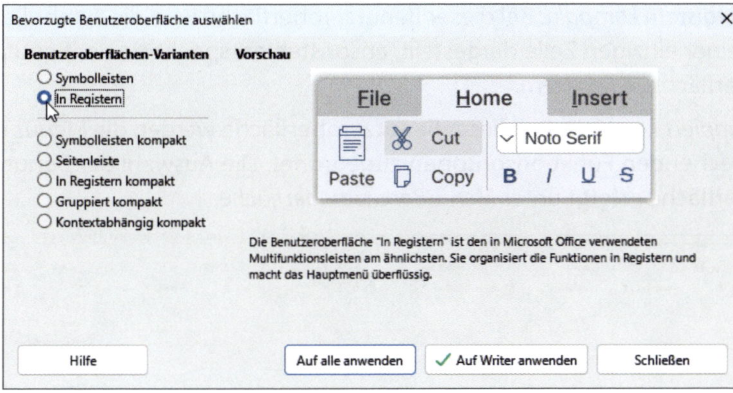

- *Symbolleisten kompakt:* Bei dieser Benutzeroberfläche wird die Symbolleiste in einer einzigen Zeile dargestellt, ansonsten entspricht sie der Benutzeroberfläche *Symbolleisten*.
- *Seitenleiste:* Bei dieser Benutzeroberfläche wird zusätzlich zu Menüleiste und Symbolleiste eine Seitenleiste neben dem Dokument eingeblendet.

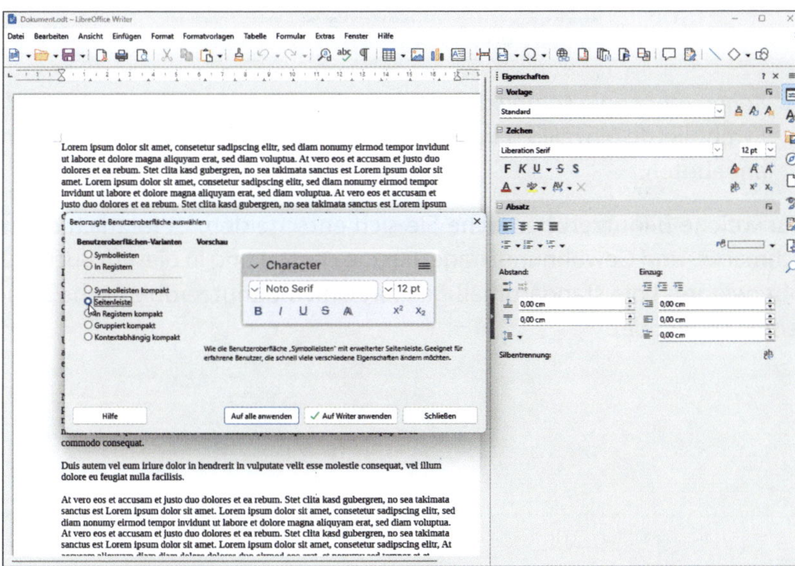

- *In Registern kompakt:* Bei dieser Benutzeroberfläche wird die Symbolleiste in einer einzigen Zeile dargestellt, ansonsten entspricht sie der Benutzeroberfläche *In Registern*.
- *Gruppiert kompakt:* Bei dieser Benutzeroberfläche werden die Menüs entsprechenden Funktionsgruppen zugeordnet. Die Auswahl der Benutzeroberfläche erfolgt unter *Menü/Benutzeroberfläche*.

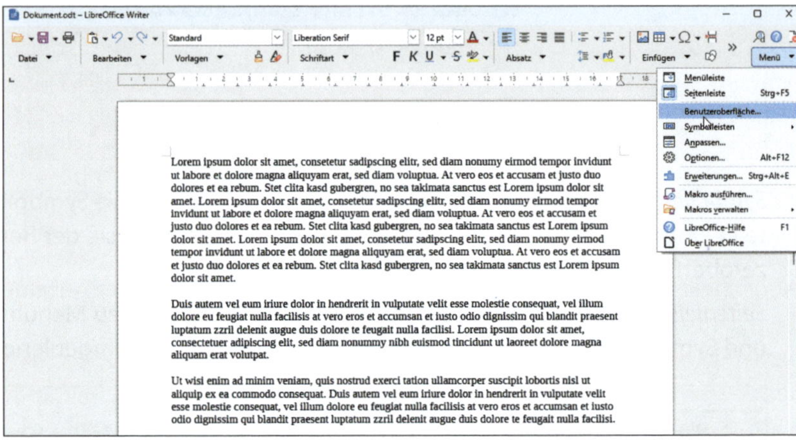

- *Kontextabhängig kompakt:* Auch bei dieser Benutzeroberfläche wird die Symbolleiste einzeilig dargestellt, die Symbole werden kontextabhängig angeboten.

Für welche Benutzeroberfläche Sie sich entscheiden, ist letztlich eine Geschmacks- und Gewöhnungsfrage. Für die Darstellung in diesem Buch wurde überwiegend die standardmäßige LibreOffice-Benutzeroberfläche *Symbolleisten* verwendet.

2. Writer: Briefe und andere Dokumente erstellen

In diesem Kapitel machen Sie sich ausführlich mit dem zum LibreOffice-Paket gehörenden Textverarbeitungsprogramm Writer vertraut. Wenn Sie bereits einmal mit einem anderen Textverarbeitungsprogramm, z. B. Microsoft Word gearbeitet haben, werden Ihnen einige Funktionen bereits vertraut vorkommen, viele Funktionen werden in Writer jedoch etwas anders gehandhabt. Erfahren Sie, wie Sie mit Writer Dokumente mit Ihren individuellen Inhalten füllen, die Dokumente optimal formatieren und layouten, überprüfen und kommentieren und wie Sie die Dokumente schließlich perfekt zu Papier bringen.

Text erfassen und formatieren

Wenn Sie in Writer ein Dokument anlegen, wird Ihnen dieses im Anzeigebereich dargestellt. Das Standard-Papierformat ist DIN A4. Eine blinkende Eingabemarkierung – der Cursor – zeigt Ihnen, wo die Texteingabe erfolgt. Sie können nun einfach über die Tastatur Ihren Text eingeben. Dabei erzeugen Sie

- eine neue Zeile, indem Sie die Tastenkombination ⇧+↵ drücken,
- einen neuen Absatz, indem Sie die ↵-Taste drücken.

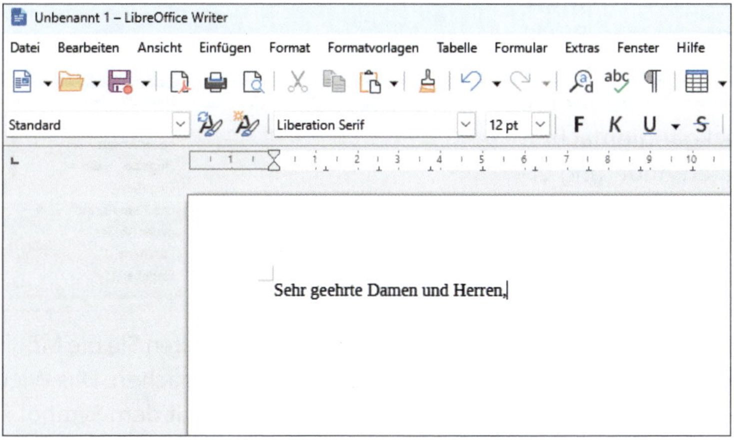

Geben Sie zunächst Ihren Text ein – die Formatierung erfolgt anschließend.

Formatierungszeichen einblenden

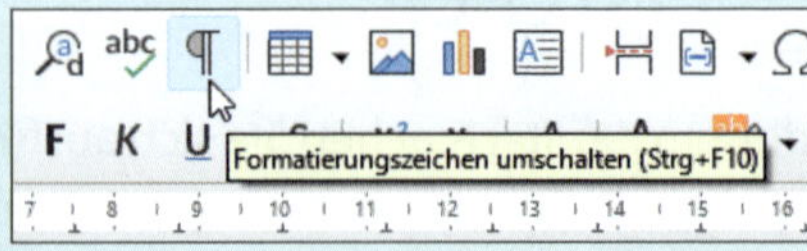

Blenden Sie Absatzmarkierungen und weitere Formatierungszeichen ein (und auch wieder aus), indem Sie in der Symbolleiste des Programms Writer auf das Symbol ¶ klicken bzw. die Tastenkombination Strg+F10 drücken.

Eingabekorrektur

Falls Sie feststellen sollten, dass Sie sich bei der Texteingabe vertippt haben, bewegen Sie den Cursor an die zu ändernde Stelle. Sie können dazu entweder mit der Maus an die Stelle klicken oder Sie bewegen den Cursor mithilfe der Pfeiltasten an die Stelle. Das Löschen von Zeichen

- rechts vom Cursor erfolgt mit der Taste Entf,
- links vom Cursor löschen Sie Zeichen mit der Taste ⇐.

Es lassen sich auch größere Passagen mit der Maus markieren und dann mit der Taste Entf bzw. ⇐ entfernen.

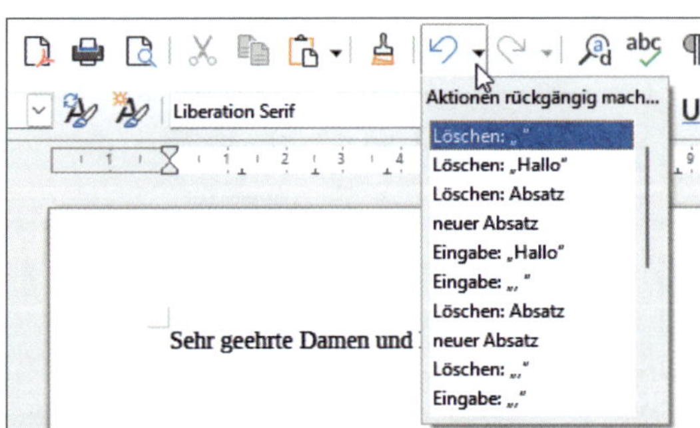

Eine weitere wichtige Funktion ist das Rückgängigmachen nicht gewünschter Änderungen. Das Rückgängigmachen der letzten Änderung erfolgt per Mausklick auf das Symbol ↶ ▾ bzw. durch Drücken der Tastenkombination Strg+Z. Wenn Sie auf den zum Symbol ↶ ▾ gehörenden Pfeil klicken, erhalten Sie die Möglichkeit, mehrere Änderungen gleichzeitig rückgängig zu machen. Das Wiederherstellen rückgängig gemachter Änderungen erfolgt mit dem Symbol ↷ ▾ bzw. mit der Tastenkombination Strg+Y.

Zoomfunktion

Vielleicht möchten Sie die gesamte Seite angezeigt bekommen oder aber Kleingedrucktes vergrößert darstellen. Um mehr vom Dokument anzeigen zu lassen, könnten Sie zunächst mal das Programmfenster maximieren. Das Programmfenster sollte zumindest so vergrößert werden, dass alle Symbole in der Symbolleiste eingeblendet werden. Zum Vergrößern (oder auch Verkleinern) der Ansicht finden Sie rechts unten auf der Benutzeroberfläche eine Zoomfunktion. Ziehen Sie den Schieberegler nach rechts, um die Ansicht zu vergrößern, und nach links, um die Ansicht zu verkleinern.

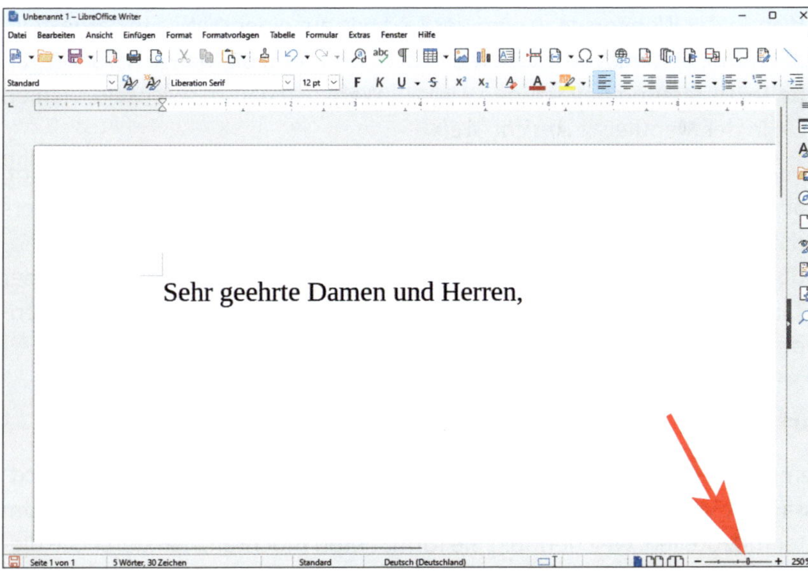

Bringen Sie die Anzeige mithilfe der Zoomfunktion in die gewünschte Größe.

Die senkrechten Striche stehen übrigens für zwei wichtige Zoomstufen: der rechte Strich für die Zoomstufe *100 Prozent*, der linke Strich für die Zoomstufe *Ganze Seite* (in Abhängigkeit von der Fenstergröße).

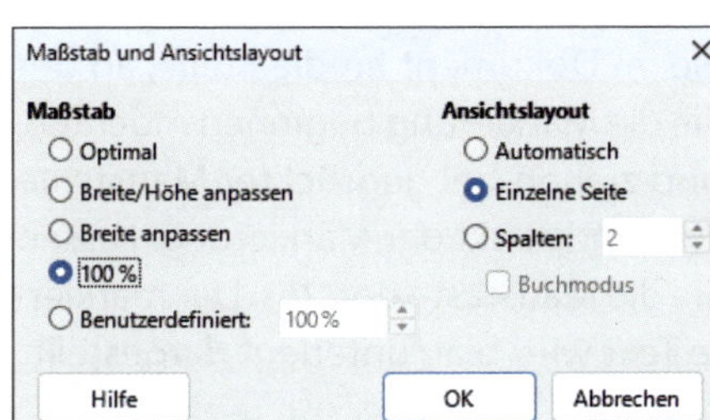

Die aktuelle Zoomstufe wird jeweils rechts neben dem Schieberegler angezeigt. Wenn Sie auf die Zoomstufe klicken, öffnet sich ein Dialogfeld, in dem sich die Zoomstufe präzise festlegen lässt. Links neben dem Schieberegler entscheiden Sie per Symbol, ob Sie eine einzelne Seite oder mehrere Seiten nebeneinander dargestellt haben möchten.

Weitere Ansichtsoptionen

Neben dem normalen Ansichtsmodus, der Seitenansicht, bieten sich Ihnen in Writer noch zwei weitere Ansichtsmodi:

- *Web:* In der Webvorschau wird der Text wie auf einer Webseite dargestellt, also ohne Seitenlayout. Die Webvorschau werden Sie vielleicht für die reine Texterfassung bevorzugen. Um zur Webvorschau zu wechseln, wählen Sie in der Menüleiste *Ansicht/Web*.
- *Vollbild:* Im Vollbildmodus wird Ihnen lediglich das Dokument angezeigt, aber das in voller Größe. Der Vollbildmodus eignet sich deshalb besonders dafür, bereits erstellte Dokumente zu lesen. Das Aktivieren des Vollbildmodus erfolgt in der Menüleiste unter *Ansicht/Vollbild* oder alternativ mit der Tastenkombination [Strg]+[⇧]+[J]. Um den Vollbildmodus wieder zu beenden, drücken Sie die Taste [Esc].

Markieren

Es empfiehlt sich, zunächst den gesamten Text oder zumindest größere Textpassagen einzugeben und dann erst die Formatierungen vorzunehmen. Um Writer mitzuteilen, welchen Text Sie formatieren möchten, markieren Sie diesen. Das Markieren kann entweder mit der Maus oder mit der Tastatur erfolgen.

Zum Markieren mit der Maus klicken Sie im Dokument an die Stelle, an der Sie die Markierung beginnen möchten, und ziehen bei gedrückter Maustaste zum Endpunkt der Markierung. Lassen Sie die Maustaste dort los. Der markierte Text wird blau unterlegt dargestellt.

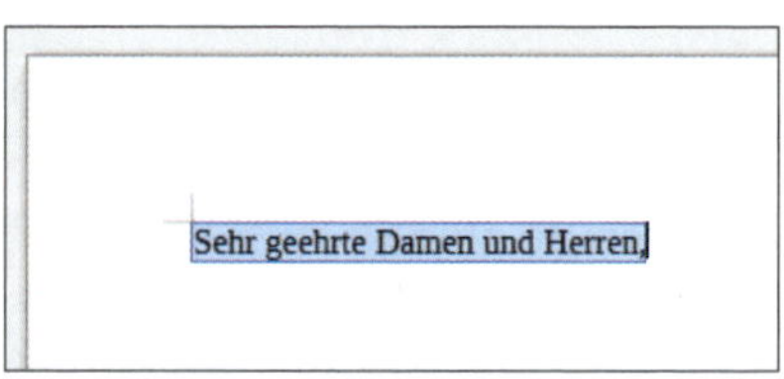

Möchten Sie mit der Maus ein einzelnes Wort markieren, doppelklicken Sie darauf. Um mit der Maus einen Absatz zu markieren, klicken Sie dreimal schnell hintereinander in den Absatz.

Das Markieren mit der Tastatur ist insbesondere dann nützlich, wenn die Markierung präzise erfolgen soll. Setzen Sie dazu zunächst den Cursor an die Stelle, an der Sie die Markierung beginnen möchten. Markieren Sie

- Zeichen links vom Cursor, indem Sie – gegebenenfalls mehrfach – die Tastenkombination ⇧+← drücken,
- Zeichen rechts vom Cursor, indem Sie – gegebenenfalls mehrfach – die Tastenkombination ⇧+→ drücken,
- Zeilen oberhalb des Cursors, indem Sie – gegebenenfalls mehrfach – die Tastenkombination ⇧+↑ drücken,
- Zeilen unterhalb des Cursors, indem Sie – gegebenenfalls mehrfach – die Tastenkombination ⇧+↓ drücken.

Möchten Sie das gesamte Dokument markieren, drücken Sie die Tastenkombination Strg+A.

Bis zum Anfang oder Ende des Dokuments markieren

Die Tasten Pos1 und Ende dienen dazu, an den Anfang oder das Ende einer Zeile zu springen bzw. mit der Tastenkombination Strg+Pos1 und Strg+Ende an den Anfang oder das Ende eines Dokuments. Halten Sie zusätzlich die ⇧-Taste gedrückt, um jeweils eine Markierung ab der Cursorposition bis zum Anfang/Ende einer Zeile oder Anfang/Ende eines Dokuments durchzuführen.

Formatieren

Text zu formatieren bedeutet, das Erscheinungsbild der markierten Zeichen zu verändern. Dies kann im Hinblick auf die Schriftart, die Schriftgröße, die Schriftfarbe usw. erfolgen. Die wichtigsten Formatieroptionen finden Sie in der Symbolleiste, in der Tabelle erhalten Sie einen Überblick.

<table>
<tr><th>Formatierung</th><th>Beschreibung</th></tr>
<tr><td>Schriftart</td><td>Die aktuelle Schriftart wird in der Symbolleiste angezeigt. Klicken Sie auf den Pfeil rechts neben der angezeigten Schriftart, um ein Menü für die Schriftartauswahl zu öffnen. Scrollen Sie mithilfe der Bildlaufleiste zu einer Schriftart und klicken Sie diese an, um sie für den markierten Text zu übernehmen.

</td></tr>
<tr><td>Schriftgröße</td><td>Ebenfalls per Menü lässt sich die Schriftgröße des markierten Textes bestimmen. Sie können die gewünschte Schriftgröße (in Punkt) aber auch direkt in das Feld eintragen.

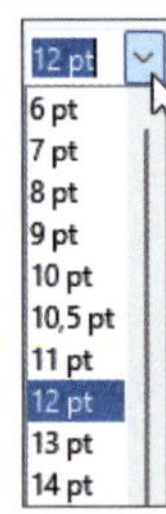
</td></tr>
<tr><td>Fett</td><td>Sehr gut für Hervorhebungen geeignet ist der Fettdruck. Um den markierten Text fett zu formatieren, klicken Sie auf das Symbol F.
Tastenkombination: [Strg]+[⇧]+[F]</td></tr>
<tr><td>Kursiv</td><td>Ebenfalls für Hervorhebungen, aber z. B. auch für Zitate verwendbar ist der Kursivdruck. Um den markierten Text kursiv zu formatieren, klicken Sie auf das Symbol K.
Tastenkombination: [Strg]+[I]</td></tr>
<tr><td>Unterstrichen</td><td>Möchten Sie den markierten Text unterstreichen, um diesen hervorzuheben, klicken Sie auf das Symbol <u>U</u>.
Tastenkombination [Strg]+[U]
Für eine doppelte Unterstreichung drücken Sie die Tastenkombination [Strg]+[D].</td></tr>
</table>

Formatierung	Beschreibung
Durchgestrichen	Zum Durchstreichen des markierten Textes klicken Sie auf das Symbol ~~S~~.
Hochgestellt	Das Hochstellen des markierten Textes erfolgt per Symbol x^2. Tastenkombination: Strg+H
Tiefgestellt	Wünschen Sie eine Tiefstellung des markierten Textes, klicken Sie auf das Symbol X_2. Tastenkombination: Strg+T
Schriftfarbe	Um die Schriftfarbe des markierten Textes anzupassen, öffnen Sie per Mausklick auf den zum Symbol A gehörenden Pfeil ein entsprechendes Menü und wählen die Farbe aus. Klicken Sie direkt auf das Symbol, wird die jeweils auf dem Symbol angezeigte Farbe auf den Text angewendet. 
Farbe für Hervorhebungen	Die Hervorhebungsfarbe versieht den markierten Text mit einem Hintergrund, vergleichbar mit dem »Markern«. Klicken Sie dazu auf den zum Symbol gehörenden Pfeil und wählen Sie die gewünschte Farbe aus. Auch hier bewirkt ein Mausklick direkt auf das Symbol das Verwenden der jeweils auf dem Symbol angezeigten Farbe.

Haben Sie eine Farbauswahl getroffen, möchten die Formatierungen dann aber doch nicht vornehmen, beenden Sie den Vorgang am schnellsten durch Drücken der Esc-Taste.

Benutzerdefinierte Farben verwenden

Neben Farben der Standardpalette lassen sich auch Farben diverser anderer Paletten auf den markierten Text anwenden, die Sie im Drop-down-Menü der jeweiligen Farbmenüs auswählen. Soll hingegen eine individuell festgelegte Farbe verwendet werden, klicken Sie unten im Farbmenü auf den Eintrag *Benutzerdefinierte Farbe*. Im sich öffnenden Dialogfeld geben Sie dann die Farbwerte an.

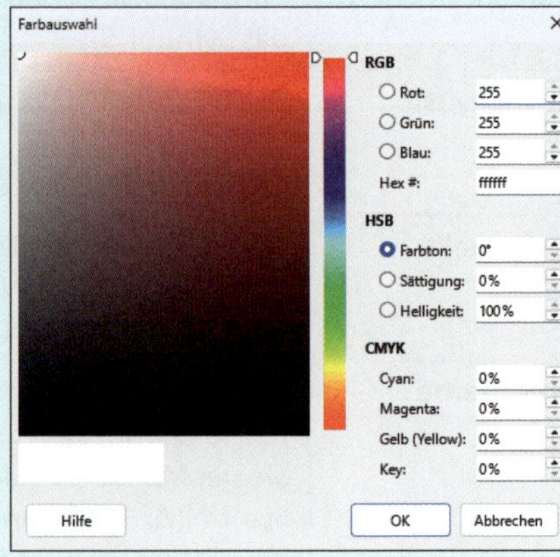

Neben den oben gezeigten Standardformatierungen, von denen Sie wahrscheinlich am häufigsten Gebrauch machen werden, bieten sich Ihnen in Writer noch viele weitere Formatieroptionen. Diese rufen Sie in der Menüleiste unter *Format* auf, speziell Textformatierungen im sich öffnenden Menü unter *Text*. Sie können den Text beispielsweise mit einem Schatten versehen oder als Kontur darstellen.

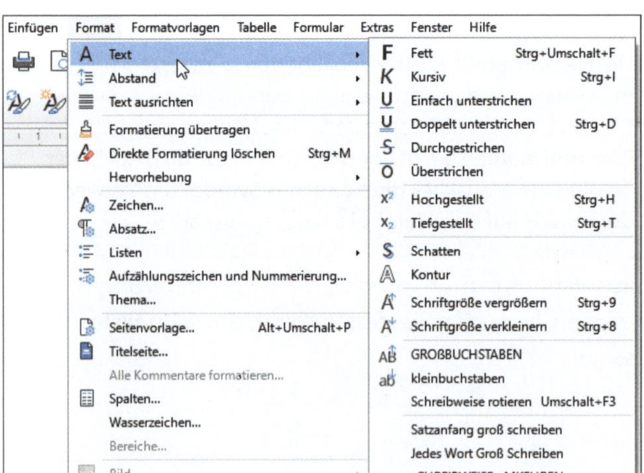

In der Menüleiste lassen sich weitere Formatieroptionen aufrufen.

Ein Dialogfeld für die Textformatierung rufen Sie mit *Format/Zeichen* auf. Auf mehreren Registerkarten bietet dieses Dialogfeld Optionen für solche Formatierungen, die Sie in der Symbolleiste und der Menüleiste aufrufen können, aber auch für zusätzliche Formatierungen, etwa das Drehen des markierten Textes.

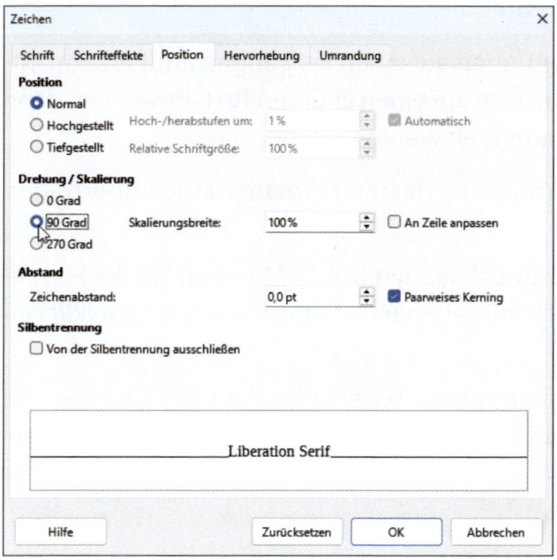

Hier wird der markierte Text auf der Registerkarte »Position« um 90 Grad gedreht.

In demselben Dialogfeld können Sie auf der Registerkarte *Schrifteffekte* zusätzliche Effekte für den markierten Text festlegen, z. B. Transparenz oder einen Relief-Effekt.

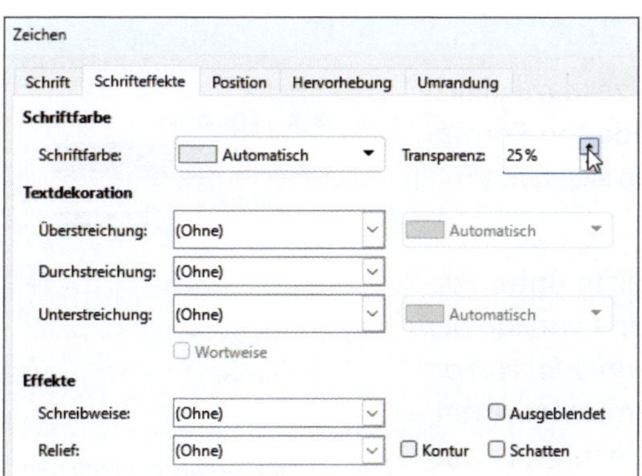

Hier wird der markierte Text mit dem Transparenz-Effekt versehen.

Übrigens lässt sich das Dialogfeld *Zeichen* auch in einem Kontextmenü aufrufen, das Sie per Rechtsklick auf den markierten Text und die anschließende Menüwahl *Zeichen* öffnen.

Formatierungen übertragen

Haben Sie mehrere Formatieroptionen auf einen Text angewandt und möchten die gleichen Formatierungen auch auf einen anderen Text anwenden, dann übertragen Sie die Formatierungen mit wenigen Handgriffen:

1. Klicken Sie in den formatierten Text, dessen Formatierungen übertragen werden sollen.
2. Klicken Sie in der Symbolleiste auf das Symbol . Möchten Sie die Formatierungen auf mehrere Texte hintereinander übertragen, doppelklicken Sie auf das Symbol.
3. Markieren Sie den zu formatierenden Text, ein einzelnes Wort müssen Sie hierzu lediglich anklicken – die Formatierungen werden prompt übertragen.

Formatierungen entfernen

Möchten Sie die angewandten Formatierungen aus einem Text wieder entfernen, markieren Sie zunächst den Text. Klicken Sie dann in der Symbolleiste auf das Symbol .

Formatvorlage auswählen

Statt den Text – und auch Absätze (dazu gleich mehr) – mithilfe der verschiedenen Formatieroptionen zu gestalten, lassen sich auch Formatvorlagen anwenden.

Diese rufen Sie in der Menüleiste unter *Formatvorlagen* auf und wählen eine Vorlage per Mausklick darauf aus. Mit *Formatvorlagen/Formatvorlagen verwalten* blenden Sie im Anzeigebereich eine zusätzliche Leiste mit allen verfügbaren Formatvorlagen ein.

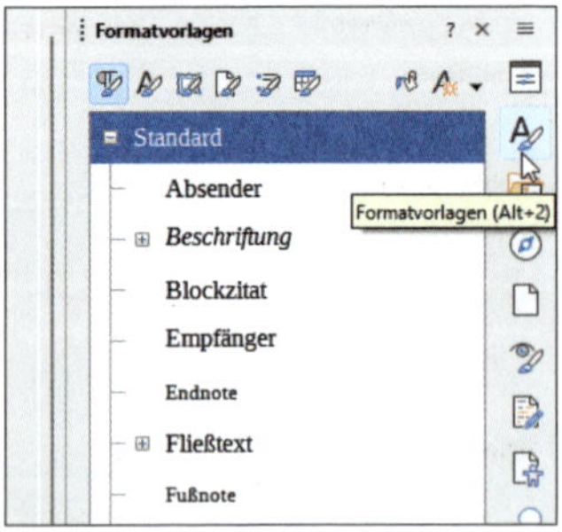

Eine Formatvorlage wird auf den markierten Text angewandt.

Alternativ drücken Sie hierzu die Taste F11 oder Sie klicken in Writer in der Leiste rechts auf das Symbol . In der so eingeblendeten Leiste erfolgt das Anwenden einer Formatvorlage auf den markierten Text per Doppelklick auf die Formatvorlage.

Formatvorlage erstellen

Für Formatierungen, die Sie immer wieder anwenden – auch in anderen Dokumenten – erstellen Sie eigene Formatvorlagen. Das können Zeichenvorlagen für die Textformatierungen sein, Absatzformatierungen, die auf Absätze angewandt werden, aber auch Rahmenvorlagen, Seitenvorlagen und Listenvorlagen. Die Vorgehensweise wird nachfolgend beschrieben:

1. Blenden Sie die oben genannte Leiste mit den Formatvorlagen ein, indem Sie z. B. die Taste F11 drücken oder in der Leiste rechts auf das Symbol klicken.
2. In diesem Fall soll eine Zeichenvorlage erstellt werden, deshalb klicken Sie oben im Aufgabenbereich auf das Symbol , um die Zeichenvorlagen einzublenden. Bei Absatzvorlagen, Rahmenvorlagen usw. wählen Sie das jeweilige Symbol und gehen dann in entsprechender Weise vor. Speziell zum Erstellen neuer Absatzvorlagen dient auch das Symbol in der Symbolleiste.

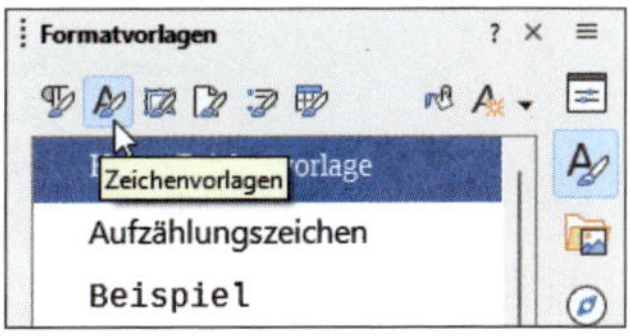

3. Klicken Sie die Formatvorlage, die Sie als Basis für Ihre eigene Formatvorlage verwenden möchten, mit der rechten Maustaste an.
4. Entscheiden Sie sich im Kontextmenü für den Eintrag *Neu*.
5. Geben Sie im folgenden Dialogfeld der Formatvorlage in der Rubrik *Allgemein* im Feld *Name* eine sinnvolle Bezeichnung.
6. Klicken Sie anschließend auf die Rubrik *Schrift*.

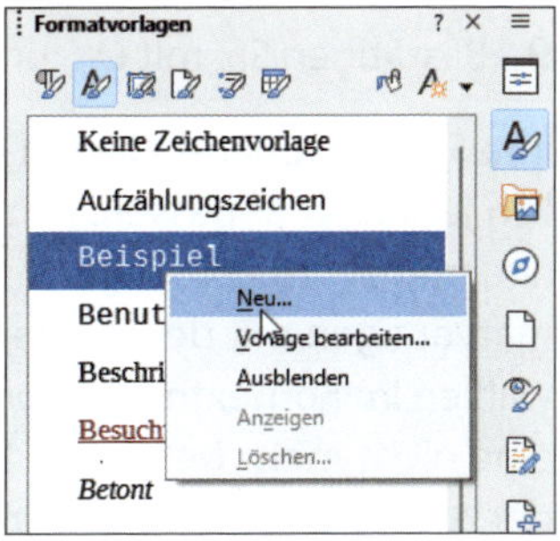

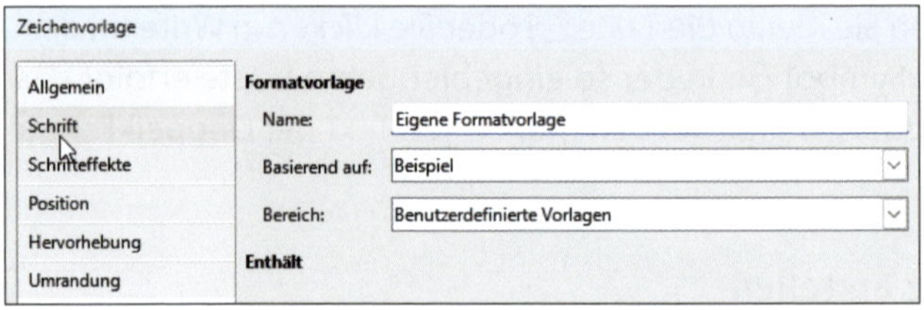

7. Machen Sie Ihre individuellen Angaben zu Schriftart und Schriftgröße.

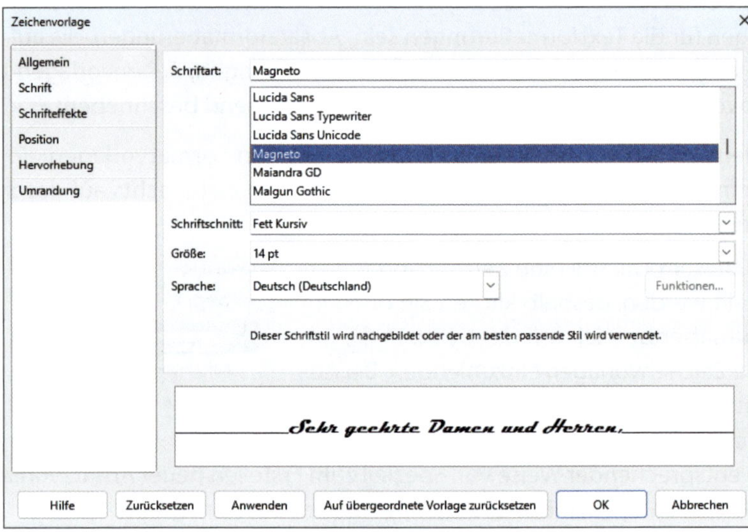

8. Klicken Sie auf die weiteren Rubriken und nehmen Sie auch dort Ihre individuellen Einstellungen zur Formatvorlage vor.
9. Bestätigen Sie mit *OK*, um die Formatvorlage zu erstellen.

Ihre Formatvorlagen lassen sich auch nachträglich jederzeit anpassen. Dazu klicken Sie die zu ändernde Formatvorlage im Bereich mit den Formatvorlagen mit der rechten Maustaste an und wählen im Kontextmenü *Vorlage bearbeiten*. Um eine nicht mehr benötigte Formatvorlage wieder zu löschen, wählen Sie im Kontextmenü den Eintrag *Löschen*.

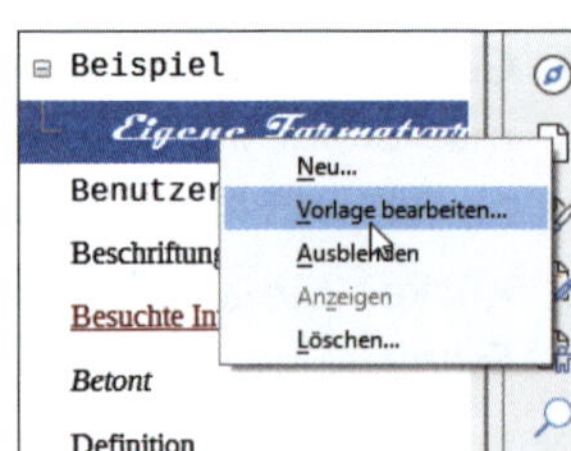

Vorlage speichern

Zunächst stehen die eigenen Formatvorlagen nur im entsprechenden Dokument zur Verfügung. Um die Formatvorlagen auch in anderen Dokumenten einsetzen zu können, müssen Sie das Dokument als Vorlage speichern und diese Vorlage dann im anderen Dokument laden. Auch dazu eine Anleitung:

1. Klicken Sie in der Menüleiste auf *Datei.*
2. Bewegen Sie den Mauszeiger im sich öffnenden Menü auf *Dokumentvorlagen.*
3. Wählen Sie den Befehl *Als Dokumentvorlage speichern.*

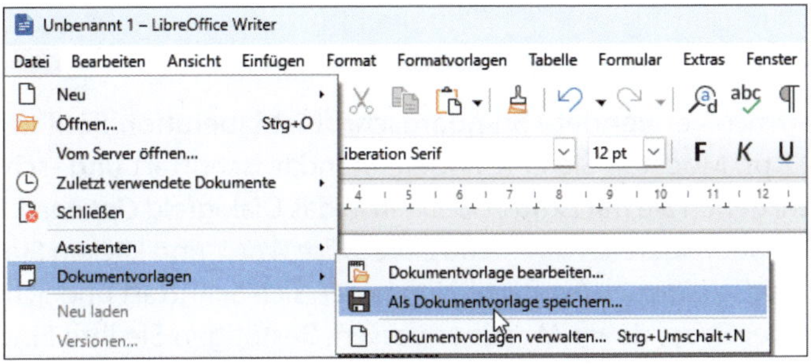

4. Geben Sie der Vorlage eine sinnvolle Bezeichnung.
5. Wählen Sie eine Vorlagenkategorie aus und bestätigen Sie mit *Speichern.*

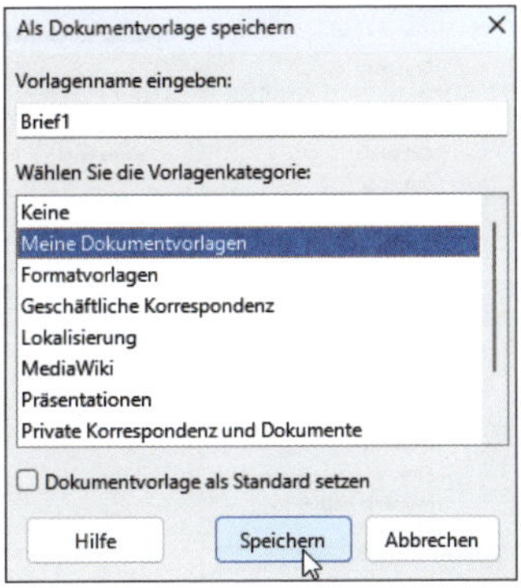

Die Vorlagen rufen Sie auf der allgemeinen Benutzeroberfläche von LibreOffice unter *Dokumentvorlagen* auf. Um die gespeicherte Vorlage in einem bereits geöffneten Programm zu laden, gehen Sie folgendermaßen vor:

1. Wählen Sie in der Menüleiste *Datei/Dokumentvorlagen/Dokumentvorlagen verwalten.*
2. Wählen Sie im sich öffnenden Dialogfeld die gewünschte zuvor gespeicherte Vorlage aus.
3. Bestätigen Sie mit *Öffnen,* um die Vorlage im Dokument verfügbar zu machen.

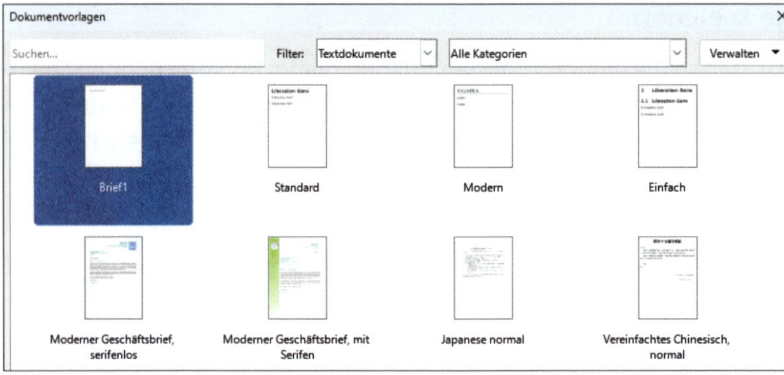

Standardschriftart und -schriftgröße festlegen

Die von LibreOffice verwendete Standardschrift ist Liberation Serif in der Schriftgröße 12 pt. Möchten Sie eine andere Standardschriftart und -schriftgröße festlegen, gehen Sie mit *Extras/Optionen* in das Dialogfeld *Optionen*. Öffnen Sie im Navigationsbereich das Menü *LibreOffice Writer* und klicken Sie auf den Eintrag *Grundschriftarten (westlich)*. Nun lassen sich Schriftart und Schriftgröße mithilfe der Drop-down-Menüs anpassen. Bestätigen Sie Ihre Einstellungen mit *OK*. Mit der Schaltfläche *Zurücksetzen* lassen sich jederzeit wieder die Standardeinstellungen zurückholen.

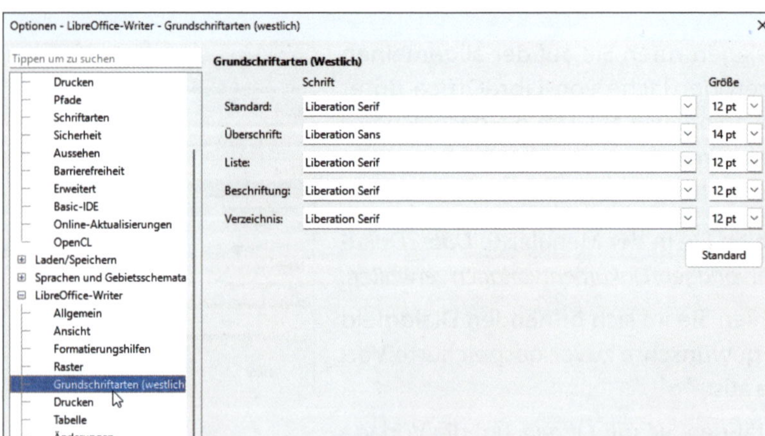

Hier wurden per Drop-down-Menü die Standardschriften angepasst.

Text in Hyperlink umwandeln

Texte lassen sich in LibreOffice mit einer URL unterlegen. Dabei kann es sich um eine Webadresse oder eine E-Mail-Adresse handeln, aber auch um einen lokalen Dateipfad. So wandeln Sie Text in einen Hyperlink um:

1. Markieren Sie den Text, der in einen Link umgewandelt werden soll.
2. Klicken Sie in der Symbolleiste auf das Symbol 🌐 oder drücken Sie alternativ die Tastenkombination Strg+K.
3. Im folgenden Dialogfeld wählen Sie in der Leiste links aus, welche Art URL Sie dem Text unterlegen möchten, also ob durch das Anklicken des Links eine Webadresse, eine E-Mail-Adresse oder ein Dokument aufgerufen werden soll.

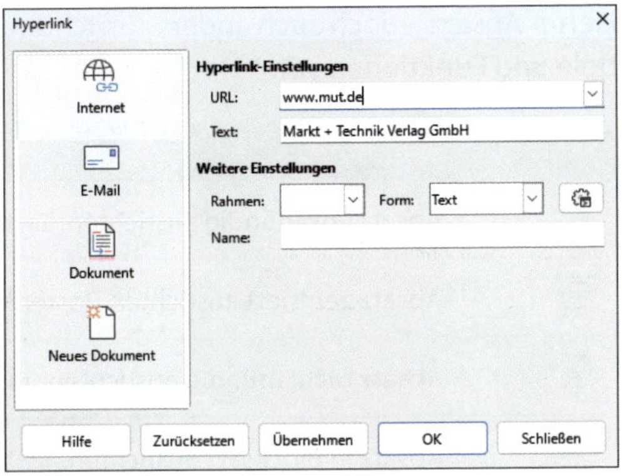

4. In diesem Fall soll eine Webadresse geöffnet werden. Hierzu wird in das Feld *URL* die Webadresse eingetragen. Bestätigen Sie mit *OK*.

> **Sonderzeichen einfügen**
>
> Vermissen Sie bestimmte Zeichen auf der Tastatur? Eine Vielzahl an Sonderzeichen rufen Sie auf, indem Sie in der Symbolleiste auf das Symbol Ω ▾ klicken.

Absatzformatierung

Während Textformatierungen das Erscheinungsbild der markierten Zeichen ändern, dienen Absatzformatierungen dazu, ganze Absätze im Dokument zu formatieren.

Auch ein Absatz muss hierzu zunächst markiert werden. Um einen einzelnen Absatz zu markieren, brauchen Sie bloß – etwa per Mausklick – den Cursor hineinzusetzen. Auf den nächsten Seiten lernen Sie die wichtigsten Absatzformatierungen kennen.

Ausrichtung anpassen

Standardmäßig werden die Absätze in einem Dokument am linken Rand, also linksbündig ausgerichtet. Per Symbol in der Symbolleiste lässt sich ein markierter Absatz jedoch auch anders ausrichten. Die Tabelle stellt Ihnen die Symbole und Funktionen vor.

Symbol	Funktion
	Absatz linksbündig ausrichten. Tastenkombination: Strg+L
	Absatz zentriert ausrichten. Tastenkombination: Strg+E
	Absatz rechtsbündig ausrichten. Tastenkombination: Strg+R
	Absatz in Blocksatz ausrichten. Tastenkombination: Strg+B

Zeilen- und Absatzabstand festlegen

Auch zum Festlegen des Zeilen- und Absatzabstandes finden Sie Symbole in der Symbolleiste: Per Mausklick auf das Symbol öffnen Sie ein Menü zum Einrichten des Zeilenabstands; mit dem Symbol erhöhen Sie den Abstand zwischen zwei Absätzen, mit dem Symbol verringern Sie den Abstand wieder. Für ein präzises Festlegen von Zeilen- und Absatzabstand empfehle ich jedoch die folgende Vorgehensweise:

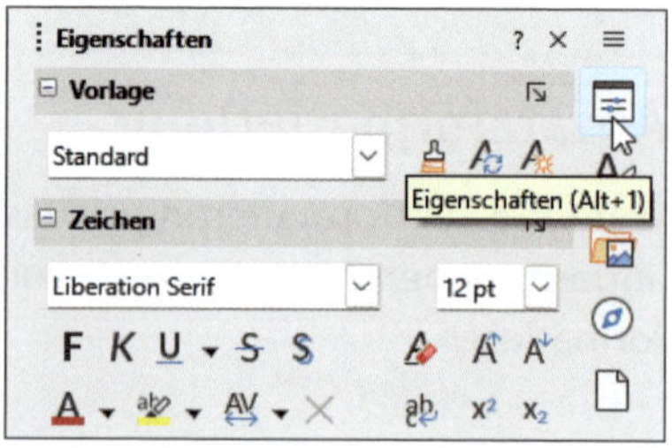

1. Markieren Sie zunächst einen Absatz, indem Sie den Cursor per Mausklick in den Absatz setzen. Natürlich können Sie auch mehrere Absätze oder das gesamte Dokument markieren.

2. Klicken Sie in der Leiste rechts in Writer auf das Symbol ▤, um die Leiste *Eigenschaften* einzublenden.
3. Nehmen Sie nun im Abschnitt *Absatz* die gewünschten Einstellungen vor, hier etwa wird der Abstand oberhalb des Absatzes auf 1 cm festgelegt.

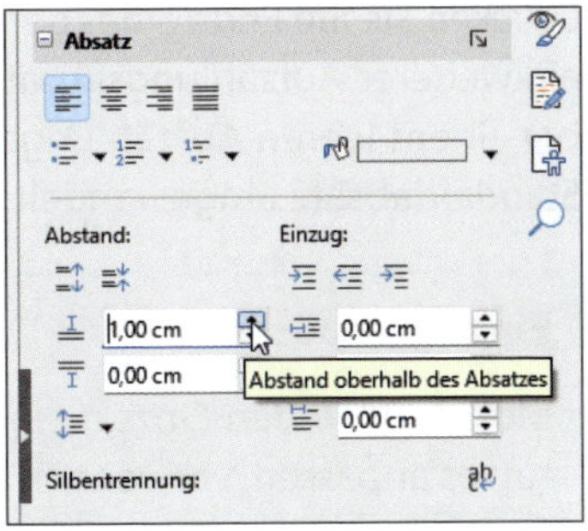

Aufzählung anlegen

Eine weitere Absatzformatierung betrifft Aufzählungen, also Absätze, die Sie einrücken und mit einem Aufzählungszeichen versehen, beispielsweise um in einem Dokument Fakten übersichtlich und abgehoben vom normalen Text zu präsentieren. So gehen Sie zum Anlegen einer Aufzählung vor:

1. Erstellen Sie die Absätze Ihrer Aufzählung zunächst in der Standardformatierung.
2. Markieren Sie die Absätze nun mit der Maus.
3. Klicken Sie in der Symbolleiste auf den zum Symbol ☰ ▾ gehörenden Pfeil. Wenn Sie das Standard-Aufzählungszeichen verwenden möchten, klicken Sie das Symbol direkt an. Entscheiden Sie sich im Menü für ein Aufzählungszeichen, das Ihnen zusagt.

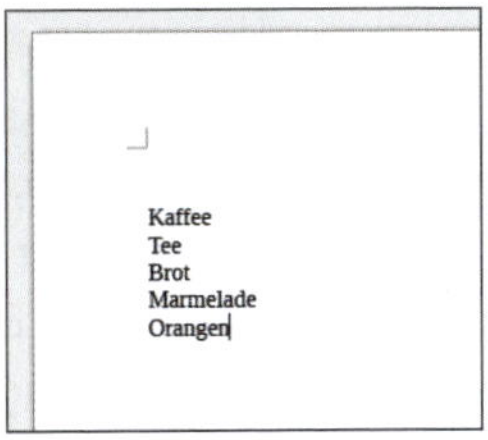

4. Die Absätze der Aufzählung werden prompt eingerückt und mit dem gewählten Aufzählungszeichen versehen.

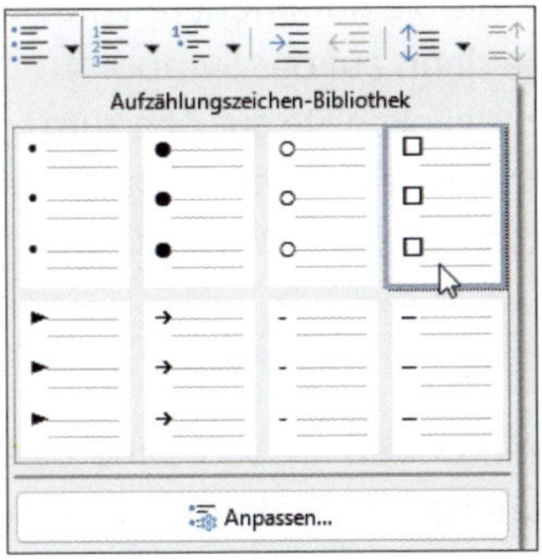

Drücken Sie am Ende eines gefüllten Aufzählungsabsatzes die ↵-Taste, wird ein weiterer Aufzählungsabsatz erstellt. Drücken Sie die ↵-Taste hingegen bei einem leeren Aufzählungsabsatz, wird der Aufzählungsabsatz in einen Standardabsatz umgewandelt.

Einzug anpassen

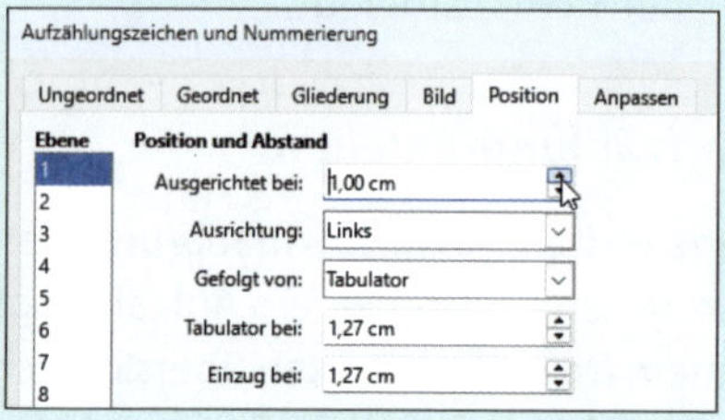

Möchten Sie den Einzug eines Absatzes anpassen, verwenden Sie die Symbole (Einzug vergrößern) bzw. (Einzug verkleinern). Bei Aufzählungen und Nummerierungen können Sie deren Position auch in einem Dialogfeld anpassen, indem Sie auf den zum Symbol bzw. gehörenden Pfeil klicken, dann *Anpassen* wählen (oder in der Menüleiste auf *Format/Aufzählungszeichen und Nummerierung* klicken) und sich für die Registerkarte *Position* entscheiden. Machen Sie nun die gewünschten Angaben und bestätigen Sie mit *OK*. Durch unterschiedliche Einzüge lassen sich Aufzählungen und Nummerierungen auch in unterschiedliche Ebenen gliedern. Die Form der Gliederung bestimmen Sie im obigen Dialogfeld auf der Registerkarte *Gliederung*.

Absätze nummerieren

Das Nummerieren von Absätzen erfolgt ähnlich wie das Anlegen von Aufzählungen. Wieder erstellen Sie zunächst die Absätze, die Sie nummerieren möchten, und markieren diese anschließend. Klicken Sie dann auf das Symbol , um die Standardnummerierung auszuwählen, bzw. klicken Sie auf den zum Symbol gehörenden Pfeil, um eine andere Nummerierungsart zu bestimmen. Die markierten Absätze werden prompt in entsprechender Weise nummeriert.

Absatz einrahmen

LibreOffice bietet noch weitere Absatzformatierungen an. So können Sie einen Absatz z. B. einrahmen, um ihn hervorzuheben. Die folgende Anleitung zeigt Ihnen, wie es gemacht wird:

1. Klicken Sie in den Absatz, um ihn zu markieren.
2. Entscheiden Sie sich in der Menüleiste für den Eintrag *Format*.
3. Wählen Sie im sich öffnenden Menü die Funktion *Absatz*.

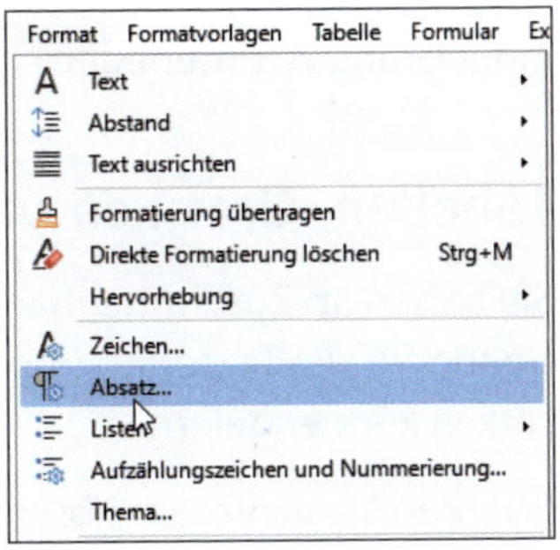

4. Klicken Sie im Dialogfeld *Absatz* auf den Reiter *Umrandung*.
5. Legen Sie im Abschnitt *Linienanordnung* die Form der Umrandung fest.
6. Im Abschnitt *Linie* bestimmen Sie das Erscheinungsbild der Umrandung, also Stil, Breite und Farbe.
7. Sie können noch weitere Anpassungen vornehmen, etwa den Abstand des Rahmens zum Inhalt ändern oder einen Schatten hinzufügen.
8. Bestätigen Sie mit *OK*, um den Rahmen zu erstellen.

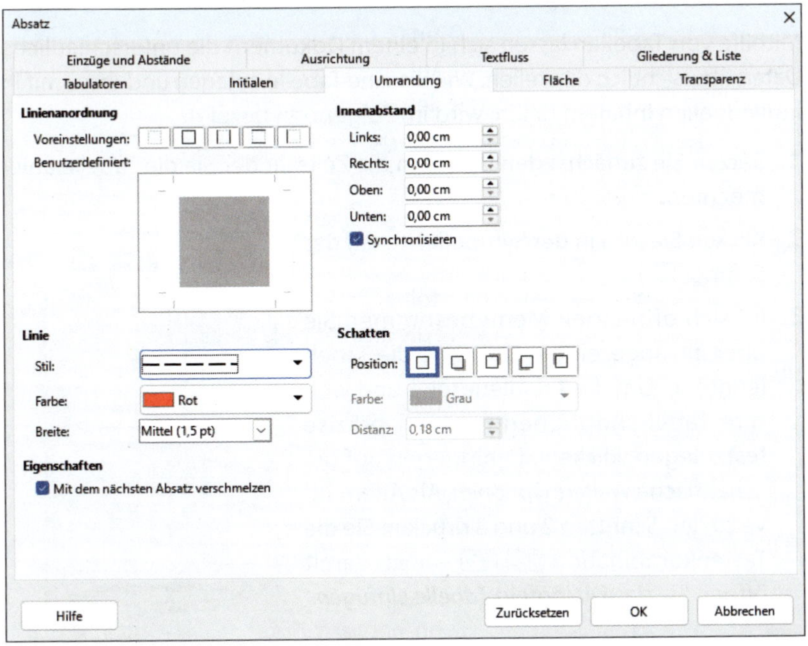

Klicken Sie auf die weiteren Registerkarten des Dialogfelds *Absatz*, um sich auf eigene Faust mit den weiteren Formatieroptionen vertraut zu machen, etwa auch mit der Formatieroption *Fläche*, um den Absatz mit einer Farbe oder einer Grafik zu unterlegen.

Tabellen, Grafiken und weitere Inhalte einfügen

Sie haben im Zusammenhang mit dem Programm Writer nun wichtige Funktionen für die Texterfassung sowie für die Formatierung von Texten und Absätzen kennengelernt.

Erfahren Sie in diesem Abschnitt, wie Sie weitere Inhalte in ein Dokument einfügen, beispielsweise Tabellen, Grafiken und Textfelder. Auch mit der häufig benötigten Funktion des Copy-and-paste (= Kopieren und Einfügen) werden Sie vertraut gemacht.

Tabellen

Mithilfe von Tabellen lassen sich in einem Dokument die unterschiedlichsten Daten übersichtlich darstellen. Wie Sie eine Tabelle anlegen und diese mit Ihren individuellen Inhalten füllen, wird im Folgenden gezeigt:

1. Setzen Sie zunächst den Cursor in die Zeile, in der Sie die Tabelle anlegen möchten.
2. Klicken Sie nun in der Symbolleiste auf das Symbol ▦ ▾.
3. Im sich öffnenden Menü bestimmen Sie über die angezeigten Quadrate die Tabellengröße. Um die Tabellengröße und weitere Tabellenoptionen manuell präzise festzulegen, klicken Sie hingegen auf die Schaltfläche *Weitere Optionen*. Als Alternative zu den Schritten 2 und 3 drücken Sie die Tastenkombination Strg+F12 – auch damit öffnen Sie das Dialogfeld *Tabelle einfügen*.

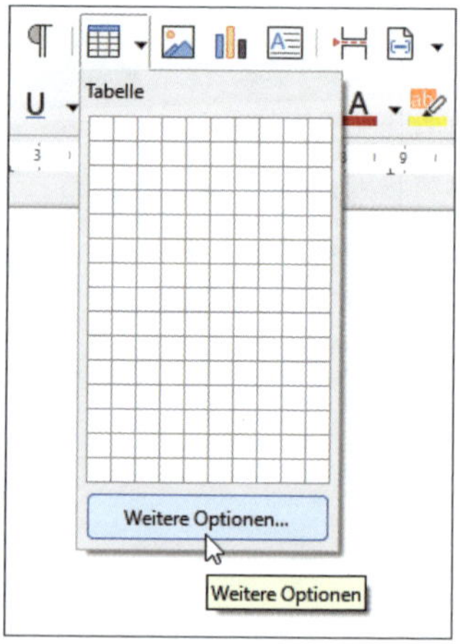

4. Bestimmen Sie im Dialogfeld *Tabelle einfügen* die Anzahl der Spalten und Zeilen der Tabelle. Legen Sie außerdem weitere Optionen fest, etwa, ob die Tabelle eine Überschrift enthält.
5. Möchten Sie eine automatische Formatierung für die Tabelle auswählen, wählen Sie diese unter *Formatvorlagen* aus.
6. Bestätigen Sie mit *Einfügen*.
7. Die Tabelle wird ins Dokument eingefügt und kann nun mit Ihren Inhalten gefüllt werden.

   Klicken Sie jeweils in eine Zelle, die Sie ausfüllen möchten; der Zellenwechsel kann alternativ auch mithilfe der Pfeiltasten erfolgen.

   Übrigens: Auch in die Zelle einer Tabelle lassen sich Grafiken einfügen (zum Einfügen von Grafiken in ein Dokument gleich noch mehr).

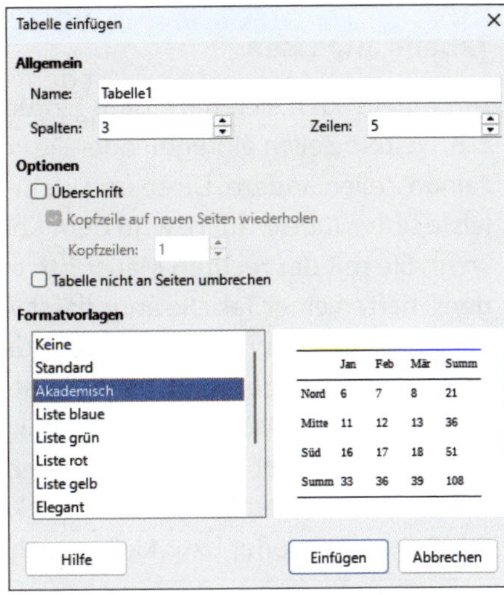

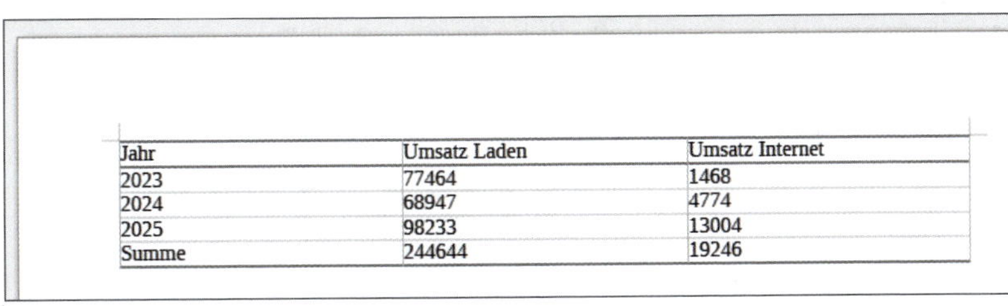

Jahr	Umsatz Laden	Umsatz Internet
2023	77464	1468
2024	68947	4774
2025	98233	13004
Summe	244644	19246

Eine alternative Methode zum Erstellen von Tabellen: Legen Sie zunächst die Datenbasis an, indem Sie diese als normalen Text eingeben. Spalten

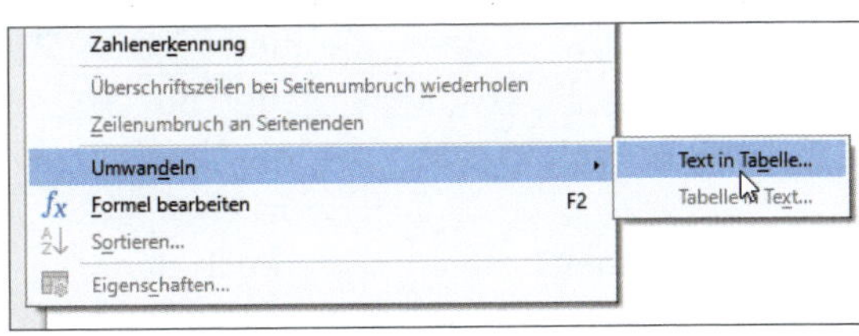

erzeugen Sie dabei durch Tabstopps (also durch das Drücken der ⇆-Taste), Zeilen durch das Anlegen von Absätzen. Markieren Sie den Text und wählen Sie in der Menüleiste unter *Tabelle* den Eintrag *Umwandeln* und dann *Text in Tabelle*. Passen Sie im folgenden Dialogfeld die Einstellungen an und bestätigen Sie mit *OK*.

Tabelle anpassen

Die Tabelle lässt sich nach dem Einfügen weiter anpassen, so lassen sich z. B. weitere Zeilen einfügen oder Sie können das Zahlenformat für die einzelnen Zellen ändern. Diese und weitere Optionen rufen Sie in der Menüleiste unter *Tabelle* auf bzw. in dem Kontextmenü, das eingeblendet wird, wenn Sie mit der rechten Maustaste in eine Tabelle klicken. Sollen die Eigenschaften einer Tabelle angepasst werden, etwa die Zellabstände oder die Hintergrundfarbe, wählen Sie in der Menüleiste *Tabelle/Eigenschaften* und nehmen auf den einzelnen Registerkarten des folgenden Dialogfelds Ihre Auswahl vor. Möchten Sie die Spaltenbreite oder Zeilenhöhe anpassen, lässt sich dies unter *Tabelle/Größe* erledigen; Sie können aber auch einfach auf den Rand einer Spalte oder Zeile klicken und diese dann bei gedrückter Maustaste größer bzw. kleiner ziehen.

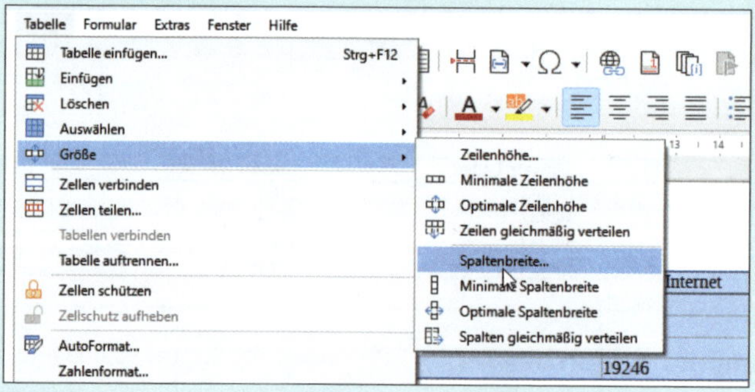

Diagramme

Zur Veranschaulichung von Daten lassen sich in Writer Diagramme erstellen. Hierzu klicken Sie in der Symbolleiste auf das Symbol 📊. Bei aktiviertem Diagramm werden sowohl die Menüleiste als auch die Symbolleiste angepasst,

Sie erhalten also unterschiedliche Funktionen zum Anpassen der Daten sowie des Erscheinungsbildes des Diagramms. Um wieder zurück ins Dokument zu wechseln, doppelklicken Sie dorthinein; um das Diagramm erneut zu aktivieren, doppelklicken Sie darauf. Das Thema Diagramme wird im Zusammenhang mit dem Programm Calc noch ausführlich behandelt.

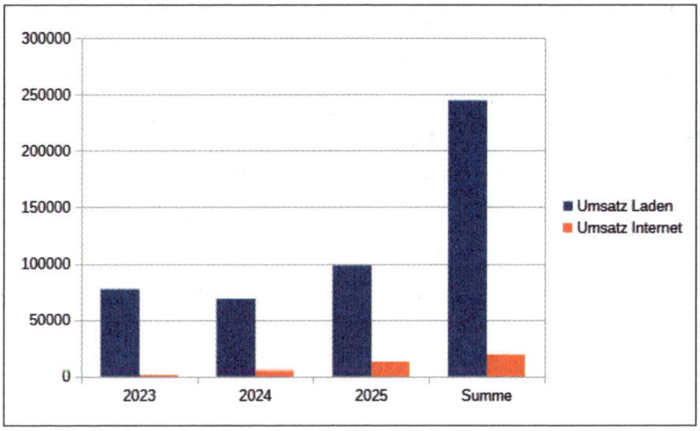

Mithilfe von Diagrammen lassen sich Daten unterschiedlichster Art veranschaulichen.

Grafikdateien

Zur Illustration Ihrer Dokumente lassen sich Grafikdateien in einer Vielzahl von Formaten einfügen und beliebig positionieren. Wie das Ganze funktioniert, erfahren Sie hier:

1. Setzen Sie den Cursor an die Stelle, an der Sie die Grafikdatei einfügen möchten.
2. Klicken Sie in der Symbolleiste auf das Symbol .
3. Wählen Sie im folgenden Dialogfeld die gewünschte Grafikdatei aus.
4. Bestätigen Sie mit der Schaltfläche *Öffnen*. Statt ein Bild einzufügen, können Sie dieses auch verknüpfen – dazu aktivieren Sie, bevor Sie auf *Öffnen* klicken, das Kontrollkästchen *Verknüpfen*. So bleibt die Dateigröße auch bei vielen Bildern überschaubar, jedoch müssen Sie die Bilddateien zusätzlich mitliefern.
5. Die Grafikdatei erscheint nun im Dokument, hat aber eventuell noch nicht die richtige Größe. Um die Größe anzupassen, klicken Sie mit der Maus in eine Ecke der Grafik und ziehen diese dann bei gedrückter Maustaste in die richtige Größe.

6. Auch die Position der Grafik lässt sich nachträglich anpassen, indem Sie diese einfach anklicken und bei gedrückter Maustaste an eine andere Position ziehen.

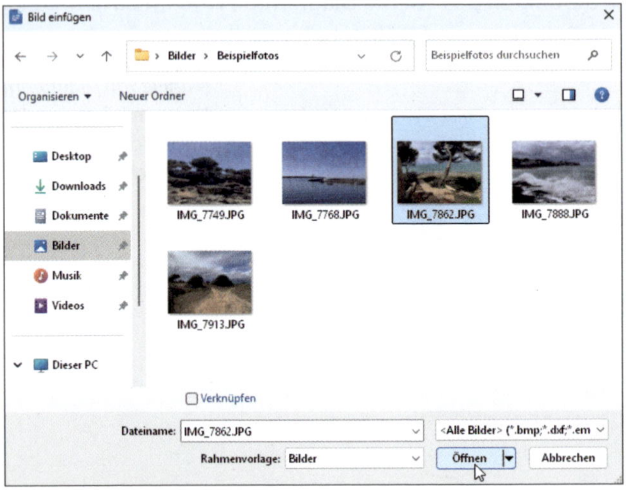

Wenn eine Grafikdatei im Dokument ausgewählt ist, erhalten Sie in einer Symbolleiste verschiedene Optionen für die Bearbeitung. Die Tabelle gibt Ihnen hierzu einen Überblick.

Symbol	Funktion
	Unter diesem Symbol werden unterschiedliche Grafikeffekte angeboten, z. B. das Weichzeichnen oder das Umwandeln des ausgewählten Bildes in eine Kohlezeichnung. 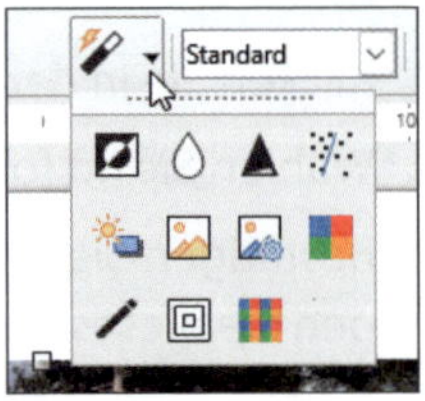
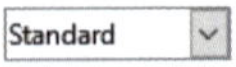	In diesem Menü erhalten Sie Optionen, um ein Bild in Graustufen oder in Schwarz-Weiß darzustellen oder in ein (transparentes) Wasserzeichen umzuwandeln.
	Möchten Sie ein Bild zuschneiden, klicken Sie auf dieses Symbol und ziehen anschließend bei gedrückter Maustaste den Zuschnittrahmen in die gewünschte Größe.

Symbol	Funktion
	Dieses Symbol dient dem vertikalen Spiegeln eines Bildes.
	Klicken Sie auf dieses Symbol, um das Bild horizontal zu spiegeln.
	Drehen Sie das Bild per Mausklick auf dieses Symbol um jeweils 90 Grad nach links.
	Mit diesem Symbol drehen Sie das Bild um jeweils 90 Grad nach rechts.
	Klicken Sie auf dieses Symbol, um das Bild anschließend bei gedrückter Maustaste beliebig drehen zu können.
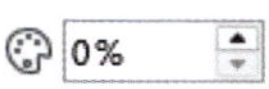	Legen Sie in diesem Menü die Transparenz für ein Bild fest.
	Rufen Sie mit diesem Symbol ein kleines Dialogfeld für die Bildanpassung auf, und zwar im Hinblick auf Farben, Helligkeit, Kontrast und Gamma. 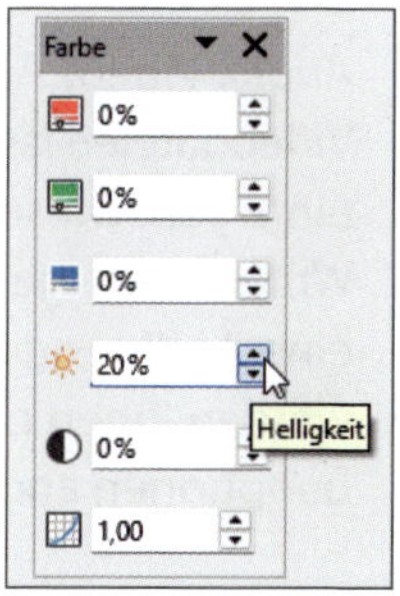

Noch mehr Bildoptionen

Wenn Sie ein Bild in einem Dokument auswählen und rechts das Symbol anklicken, werden Ihnen in der Leiste weitere Formatieroptionen angeboten, z. B. das Festlegen des Umlaufs. Noch mehr Bildoptionen rufen Sie in einem Kontextmenü auf, indem Sie mit der rechten Maustaste auf das Bild klicken. Wählen Sie etwa *Mit externem Werkzeug bearbeiten*, um sich das Bild in einem Bildbearbeitungsprogramm vorzunehmen; entscheiden Sie sich für *Beschriftung einfügen* oder klicken Sie auf *Eigenschaften*, um in einem Dialogfeld präzise Einstellungen zu Größe, Position und Co. des Bildes vornehmen zu können.

Weitere Medien

Neben Grafiken lassen sich noch weitere Medien in ein Dokument einfügen. Die Auswahl treffen Sie jeweils in der Menüleiste unter *Einfügen/Medien*. Folgende Einträge finden sich im Ausklappmenü:

- *Galerie:* Entscheiden Sie sich für diesen Eintrag, wird rechts neben dem Dokument eine Medien-Galerie eingeblendet, also eine Galerie mit den verschiedenen Medien, die Sie in Ihr Dokument einfügen können – Grafiken, aber auch Klänge. Hierzu wählen Sie eine Kategorie aus, klicken darin einen Eintrag an und ziehen ihn dann bei gedrückter Maustaste ins Dokument.
- *Scannen:* Sofern an Ihren Computer ein Scanner angeschlossen ist, können Sie eingescannte Grafiken unter diesem Eintrag direkt in Writer übernehmen.
- *Audio/Video:* Auch eigene Audio- und Videodateien lassen sich in ein Dokument einfügen. Diese können sogar direkt in Writer wiedergegeben werden – wenn Sie eine Audio- oder Videodatei auswählen, werden Ihnen entsprechende Wiedergabeoptionen angezeigt.

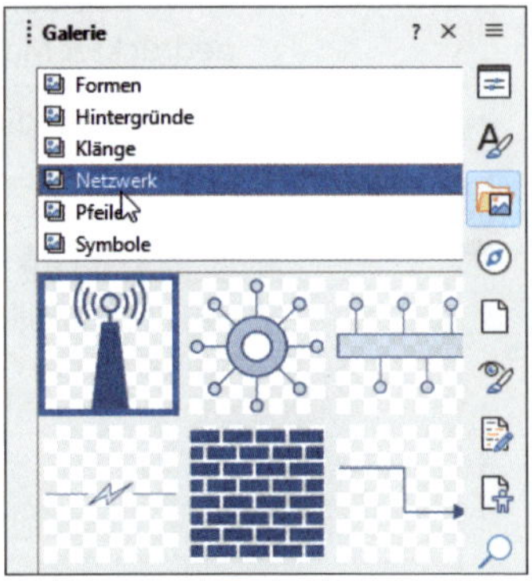

Fontwork-Objekte

Wählen Sie in der Menüleiste *Einfügen/Fontwork*, um Texte mit ansprechenden Effekten zu erstellen. Wählen Sie dazu eine Vorlage aus, doppelklicken Sie auf das eingefügte Fontwork und geben Sie Ihren individuellen Text ein. Bei ausgewähltem Fontwork finden sich in der Symbolleiste eine Reihe von Funktionen zur Formatierung des Fontwork-Objekts, etwa im Hinblick auf Farbe, Linienstil usw.

Textfelder

Manchmal möchten Sie bestimmte Texte frei im Dokument positionieren. Diesem Zweck dienen Textfelder, die sich – ähnlich wie im Zusammenhang mit den Grafikdateien kennengelernt – im Hinblick auf Position und Größe, aber auch im Hinblick auf das Erscheinungsbild beliebig anpassen lassen.

1. Klicken Sie in der Symbolleiste auf das Symbol . Klicken Sie im Dokument an die Stelle, an der Sie das Textfeld einfügen möchten, und zeichnen Sie bei gedrückter Maustaste ein Textfeld in der gewünschten Größe ins Dokument.
2. Tippen Sie Ihren Text in das Textfeld ein. Der Text lässt sich, wie bereits kennengelernt, formatieren. Um den Text bearbeiten zu können, doppelklicken Sie auf das Textfeld.
3. Möchten Sie die Größe des Textfeldes anpassen, klicken Sie auf den Rand oder in eine Ecke des Textfeldes und ziehen dieses bei gedrückter Maustaste größer bzw. kleiner.
4. Um die Position eines Textfeldes anzupassen, klicken Sie es an und ziehen es bei gedrückter Maustaste in die gewünschte Position.

5. Bei ausgewähltem Textfeld wird eine Symbolleiste mit verschiedenen Funktionen für die Formatierung angezeigt, die Sie größtenteils schon von der Grafikformatierung her kennen. Weitere Optionen erhalten Sie in einem Kontextmenü, wenn Sie das Textfeld mit der rechten Maustaste anklicken.

Formen

Mit dem Textfeld auf gewisse Weise verwandt sind die Formen: Auch Formen lassen sich bei gedrückter Maustaste ins Dokument zeichnen und in der Größe variieren. Und wenn Sie in eine Form doppelklicken, lässt sich diese ebenso mit Text füllen wie ein Textfeld.

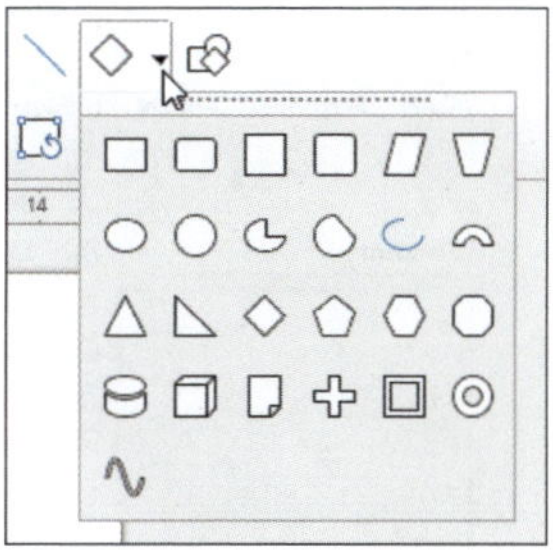

Um in einem Menü verschiedene Standardformen auswählen zu können, klicken Sie in der Symbolleiste auf den zum Symbol ◇ ▾ gehörenden Pfeil. Hinweis: Gegebenenfalls muss das Programmfenster vergrößert werden, damit das Symbol sichtbar wird.

Um unten im Programm Writer eine zusätzliche Leiste mit weiteren Zeichnungsfunktionen einzublenden, klicken Sie auf das Symbol (die Zeichnungsfunktionen werden Ihnen in Kapitel 5 zum Programm Draw näher vorgestellt). Übrigens können Sie statt Formen auch einfache Linien zeichnen, hierzu entscheiden Sie sich in der Symbolleiste für das Symbol.

Diese Abbildung zeigt eine Form, in die – wie in ein Textfeld – Text eingetragen wurde.

OLE-Objekte

Sie wissen bereits, dass sich direkt in Writer Tabellen erstellen lassen. Sie können jedoch auch Dateien aus anderen Programmen in Writer einbinden, beispielsweise aus den Programmen Impress oder Microsoft PowerPoint. Man spricht in diesem Zusammenhang von OLE-Objekten, wobei die Abkürzung OLE für **O**bject **L**inking and **E**mbedding steht, also das Verknüpfen und Einbetten von Objekten. Die Vorgehensweise wird hier am Beispiel einer PowerPoint-Datei beschrieben:

1. Setzen Sie den Cursor an die Stelle, an der Sie das Objekt ins Dokument einbinden möchten.
2. Klicken Sie in der Menüleiste auf *Einfügen*.
3. Bewegen Sie den Mauszeiger im sich öffnenden Menü auf den Eintrag *Objekt*.
4. Wählen Sie im Ausklappmenü den Befehl *OLE-Objekt*.

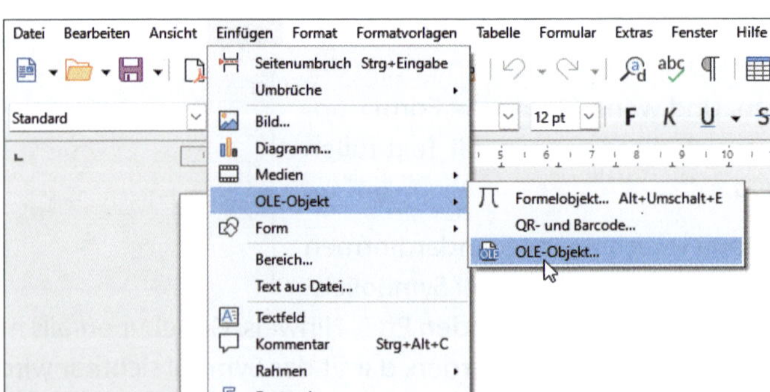

5. Im folgenden Dialogfeld erhalten Sie die Möglichkeit, entweder eine neue Datei zu erstellen oder eine bereits bestehende Datei zu öffnen. Hier wird unter *Neu erstellen* der Objekttyp *Weitere Objekte* gewählt. Für das Verwenden einer bestehenden Datei würde unter *Aus Datei erstellen* mit *Suchen* der Dateipfad angegeben werden.
6. Bestätigen Sie Ihre Auswahl mit *OK*.
7. Bei der Neuerstellung einer Datei wird anschließend noch der gewünschte Dateityp ausgewählt und ebenfalls mit *OK* bestätigt.

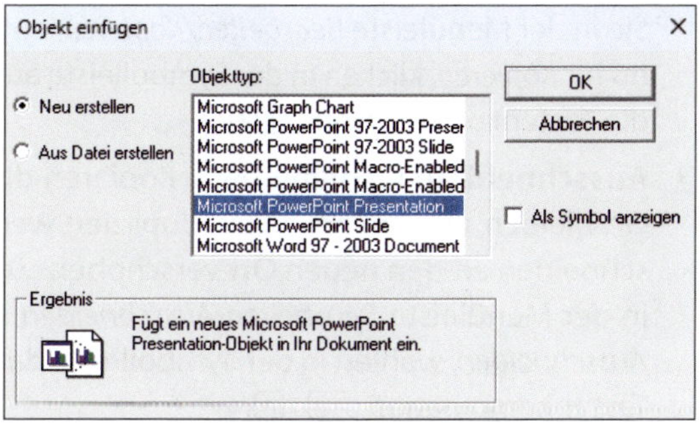

8. Das Objekt wird ins Dokument eingefügt. Sofern es sich um eine LibreOffice-Datei handelt, wird diese direkt im Dokument bearbeitet, ansonsten im externen Programm – die gespeicherten Änderungen werden dann im Dokument übernommen.

Klicken Sie nach der Bearbeitung des Objekts ins Dokument, um dieses weiterbearbeiten zu können. Per Doppelklick auf das Objekt aktivieren Sie dieses erneut für die Bearbeitung. Auch die Position und Größe von Objekten lässt sich durch Ziehen bei gedrückter Maustaste variieren.

Copy-and-paste

Das Einfügen von Texten, Grafiken und weiteren Inhalten kann auch durch die Funktion Copy-and-paste, also das Kopieren und Einfügen erfolgen. Möchten Sie z. B. Inhalte einer Textdatei in ein anderes Dokument einfügen, kopieren Sie die Inhalte der Textdatei und fügen Sie anschließend in das andere Dokument ein.

Natürlich können Sie auch innerhalb eines Dokuments kopieren bzw. ausschneiden und einfügen, etwa um einen Absatz in Ihrer Hausarbeit an eine andere Position zu bringen.

Copy-and-paste-Funktionen bieten sich in sehr vielen Programmen. Die Funktionen lassen sich entweder in der Menüleiste aufrufen, per Kontextmenü, per Symbol oder mithilfe einer Tastenkombination. Diese vier Optionen bieten sich Ihnen auch in Writer (und den weiteren LibreOffice-Programmen):

- **Kopieren:** Zum Kopieren markierter Inhalte in die Zwischenablage wählen Sie in der Menüleiste *Bearbeiten/Kopieren*, entscheiden sich im Kontextmenü für *Kopieren*, klicken in der Symbolleiste auf das Symbol oder drücken die Tastenkombination Strg+C.
- **Ausschneiden:** Während beim Kopieren die Inhalte am ursprünglichen Ort bleiben, also am neuen Ort dupliziert werden, werden diese beim Ausschneiden an den neuen Ort verschoben. Zum Ausschneiden wählen Sie in der Menüleiste *Bearbeiten/Ausschneiden*, klicken im Kontextmenü auf *Ausschneiden*, wählen in der Symbolleiste das Symbol oder drücken die Tastenkombination Strg+X.
- **Einfügen:** Zum Einfügen setzen Sie zunächst den Cursor an die Stelle, an der die Inhalte eingefügt werden sollen. Klicken Sie dann in der Menüleiste auf *Bearbeiten/Einfügen*, wählen Sie im Kontextmenü *Einfügen*, entscheiden Sie sich in der Symbolleiste für das Symbol oder drücken Sie die Tastenkombination Strg+V.

Einfügeoptionen

Das Einfügen erfolgt standardmäßig in der ursprünglichen Formatierung. Jedoch können sich weitere Einfügeoptionen bieten, die Sie aufrufen, indem Sie auf den zum Symbol gehörenden Pfeil klicken.

Darstellung auf der Seite

Inhalte zu erfassen oder in ein Dokument einzufügen, ist das eine. Das andere ist, diese auf den Seiten ansprechend darzustellen. Betrachten Sie auf den nächsten Seiten verschiedene Funktionen, die in diesem Zusammenhang wichtig sind, etwa das Erstellen von Umbrüchen und Spalten, das Festlegen des Papierformats sowie der Ränder, aber z. B. auch das Auswählen der Seitenfarbe.

Umbrüche

Eine Form des Umbruchs haben Sie in diesem Buch bereits kennengelernt, nämlich den Zeilenumbruch: Sie drücken die Tastenkombination ⇧+↵, um in eine neue Zeile zu wechseln. Besonders bei umfangreicheren Dokumenten kommt aber auch dem Seitenumbruch eine große Bedeutung zu, mit dem Sie zu einer neuen Seite wechseln. Die einfachste Version des Seitenumbruchs erfolgt mit der Tastenkombination Strg+↵ bzw. per Symbol. Der Seitenumbruch lässt sich aber auch spezifizieren. So können Sie beispielsweise festlegen, dass die weitere Eingabe nach einem Seitenumbruch auf der rechten Seite erfolgen soll. Wie Sie zum Einrichten eines spezifischen Seitenumbruchs vorgehen, erklärt die folgende Schrittanleitung:

1. Klicken Sie in der Menüleiste auf *Einfügen*.
2. Bewegen Sie den Mauszeiger auf *Umbrüche* und wählen Sie im Ausklappmenü den Befehl *Manueller Umbruch*.

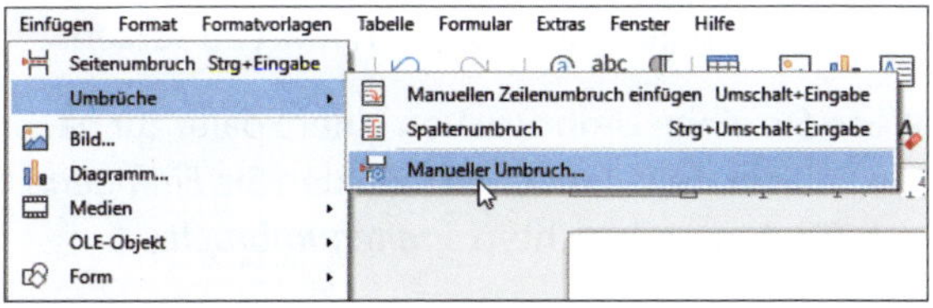

3. Achten Sie darauf, dass im Abschnitt *Typ* die Option *Seitenumbruch* aktiviert ist, und öffnen Sie das Drop-down-Menü *Seitenvorlage*.
4. Bestimmen Sie den gewünschten Seitenumbruch und bestätigen Sie mit *OK*.

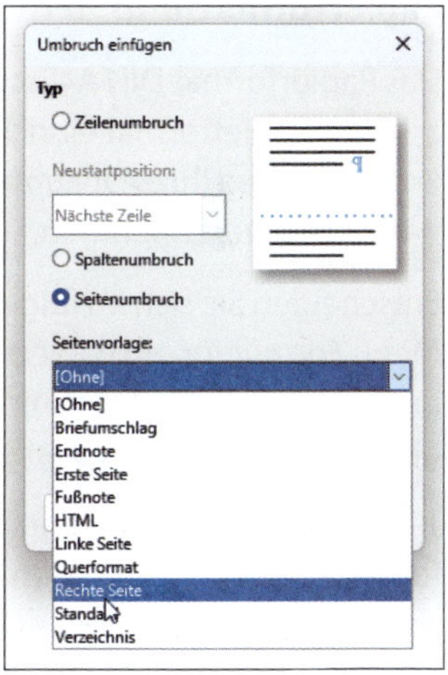

Spalten

Bei umfangreichen Dokumenten kann es sich anbieten, diese in Spalten darzustellen. Das schafft mehr Übersicht und wirkt professionell. Spalten sind rasch angelegt:

1. Möchten Sie lediglich einen Teil des Dokuments in Spalten darstellen, markieren Sie diesen. Soll hingegen das gesamte Dokument in Spalten dargestellt werden, ist kein Markieren erforderlich.

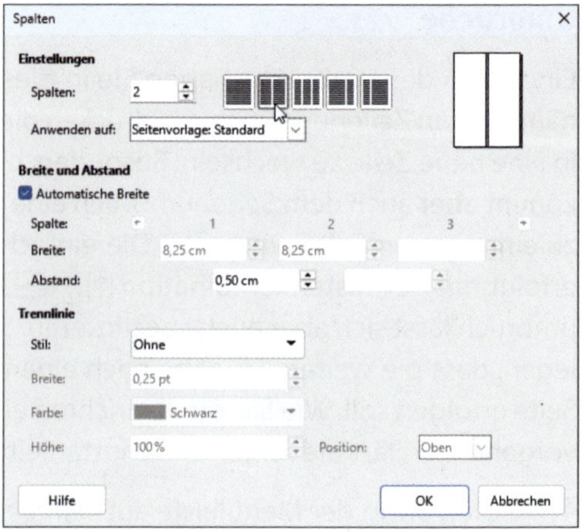

2. Klicken Sie in der Menüleiste auf *Format*. Wählen Sie *Spalten*, um das gleichlautende Dialogfeld aufzurufen.
3. Bestimmen Sie die Spaltenanzahl und nehmen Sie, wenn gewünscht, noch weitere Einstellungen im Hinblick auf die Spalten vor: Sie können Breite und Abstand individuell festlegen sowie eine Trennlinie einfügen.
4. Bestätigen Sie mit *OK*, um die Darstellung in Spalten in Kraft zu setzen.

Wenn Sie einen Umbruch von einer Spalte zur nächsten Spalte statt zur nächsten Seite erstellen möchten, wählen Sie *Einfügen/Umbrüche* und entscheiden sich für den Umbruchtyp *Spaltenumbruch*.

Papierformat und Seitenränder

Das Papierformat DIN A4 ist nicht in Stein gemeißelt, Sie können auch ein ganz anderes Papierformat einrichten und die Seitenränder so anpassen, wie es den Erfordernissen Ihres Dokuments entspricht. Um in diesem Zusammenhang Anpassungen vorzunehmen, wählen Sie in der Menüleiste *Format/Seitenvorlage*.

Entscheiden Sie sich im folgenden Dialogfeld in der Rubrik *Seite* im Drop-down-Menü *Format* für ein Papierformat oder legen Sie Breite und Höhe des Papiers individuell fest. Im Abschnitt *Seitenränder* lässt sich jeder der vier Seitenränder gesondert einrichten. Bestätigen Sie Ihre Änderungen mit *OK*.

Je nach Art des Dokuments können auch Anpassungen beim Seitenlayout erforderlich sein, z. B. werden Sie für ein mit Writer erstelltes Buch vielleicht das gespiegelte Seitenlayout auswählen wollen. Die Auswahl erfolgt im Abschnitt *Layout-Einstellungen* und dort im Drop-down-Menü *Seitenlayout*. Seitenanpassungen lassen sich alternativ auch in einer zusätzlichen Leiste durchführen, die Sie per Mausklick auf das Symbol 🗋 in der Leiste rechts einblenden.

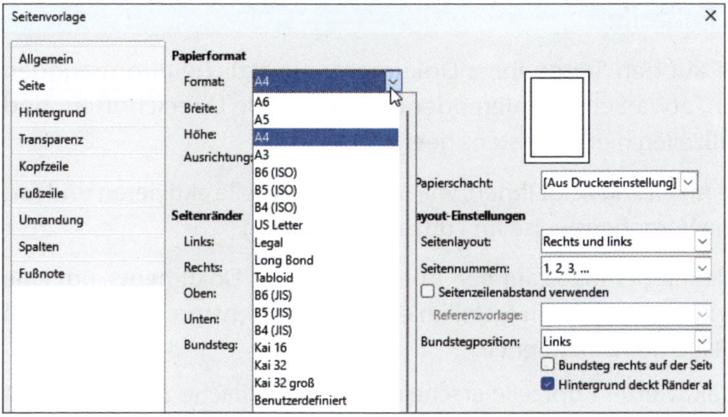

Passen Sie in diesem Dialogfeld Papierformat und Seitenränder individuell an.

Seite einrahmen oder mit Farbe unterlegen

Sie haben an anderer Stelle bereits gelernt, wie Sie einen Absatz einrahmen. Statt eines Absatzes können Sie aber auch das gesamte Dokument einrahmen. Die Einstellungen dazu nehmen Sie im obigen Dialogfeld in der Rubrik *Umrandung* vor. Auch lässt sich das gesamte Dokument mit einer von Ihnen gewählten Farbe unterlegen. Die Farbauswahl treffen Sie in der Rubrik *Hintergrund*. Statt einer Farbe kann für den Hintergrund auch eine Grafik eingesetzt werden.

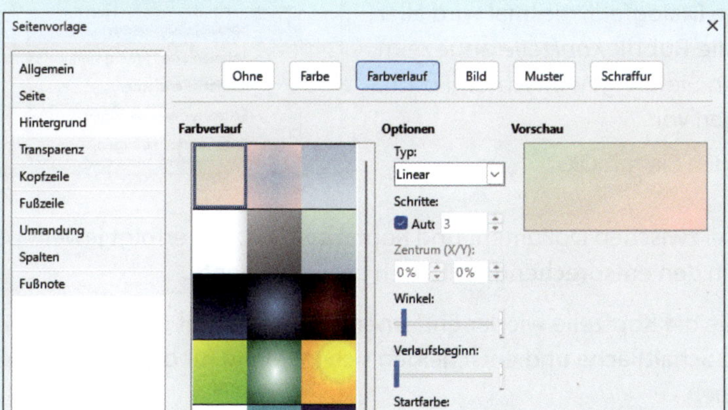

Kopf- und Fußzeile

Möchten Sie auf den Seiten Ihres Dokuments zusätzliche Informationen unterbringen, etwa Seitenzahlen oder durchlaufende Überschriften, sind Kopf- und Fußzeilen hierfür bestens geeignet.

Die folgende Anleitung zeigt Ihnen, wie Sie eine Kopfzeile aktivieren und formatieren – die Vorgehensweise für Fußzeilen ist analog.

1. Klicken Sie mit der Maus auf den oberen Rand des Dokuments, um eine Kopfzeile zu erstellen (zum Erstellen einer Fußzeile entsprechend auf den unteren Rand des Dokuments).
2. Bei nicht aktivierter Kopfzeile erscheint eine Schaltfläche zum Aktivieren derselben. Klicken Sie auf die Schaltfläche.
3. Sie können nun Text in die Kopfzeile eingeben und diesen wie gewohnt formatieren.

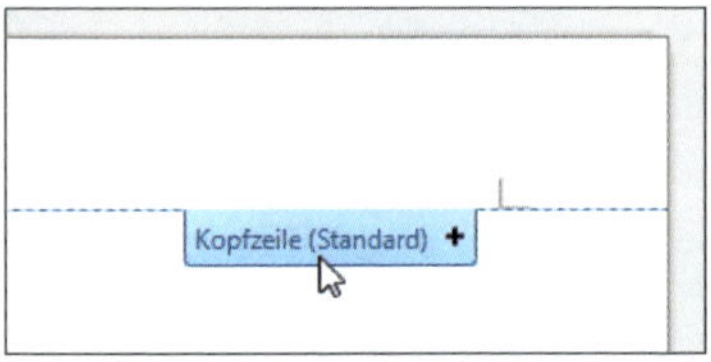

4. Zum Formatieren der Kopfzeile klicken Sie erneut auf die Schaltfläche.
5. Entscheiden Sie sich im Menü für den Eintrag *Kopfzeile formatieren.*
6. Es öffnet sich das bereits im Zusammenhang mit Papierformat und Co. kennengelernte Dialogfeld, diesmal wird allerdings die Rubrik *Kopfzeile* angezeigt. Nehmen Sie die gewünschten Formatierungen vor.

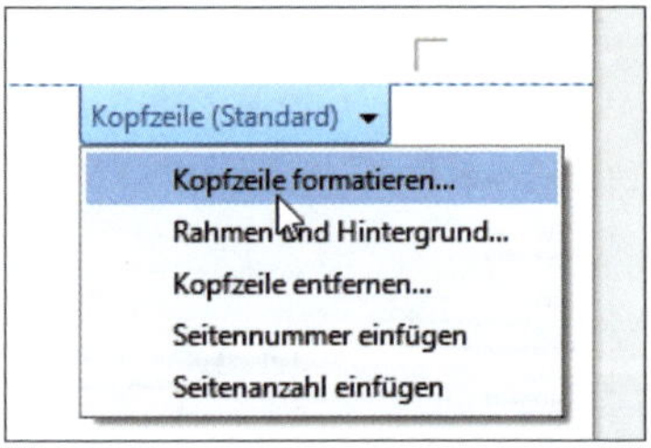

7. Bestätigen Sie mit *OK.*

Der Wechsel zwischen Dokument und Kopf- bzw. Fußzeile erfolgt jeweils per Mausklick in den entsprechenden Bereich des Dokuments.

Möchten Sie die Kopfzeile wieder entfernen, klicken Sie auf die zur Kopfzeile gehörende Schaltfläche und entscheiden sich im Menü für den Eintrag *Kopfzeile entfernen.*

Seitenzahlen

Wie bereits erwähnt, eignen sich die Kopf- und Fußzeile unter anderem zum Einfügen von Seitenzahlen. Wie Sie die Seiten Ihres Dokuments in der Fußzeile durchnummerieren, lesen Sie hier:

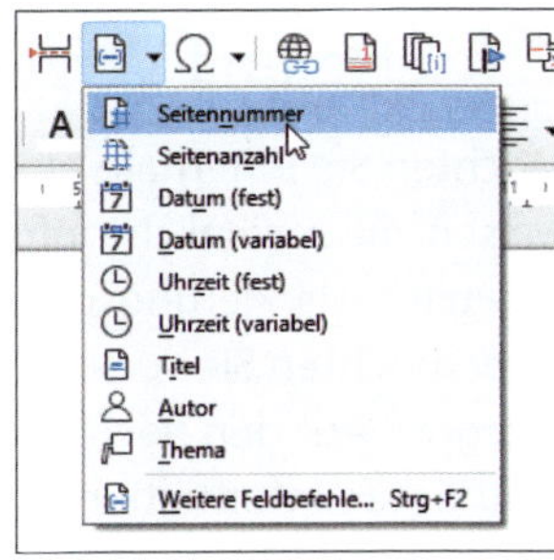

1. Klicken Sie in die nach obiger Anleitung bereits erstellte Fußzeile.
2. Klicken Sie in der Symbolleiste auf das Symbol ▾, mit dem Sie sich aktualisierende Felder in das Dokument einfügen.
3. Wählen Sie im sich öffnenden Menü den Eintrag *Seitennummer*. Sie stellen fest, dass die Seitenzahlen auf allen Seiten des Dokuments eingefügt werden. Auch die Seitenzahlen lassen sich nun noch individuell formatieren.

Titelseite einfügen bzw. definieren

Möchten Sie in das Dokument eine Titelseite einfügen bzw. eine bereits vorhandene Seite als Titelseite definieren, die dann keine Seitenzahl erhält, wählen Sie in der Menüleiste *Format/Titelseite* und nehmen im folgenden Dialogfeld Ihre Titelseiteneinstellungen vor.

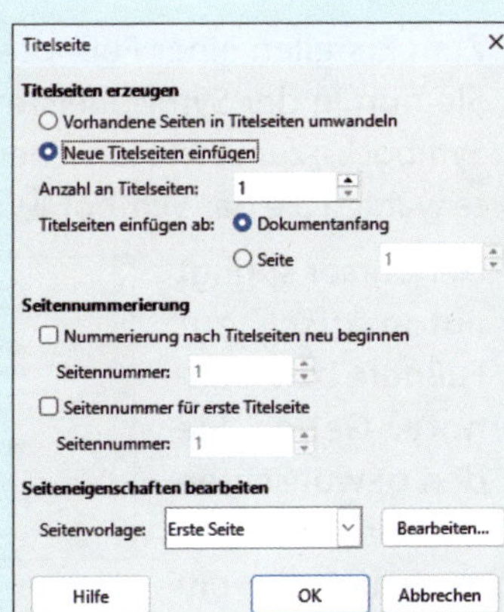

In einem Dokument lassen sich nicht nur die Seiten durchnummerieren, sondern auch die Zeilen und Kapitel. Wählen Sie dazu in der Menüleiste unter *Extras* die Befehle *Zeilennummerierung* bzw. *Kapitelnummerierung*. Die Nummerierungseinstellungen erfolgen dann jeweils in einem eigenen Dialogfeld.

Verweise und Verzeichnisse

Möchten Sie innerhalb eines Textes auf eine Fußnote oder eine Endnote verweisen, die zusätzliche Informationen enthält? Wollen Sie von einer von Ihnen gesetzten Markierung aus auf eine andere Stelle im Dokument querverweisen? Oder möchten Sie verschiedene Verzeichnisse – etwa ein Inhaltsverzeichnis – anlegen? Auf den nächsten Seiten finden Sie alle in diesem Zusammenhang benötigten Informationen.

Fuß- und Endnoten

Die Fuß- oder Endnote dient in Sach- und Fachtexten dazu, zusätzliche Informationen zu präsentieren, ohne damit den eigentlichen Text zu belasten – so wird für eine bessere Lesbarkeit gesorgt. Während die Fußnote direkt auf der Seite dargestellt wird, auf der sie eingefügt wird, werden Endnoten am Ende des Dokuments erstellt. Das Erstellen erfolgt auf analoge Weise:

1. Setzen Sie den Cursor an die Stelle, an der Sie den Verweis auf eine Fußnote oder Endnote einbauen möchten.
2. Zum Erstellen einer Fußnote klicken Sie nun in der Symbolleiste auf das Symbol ; zum Erstellen einer Endnote wählen Sie das Symbol .

3. Der Cursor springt automatisch zur Fußnote bzw. Endnote. Geben Sie den gewünschten Text ein. Die Nummerierung der Fußnote bzw. Endnote erfolgt automatisch.

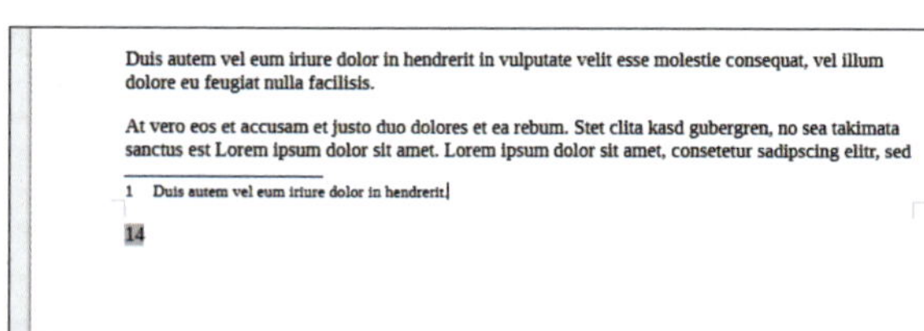

Auch für die Fußnoten sind unterschiedliche Formatierungen möglich. Zum Formatieren wählen Sie in der Menüleiste *Format/Seitenvorlage* und entscheiden sich im folgenden Dialogfeld für die Rubrik *Fußnote*.

Querverweise

Angenommen, Ihr Dokument besteht aus mehreren Kapiteln, und Sie möchten von einem Wort in Kapitel 2 auf eine bestimmte Seite in Kapitel 7 verweisen – solchen Zwecken dienen Querverweise. Wie Sie einen Querverweis in Writer erstellen und an anderer Stelle darauf verweisen, zeigt Ihnen die folgende Schrittanleitung:

1. Setzen Sie im ersten Schritt den Cursor an die Stelle, auf die verwiesen werden soll. Sie können auch ein Wort markieren, dieses wird dann als Wert des Verweises bezeichnet.
2. Klicken Sie in der Symbolleiste auf das Symbol . Im folgenden Dialogfeld entscheiden Sie sich – auf der Registerkarte *Querverweise* – unter *Typ* für den Eintrag *Verweis festlegen*.

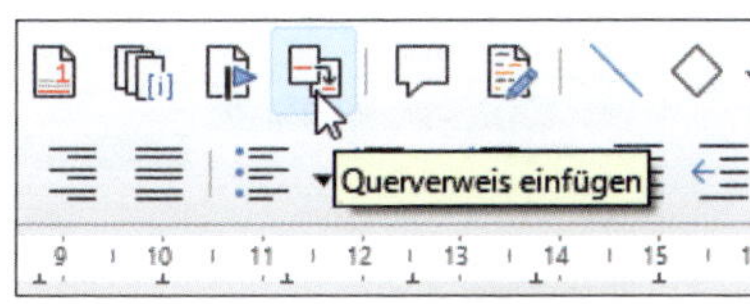

3. Geben Sie in das Feld *Name* eine sinnvolle Bezeichnung für den Querverweis ein. Bestätigen Sie das Setzen des Verweises mit *Einfügen*. Der Verweis ist nun im Dokument markiert.

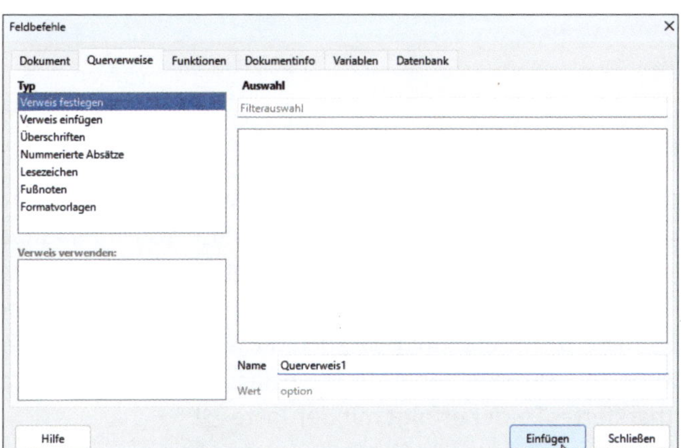

4. Setzen Sie den Cursor jetzt an die Stelle, von der aus auf die Referenz verwiesen werden soll.

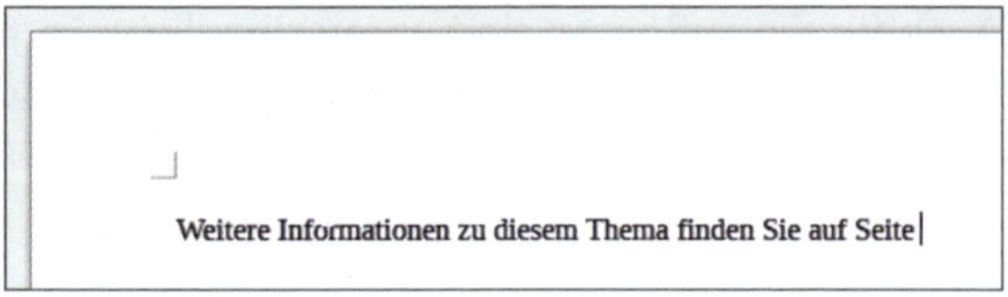

5. Klicken Sie in der Symbolleiste erneut auf das Symbol .
6. Entscheiden Sie sich unter *Auswahl* für den zuvor angelegten Verweis.
7. Bestimmen Sie unter *Verweis einfügen*, worauf verwiesen werden soll, hier z. B. auf die Seitenzahl.
8. Bestätigen Sie das Erstellen des Querverweises mit *Einfügen*.
9. Um den Vorgang zu beenden, klicken Sie auf *Schließen*.

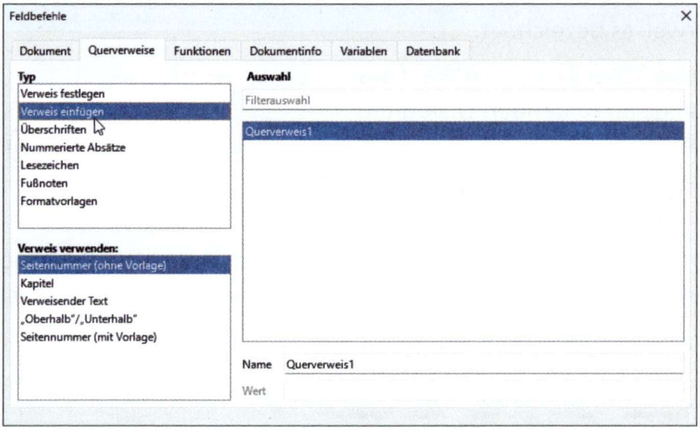

Feldbezeichnung ein- und wieder ausblenden

Felder dienen in Writer dazu, unterschiedliche veränderbare Daten einzufügen. So werden z. B. Seitenzahlen und Querverweise als Felder eingefügt – ändert sich eine Seitenzahl, wird das Feld automatisch angepasst. Um sich die Feldbezeichnungen in einem Dokument anzeigen zu lassen, drücken Sie die Tastenkombination Strg+F9; um die Feldbezeichnungen wieder auszublenden, drücken Sie erneut die Tastenkombination. Das Aktualisieren markierter Felder erfolgt mit der Taste F9.

Weitere Feldbefehle

Es lässt sich noch eine Reihe weiterer Feldbefehle in Ihre Dokumente einfügen, z. B. das jeweils aktuelle Datum. Die entsprechenden Optionen erhalten Sie – wie die Seitennummern – in der Symbolleiste unter dem Symbol ▾.

Inhaltsverzeichnis

Um einem Dokument ein automatisch generiertes Inhaltsverzeichnis voranzustellen, achten Sie zunächst darauf, dass Sie alle Überschriften mit den entsprechenden Formatvorlagen formatiert haben, also *Überschrift 1*, *Überschrift 2* usw. So geht es dann weiter:

1. Setzen Sie den Cursor an die Stelle, an der Sie das Inhaltsverzeichnis einfügen möchten. Erzeugen Sie für das Inhaltsverzeichnis am besten einen Seitenumbruch vor dem eigentlichen Dokument.
2. Klicken Sie in der Menüleiste auf *Einfügen*.
3. Bewegen Sie den Mauszeiger im sich öffnenden Menü auf den Eintrag *Verzeichnis*.
4. Entscheiden Sie sich im Ausklappmenü für den Befehl *Verzeichnis*.
5. Im Drop-down-Menü *Typ* sollte die Option *Inhaltsverzeichnis* ausgewählt sein, was standardmäßig der Fall ist. Passen Sie, wenn Sie möchten, den Titel des Inhaltsverzeichnisses, also dessen Überschrift, an.

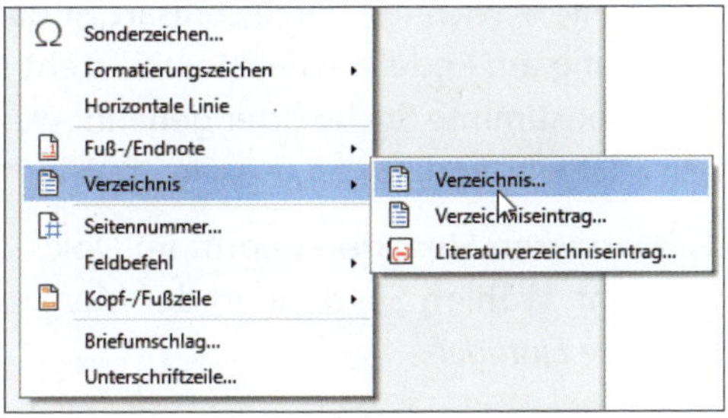

6. Im Feld *Einschließen bis Ebene* lässt sich festlegen, wie viele Überschriftenebenen im Inhaltsverzeichnis berücksichtigt werden sollen. Die Optionen im Abschnitt *Erzeugen aus* belassen Sie in der Regel aktiviert. Mit dem Kontrollkästchen *Vorschau* können Sie eine Vorschau für Ihre Einstellungen erhalten.
7. Bestätigen Sie das Erstellen des Inhaltsverzeichnisses mit *OK*.

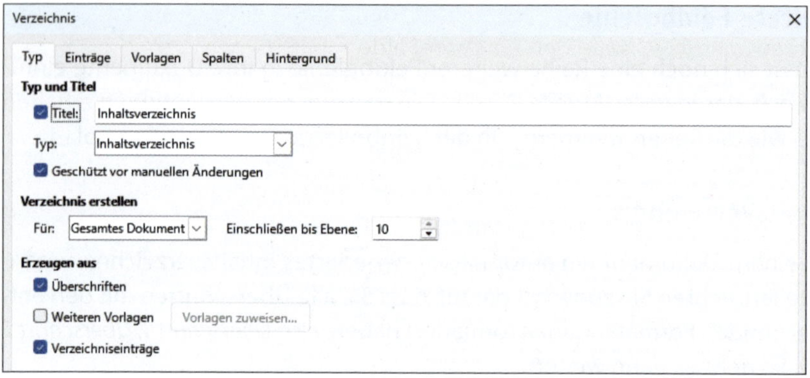

Statt die Überschriften über Vorlagen zu formatieren, lassen sich Verzeichniseinträge auch manuell erstellen. Dazu markieren Sie den Text, wählen *Einfügen/Verzeichnis/Verzeichniseintrag* und entscheiden sich im folgenden Dialogfeld für das *Inhaltsverzeichnis*, bevor Sie mit *OK* bestätigen.

Stichwortverzeichnis

Eine weitere wichtige Verzeichnisart ist das Stichwortverzeichnis, der Index, der häufig am Ende von Fachtexten steht und dem Leser zeigt, auf welchen Seiten bestimmte Stichwörter genannt werden. Zunächst werden die einzelnen Stichwörter definiert, was am meisten Arbeit bereitet:

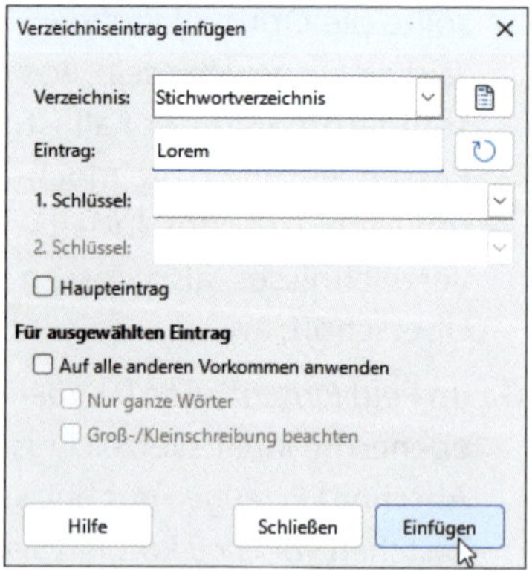

1. Markieren Sie einen Begriff im Dokument. Wählen Sie dann in der Menüleiste *Einfügen*.
2. Bewegen Sie den Mauszeiger im sich öffnenden Menü auf den Eintrag *Verzeichnis*.
3. Wählen Sie *Verzeichniseintrag*.
4. Im folgenden Dialogfeld soll im Dropdown-Menü *Verzeichnis* die Option *Stichwortverzeichnis* ausgewählt sein.
5. Der markierte Begriff ist bereits im Feld *Eintrag* eingetragen. Wenn Sie das Stich-

wortverzeichnis gliedern, können Sie den Eintrag einem Haupteintrag unterordnen, den Sie in den *Schlüssel*-Feldern bestimmen.

6. Klicken Sie auf die Schaltfläche *Einfügen*.
7. Zum Hinzufügen weiterer Begriffe markieren Sie diese im Text und klicken im Dialogfeld *Verzeichniseintrag einfügen* jeweils auf das Symbol , um einen markierten Begriff zu übernehmen.
8. Nachdem Sie alle Stichwörter hinzugefügt haben, bestätigen Sie mit *Schließen*.

Zum Erstellen eines Stichwortverzeichnisses gehen Sie nun wie folgt vor:

1. Setzen Sie den Cursor an die Stelle, an der Sie das Stichwortverzeichnis erstellen möchten, also in der Regel ganz ans Ende des Dokuments.
2. Wählen Sie in der Menüleiste *Einfügen*, und bewegen Sie den Mauszeiger auf den Eintrag *Verzeichnis*.
3. Klicken Sie im Ausklappmenü auf den Befehl *Verzeichnis*.
4. Entscheiden Sie sich im folgenden Dialogfeld für den Typ *Stichwortverzeichnis* und passen Sie gegebenenfalls die Verzeichniseinstellungen an.
5. Mit *OK* fügen Sie das Stichwortverzeichnis ins Dokument ein.

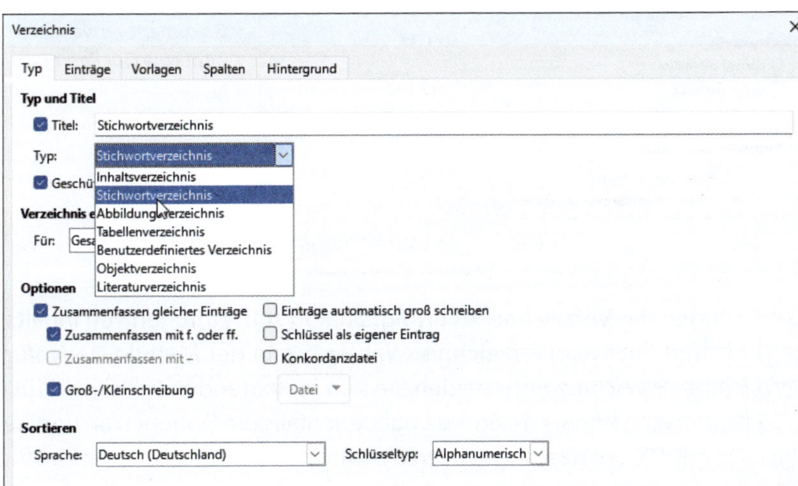

Literaturverzeichnis

Um ein Literaturverzeichnis zu erstellen, legen Sie am besten zunächst eine Datenbank mit den verwendeten Quellen an. Dies erfolgt im Fenster *Literaturdatenbank*, das Sie in der Menüleiste unter *Extras* mit dem Befehl *Literaturdatenbank* aufrufen.

Klicken Sie in dem Fenster auf *Daten* und wählen Sie *Datensatz*, um der Datenbank Ihre individuellen Einträge hinzuzufügen. Es müssen dazu selbstverständlich nicht alle Felder ausgefüllt werden.

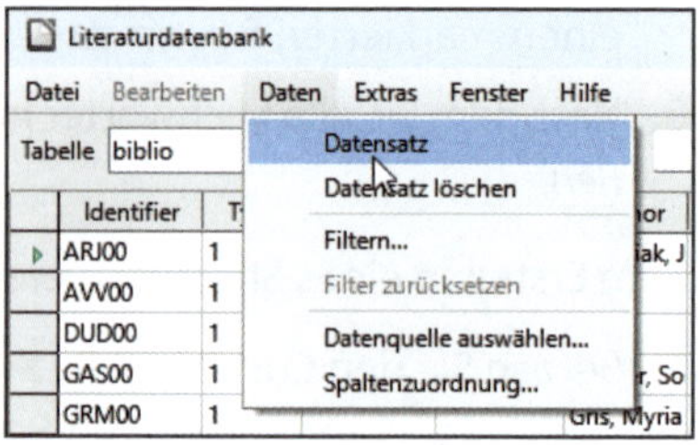

Um ein Literaturverzeichnis erzeugen zu können, geben Sie zunächst die Daten zur verwendeten Literatur ein.

Nun können Sie darangehen, den Zitaten in Ihrem Dokument Quellen zuzuweisen. Hierzu markieren Sie das Zitat und wählen dann in der Menüleiste *Einfügen/Verzeichnis/Literaturverzeichniseintrag*.

Verwenden Sie im folgenden Dialogfeld die Option *Literaturdatenbank*. Wählen Sie im Drop-down-Menü die verwendete Quelle aus und bestätigen Sie mit *Einfügen*.

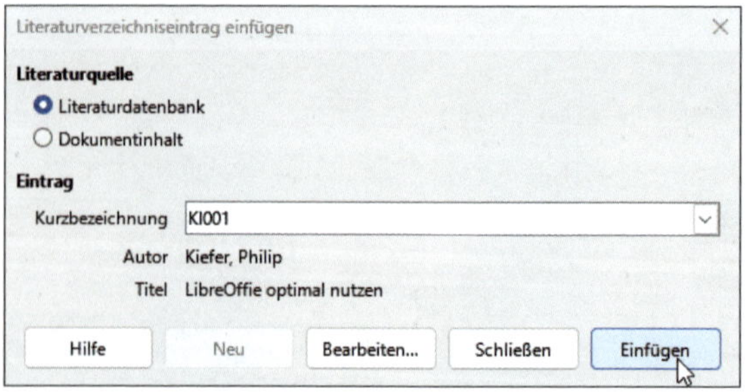

Weisen Sie einem in Ihrem Dokument verwendeten Zitat eine Quelle zu.

Das Einfügen des Verzeichnisses erfolgt analog zum Einfügen von Inhaltsverzeichnis und Stichwortverzeichnis: Wählen Sie in der Menüleiste *Einfügen/Verzeichnis/Verzeichnis*. Entscheiden Sie sich im folgenden Dialogfeld für den Typ *Literaturverzeichnis*, passen Sie gegebenenfalls die Optionen an und bestätigen Sie mit *OK*, um das Literaturverzeichnis an der Cursorposition einzufügen.

Weitere Verzeichnisse

Auch weitere Verzeichnisse (Abbildungsverzeichnisse, Tabellenverzeichnisse usw.) werden nach diesem Schema erstellt, d. h., Sie erstellen jeweils zunächst die Verzeichniseinträge und entscheiden sich dann unter *Einfügen/Verzeichnis/Verzeichnis* für den gewünschten Verzeichnistyp, um das jeweilige Verzeichnis an der Cursorposition ins Dokument einzufügen.

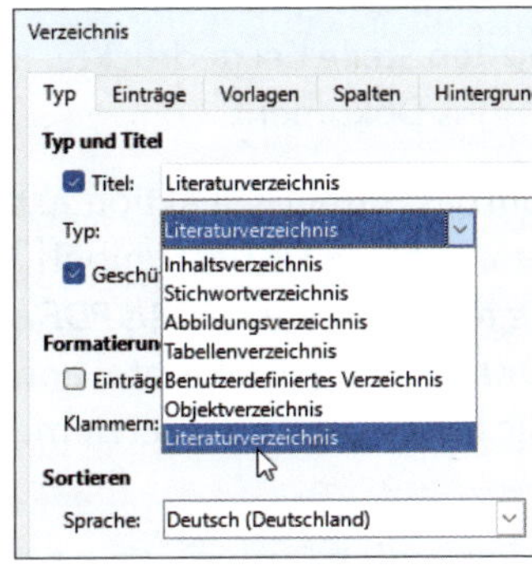

Formular-Steuerelemente

Möchten Sie mit Writer ein Dokument erstellen, das interaktive Felder enthält, also vom Benutzer am Computer ausgefüllt werden kann? Diesem Zweck dienen die Formular-Steuerelemente, die besonders häufig Einsatz in PDF-Dateien finden. Die folgende Anleitung zeigt ein einfaches Beispiel:

1. Erstellen Sie im Dokument zunächst den Text, dem Sie Formular-Steuerelemente zuweisen möchten.

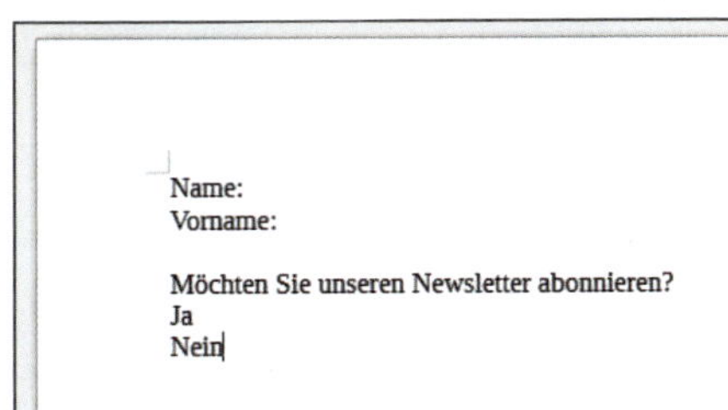

2. Klicken Sie nun in der Menüleiste auf *Formular*.
3. Wählen Sie im Menü das gewünschte Formular-Steuerelement aus. In diesem Fall werden – nacheinander – zweimal die Optionen *Textfeld* und *Optionsfeld* gewählt.

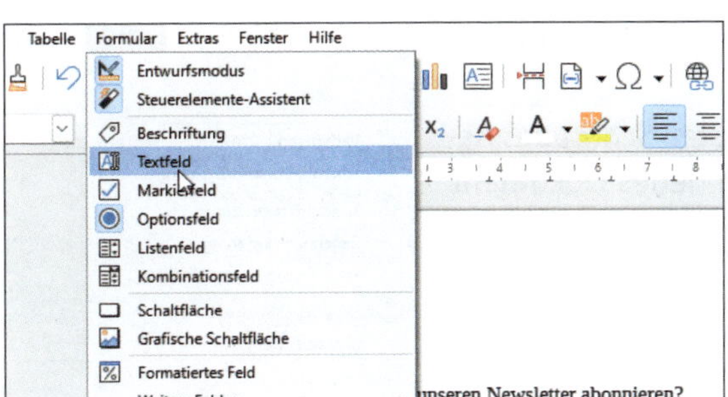

4. Zeichnen Sie die Formular-Steuerelemente jeweils an der gewünschten Stelle bei gedrückter Maustaste ins Dokument.

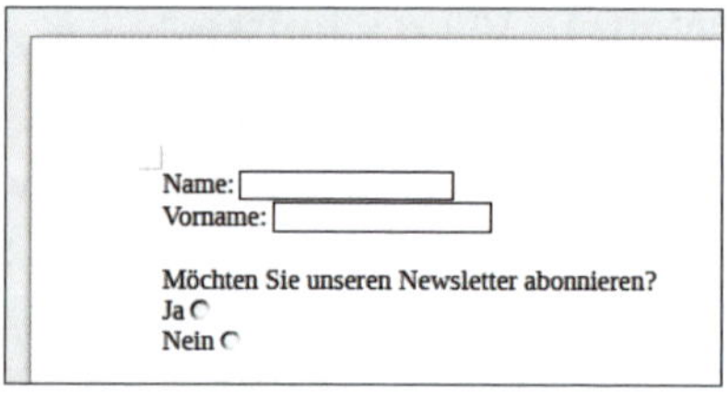

Um das Formular in Aktion zu begutachten, erstellen Sie per Symbol bzw. mit *Datei/Exportieren als/Als PDF exportieren* eine PDF-Datei aus Ihrem Dokument. Öffnen Sie die PDF-Datei anschließend – wie Sie feststellen werden, können Sie die Formular-Steuerelemente in der PDF-Datei interaktiv nutzen.

Ereignisse zuweisen und Co.

Formular-Steuerelemente lassen sich nicht nur in ihrer Form anpassen, sondern auch in ihrer Funktion. Doppelklicken Sie auf ein Formular-Steuerelement, um im zugehörigen Dialogfeld *Eigenschaften* Ihre Einstellungen vorzunehmen. Unter anderem lassen sich einem Formular-Steuerelement unterschiedliche Ereignisse zuweisen.

Serienbriefe

Wenn Sie mit LibreOffice einen Brief an mehrere Personen richten möchten – beispielsweise an alle Mitarbeiter Ihrer Firma oder die Mitglieder Ihres Vereins –, so erstellen Sie einen Serienbrief. Der gleiche Brief wird dann mit unterschiedlichen Adressen und Anreden versehen. Mithilfe des in LibreOffice verfügbaren Serienbrief-Assistenten ist das Ganze wirklich ein Kinderspiel:

1. Klicken Sie in der Menüleiste auf *Extras* und wählen Sie die Funktion *Serienbrief-Assistent*.
2. Bestimmen Sie im ersten Schritt des Assistenten, ob Sie ein neues Dokument erstellen oder ein bereits vorhandenes Dokument bzw. eine Vorlage verwenden möchten. Bestätigen Sie Ihre Einstellungen im Assistenten jeweils mit *Vor*.

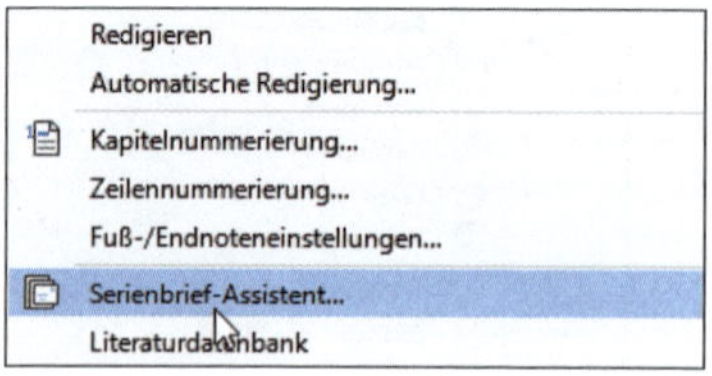

3. Im zweiten Schritt legen Sie fest, ob es sich bei dem Serienbrief um einen Ausdruck oder um eine E-Mail handeln soll.

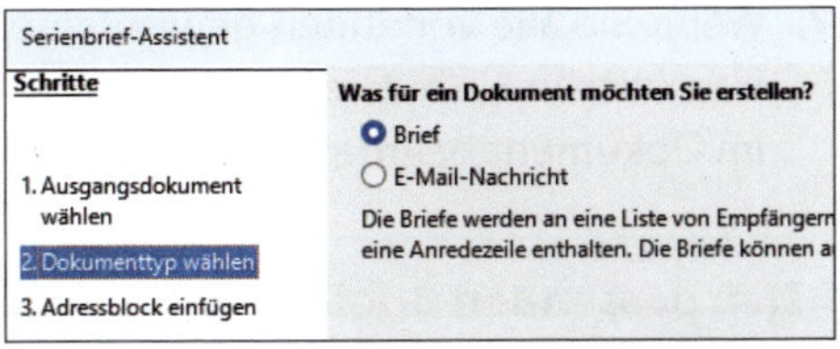

4. Als Nächstes können Sie entweder eine bereits vorhandene Adressliste auswählen oder eine solche erstellen, indem Sie die Daten der Briefempfänger einzeln eingeben. Die Darstellung der Adressen lässt sich unter den Schaltflächen *Mehr* bzw. *Felder zuordnen* anpassen.

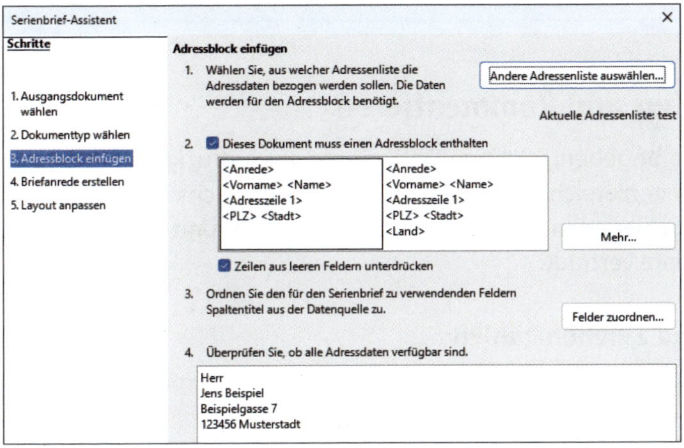

5. Auch die Briefanrede lässt sich automatisch ins Dokument einfügen. Dies bestimmen Sie mit der Option *Briefanrede erstellen.*

6. Passen Sie, wenn Sie möchten, die Position von Adressblock und Briefanrede im Dokument an.

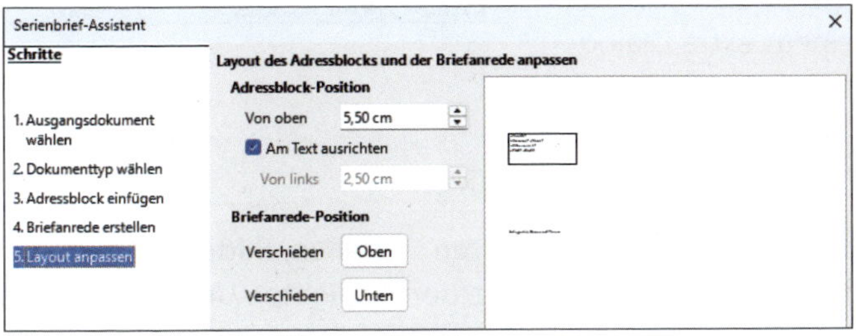

7. Wenn Sie alle von Ihnen gewünschten Einstellungen vorgenommen haben, klicken Sie auf *Fertigstellen*. Anschließend können Sie den Brief noch im Dokument bearbeiten und schließlich ausdrucken.

Den passenden Briefumschlag drucken

Wenn die Adressblöcke in den Serienbriefen korrekt positioniert sind, lassen sich die Serienbriefe am einfachsten in Fensterumschlägen verschicken. Sie können jedoch auch Briefumschläge mit den Adressen Ihrer Adressliste bedrucken. Diese Funktion finden Sie unter *Einfügen/Briefumschlag*.

Überprüfen und kommentieren

Bevor Sie darangehen, wichtige Dokumente auszudrucken oder an andere Personen weiterzureichen, machen Sie sich auf den nächsten Seiten zunächst mit den verschiedenen Funktionen zum Überprüfen und Kommentieren Ihrer Dokumente vertraut.

Wörter und Zeichen zählen

Soll Ihre Hausarbeit eine bestimmte Anzahl Wörter oder Zeichen enthalten? Das Zählen können Sie LibreOffice überlassen. Die Anzahl der Wörter und Zeichen finden Sie in der Statusleiste des Programms jeweils angegeben. Klicken Sie die Wörter- und Zeichenanzahl an, erhalten Sie in einem extra Dialogfeld zusätzliche Informationen.

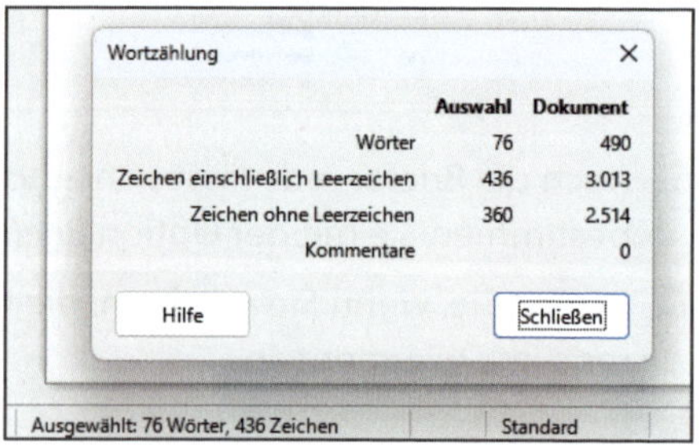

Inhalte mit dem Navigator aufspüren

Um bestimmte Elemente – Überschriften, Tabellen, Bilder usw. – in Ihrem Dokument aufzuspüren, verwenden Sie den Navigator. Um diesen aufzurufen, klicken Sie in der Leiste rechts in Writer auf das Symbol. Um sich die Inhalte einer Kategorie anzeigen zu lassen, klicken Sie auf das zugehörige Plussymbol ⊞; um zu einem bestimmten Inhalt zu springen, doppelklicken Sie im Navigator darauf. Enthält eine Kategorie keine Einträge, wird diese ausgegraut dargestellt.

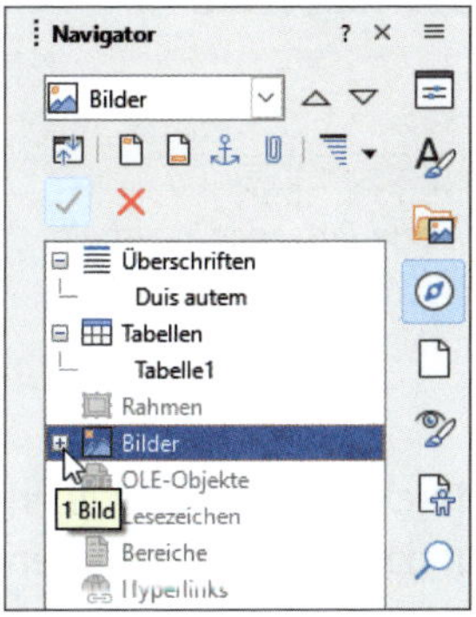

Der Navigator zeigt verschiedene in einem Dokument enthaltene Elemente an – mit der Option, per Doppelklick zu einem bestimmten Element zu springen.

Lesezeichen setzen

Um eine bestimmte Textstelle in einem Dokument zu markieren, die dann im Navigator aufgerufen werden kann, verwenden Sie die Lesezeichenfunktion. Um ein Lesezeichen in Cursorposition zu erstellen, klicken Sie in der Symbolleiste auf das Symbol. Geben Sie dem Lesezeichen anschließend eine sinnvolle Bezeichnung und bestätigen Sie mit *Einfügen*. Öffnen Sie im Navigator die Kategorie *Lesezeichen*, um sich die verfügbaren Lesezeichen anzeigen zu lassen.

Dokument durchsuchen

Für die schnelle Textsuche in einem Dokument rufen Sie mithilfe der Tastenkombination Strg+F bzw. mit *Bearbeiten/Suchen* ein Suchfeld auf, das oberhalb der Statusleiste eingeblendet wird.

Geben Sie Ihren Suchbegriff ein und bestätigen Sie mit der ↵-Taste, um die Suche zu starten. Bei mehreren Treffern wechseln Sie mit der ↵-Taste jeweils auch zum nächsten Treffer (mit ⇧+↵ führen Sie die Suche rückwärts durch); alternativ verwenden Sie die Pfeilsymbole rechts neben dem Suchfeld.

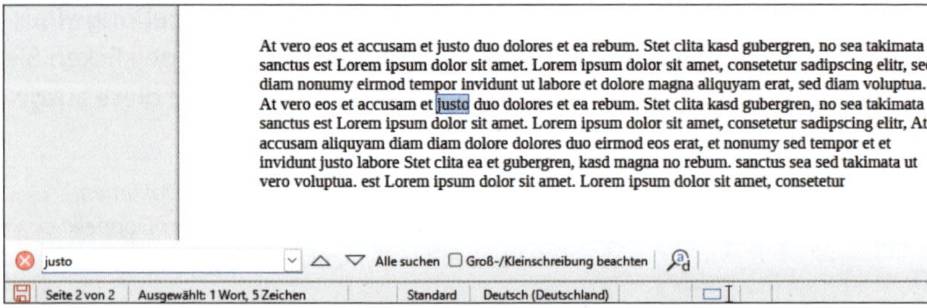

Suchen Sie mithilfe des eingeblendeten Suchfeldes nach Begriffen bzw. Passagen innerhalb des Textdokuments.

Suchen und Ersetzen

Weitere Suchfunktionen sowie die Möglichkeit, Text durch anderen Text zu ersetzen, erhalten Sie, wenn Sie in der Symbolleiste auf das Symbol klicken (Tastenkombination Strg+Alt+F).

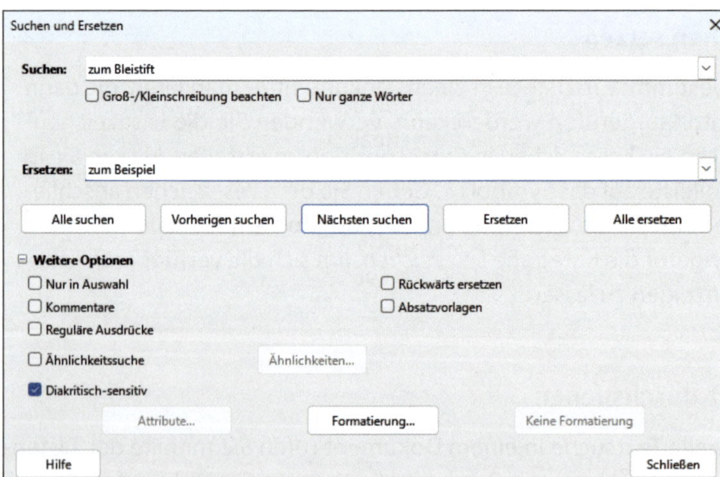

Dieses Dialogfeld dient dem Suchen und Ersetzen von Text, bietet aber auch erweiterte Optionen für die Textsuche.

Zum Suchen und Ersetzen von Text geben Sie den zu suchenden Text in das Feld *Suchen* ein und den Text, den Sie stattdessen verwenden möchten, in das Feld *Ersetzen*. Klicken Sie dann auf *Ersetzen* (um die Ersetzungen einzeln zu prüfen) bzw. *Alle ersetzen*. Wenn Sie lediglich eine Suche durchführen möchten, lassen Sie das Feld *Ersetzen* leer und klicken auf *Nächsten suchen* bzw. *Alle suchen*.

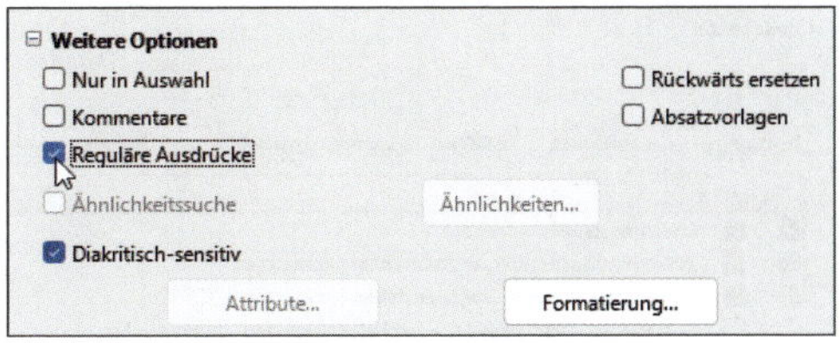

Die erweiterten Suchoptionen erhalten Sie unter *Weitere Optionen*. So können Sie eine Suche beispielsweise auf markierten Text begrenzen oder ausschließlich Kommentare durchsuchen. Möchten Sie bei der Suche verschiedene Platzhalter einsetzen, aktivieren Sie die Option *Reguläre Ausdrücke*. Mit einem Punkt ersetzen Sie z. B. im Suchbegriff ein beliebiges Zeichen. Suchen Sie also etwa nach *me.er*, werden Ihnen sowohl die Namen *Meyer* als auch *Meier* angezeigt. Eine Übersicht über die verfügbaren Platzhalter finden Sie unter help.libreoffice.org, wenn Sie dort nach *Reguläre Ausdrücke* suchen.

AutoKorrektur

LibreOffice führt während der Texteingabe bestimmte Korrekturen automatisch durch. Das kann bei der Texterfassung in Ausnahmefällen lästig werden. Um die AutoKorrektur vorübergehend zu deaktivieren, bewegen Sie den Mauszeiger in der Menüleiste unter *Extras* auf den Eintrag *AutoKorrektur* und entfernen im Ausklappmenü per Mausklick das Häkchen bei *Während der Eingabe*. Um die AutoKorrektur während der Eingabe wieder zu aktivieren, setzen Sie einfach per Mausklick erneut ein Häkchen vor dem Eintrag.

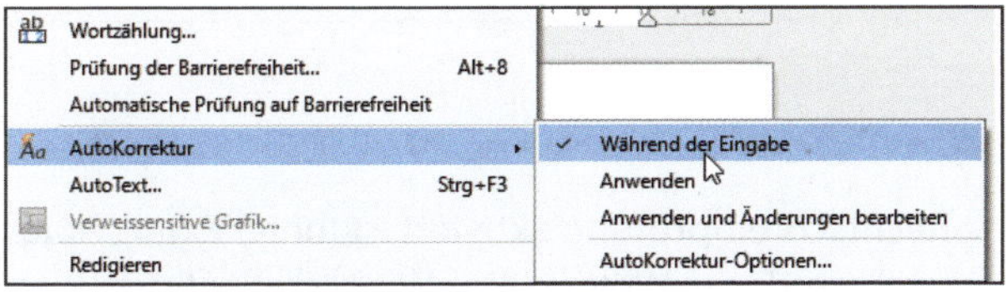

Falls die AutoKorrektur zwischendurch mal nerven sollte, lässt sich diese mit wenigen Mausklicks abschalten.

Individuelle Einstellungen zur AutoKorrektur nehmen Sie vor, indem Sie sich unter *Extras/AutoKorrektur* für *AutoKorrektur-Optionen* entscheiden und dann im folgenden Dialogfeld auf den einzelnen Registerkarten Ihre Angaben machen und diese mit *OK* bestätigen. So können Sie beispielsweise verhindern, dass zwei Großbuchstaben am Wortanfang korrigiert werden, ohne gleich die gesamte AutoKorrektur abschalten zu müssen.

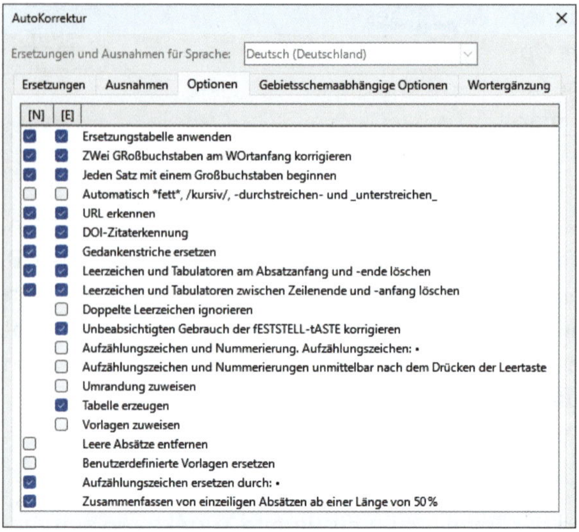

Die AutoKorrektur-Optionen lassen sich individuell festlegen.

Autotext verwenden

Nicht zu verwechseln mit der AutoKorrektur ist der AutoText. Hierbei handelt es sich um Textbausteine, die Sie selbst – unter *Extras/AutoText* – definieren und einfügen. Das ist eine recht praktische Funktion, um sich auf Dauer einiges an Tipparbeit zu ersparen.

Rechtschreibprüfung

Sofern die automatische Rechtschreibprüfung aktiviert ist (unter *Extras/Automatische Rechtschreibprüfung*), werden in Writer einige Wörter rot unterstrichen dargestellt. Das sind Wörter, die Writer entweder nicht erkennt oder einfach nicht kennt. Wichtig, falls Sie in Writer mit mehreren Sprachen arbeiten: Achten Sie in der Statusleiste darauf, dass die für das jeweilige Dokument korrekte Sprache angezeigt wird, bzw. passen Sie die Sprache im Menü, das Sie per Mausklick auf die aktuelle Textsprache öffnen, an.

Mit der Rechtschreib- (und Grammatik-)prüfung lassen sich Fehler rasch ausmerzen:

1. Setzen Sie den Cursor an den Anfang des Dokuments, um die Überprüfung von Beginn an durchzuführen.
2. Klicken Sie in der Symbolleiste auf das Symbol abc. Alternativ drücken Sie die Taste F7.
3. Im sich öffnenden Dialogfeld wird Ihnen der erkannte Fehler bzw. das nicht erkannte Wort angezeigt. Um den markierten Änderungsvorschlag zu übernehmen, klicken Sie auf die Schaltfläche *Korrigieren*.

   Sie können alternativ auf einen Vorschlag doppelklicken, um diesen zu akzeptieren. Von der Option *Alle korrigieren* machen Sie nur in Ausnahmefällen Gebrauch, dann nämlich, wenn das gleiche Wort im gesamten Dokument durch den Vorschlag ersetzt werden soll.
4. Soll hingegen keine Korrektur durchgeführt werden, wählen Sie *Einmal ignorieren* (analog zu *Korrigieren*) bzw. *Alle ignorieren* (analog zu *Alle korrigieren*). Damit der Fehler zukünftig gar nicht mehr angezeigt wird, klicken Sie auf die Schaltfläche *Zum Wörterbuch hinzufügen*.
5. Wurde die Überprüfung vollständig durchgeführt, bestätigen Sie mit *Schließen*.

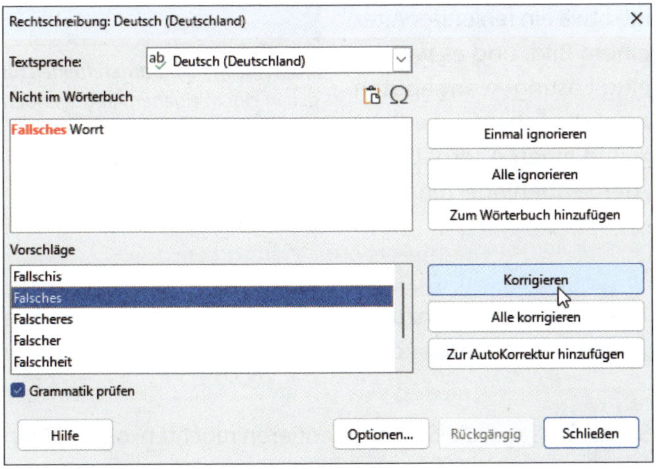

Synonymwörterbuch aufrufen

Ebenfalls in LibreOffice integriert ist ein Synonymwörterbuch, ein sogenannter Thesaurus. Um diesen zu nutzen, markieren Sie ein Wort, für das Sie ein Synonym suchen – also ein anderes Wort mit gleicher oder zumindest ähnlicher Bedeutung. Wählen Sie dann in der Menüleiste *Extras/ Thesaurus* bzw. drücken Sie die Tastenkombination Strg+F7. Klicken Sie im sich öffnenden Dialogfeld auf das Wort, das Sie als Alternative verwenden möchten, und bestätigen Sie mit *Einfügen*.

Barrierefreiheit

Wenn Sie ein Dokument auch für andere Personen schreiben, achten Sie auf die Barrierefreiheit des Dokuments. In Writer blenden Sie einen entsprechenden Aufgabenbereich ein, indem Sie in der Leiste links auf das Symbol klicken oder alternativ die Tastenkombination Alt+8 drücken.

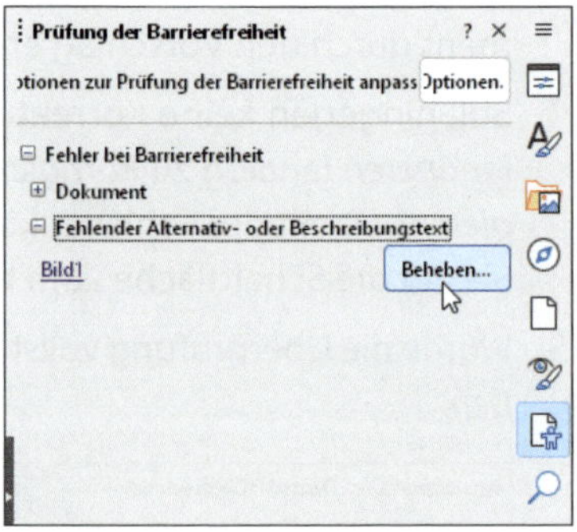

Probleme mit der Barrierefreiheit lassen sich in einem eigenen Aufgabenbereich beheben.

Im Aufgabenbereich werden mögliche Probleme angezeigt, etwa ein fehlender Alternativtext bei einem Bild, und es werden Ihnen gleichzeitig Lösungen angeboten. Klicken Sie z. B. auf die Schaltfläche *Beheben*, um einem Bild einen Alternativtext hinzuzufügen, der Sehbehinderten vorgelesen werden kann.

Kommentare

Um Hinweise in ein Dokument einzubauen, die sich z. B. an einen anderen Bearbeiter des Dokuments richten können, erstellen Sie Kommentare. Es ist ganz einfach:

1. Markieren Sie die Passage, die Sie kommentieren möchten, oder setzen Sie den Cursor an die entsprechende Stelle.

2. Klicken Sie in der Symbolleiste auf das Symbol 🗨.
3. Ein Kommentarfeld wird neben dem eigentlichen Dokument eingeblendet. Tippen Sie Ihren Kommentar ein.

Um einen Kommentar zu löschen oder die Kommentarfelder zu formatieren, klicken Sie bei einem Kommentar auf den kleinen Pfeil. Im sich öffnenden Menü werden Ihnen die entsprechenden Optionen angeboten. Diese erhalten Sie alternativ in einem Kontextmenü, wenn Sie den Kommentar mit der rechten Maustaste anklicken.

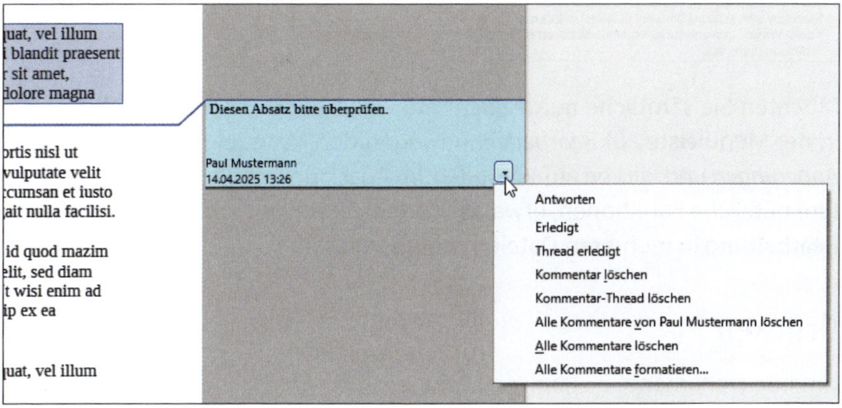

Änderungen aufzeichnen

Eine sehr wichtige Funktion, falls in einem Dokument Änderungen durch andere Personen durchgeführt werden, ist das Aufzeichnen dieser Änderungen. Durch das Aufzeichnen werden die Änderungen im Dokument kenntlich gemacht.

Um das Aufzeichnen der Änderungen zu aktivieren und auch wieder zu deaktivieren, klicken Sie in der Menüleiste auf *Bearbeiten/Änderungen/Aufzeichnen*.

Um eine einzelne Änderung im Dokument zu akzeptieren oder abzulehnen, klicken Sie diese mit der rechten Maustaste an. Im Kontextmenü erhalten Sie die entsprechenden Optionen (*Änderung annehmen* bzw. *Änderung verwerfen*).

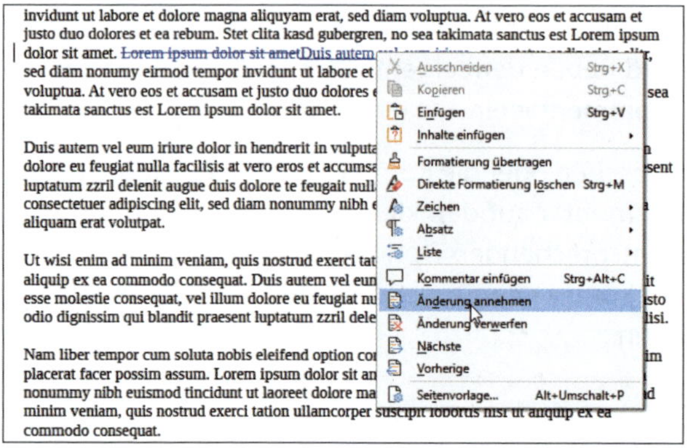

Im Kontextmenü finden Sie Funktionen zum Annehmen und Ablehnen einer Änderung sowie zum Wechsel zur nächsten oder vorherigen Änderung.

Möchten Sie sämtliche aufgezeichnete Änderungen verwalten, klicken Sie in der Menüleiste auf *Bearbeiten*, bewegen den Mauszeiger auf den Eintrag *Änderungen* und klicken auf *Verwalten*. Im Ausklappmenü finden Sie noch weitere nützliche Funktionen, etwa das Vergleichen zweier Dokumente, falls die Bearbeitung in mehreren Dateien erfolgt sein sollte.

Drucken

Um Ihre Dokumente zu Papier zu bringen, prüfen Sie zunächst die Druckereinstellungen. Diese lassen sich direkt in LibreOffice aufrufen, und zwar in der Menüleiste unter *Datei/Druckereinstellungen*. Unter der Schaltfläche *Optionen* bestimmen Sie, welche Elemente gegebenenfalls mit ausgedruckt werden sollen (Seitenhintergrund, Kommentare usw.).

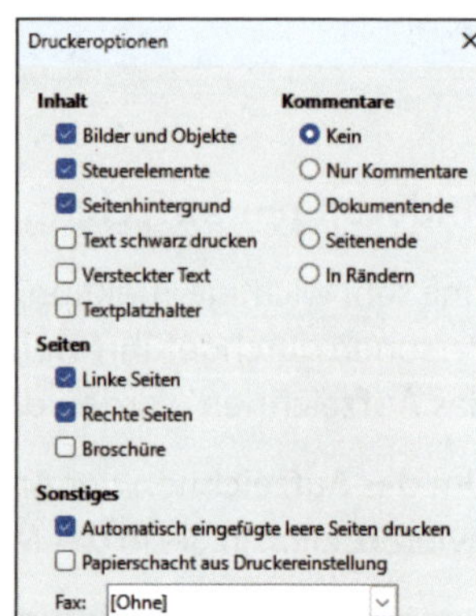

Bestimmen Sie per Kontrollkästchen, welche Elemente beim Ausdruck des Dokuments mit ausgedruckt werden sollen und welche nicht.

Um sich anzusehen, wie das Dokument im Ausdruck herauskommen wird, öffnen Sie die Druckvorschau, indem Sie in der Symbolleiste auf das Symbol klicken. Zum Schließen der Druckvorschau klicken Sie das Symbol einfach erneut an.

Möchten Sie nach der Begutachtung des Dokuments in der Druckvorschau den Ausdruck starten, klicken Sie in der Symbolleiste auf das Symbol oder drücken Sie die Tastenkombination Strg+P. Im sich öffnenden Dialogfeld können Sie weitere Druckoptionen festlegen, etwa den Ausdruck auf bestimmte Seiten des Dokuments begrenzen, bevor Sie den Druckauftrag mit *Drucken* an den Drucker senden.

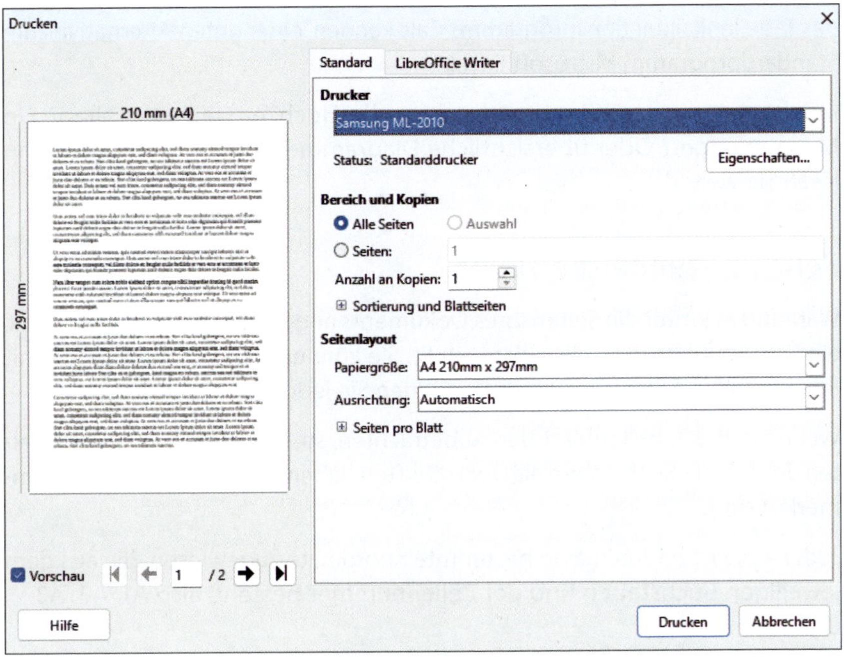

Vor dem Ausdruck des Dokuments lassen sich verschiedene Optionen anpassen.

Dokument im Internet verwenden

Statt die Datei auszudrucken, lässt sich diese auch im Internet verwenden. Sie können ein Dokument als Dateianhang in einer E-Mail versenden oder daraus eine Webseite erstellen. Die entsprechenden Optionen erhalten Sie in einem Ausklappmenü, wenn Sie in der Menüleiste auf *Datei* klicken und den Mauszeiger auf den Eintrag *Senden* bewegen.

3. Calc: Budgets und andere Tabellen erstellen und berechnen

In Kapitel 2 haben Sie sich mit dem Textverarbeitungsprogramm Writer vertraut gemacht. In diesem Kapitel lernen Sie nun alle wichtigen Funktionen des Tabellenkalkulationsprogramms Calc kennen, einer guten Alternative zum Standardprogramm Microsoft Excel.

Möchten Sie eine Teilnehmerliste für die Hochzeitsfeier erstellen? Ein Monatsbudget? Oder übersichtliche Diagramme zu Ihren Tabellen? Dann lesen Sie weiter!

Zellen mit Inhalten füllen

Während in Writer die Seiten Ihres Dokuments angezeigt werden, wird in Calc ein Tabellenblatt mit Zellen dargestellt. Sie können beliebig viele Zellen mit Ihren Inhalten füllen – meistens benötigen Sie jedoch nur einige.

Wenn Sie das Tabellenblatt genau betrachten, stellen Sie fest, dass die Spalten der Tabelle Buchstaben als Überschriften haben, während die Zeilen nummeriert sind.

Jeder Zelle ist dadurch eine bestimmte Koordinate zugewiesen, die aus dem jeweiligen Buchstaben und der Zeilennummer besteht, also A1, A2, A3 ..., B1, B2, B3 ... usw.

Markieren Sie mit der Maus oder mit der Tastatur die Zelle, in die Sie Daten eingeben möchten. Die jeweils aktive Zelle ist mit einem Rahmen versehen. Tippen Sie anschließend Ihre Daten ein und wechseln Sie – wieder per Maus oder per Tastatur – zur nächsten Zelle. Um nach der Eingabe in eine Zelle zur Zelle darunter zu wechseln, drücken Sie die [↵]-Taste.

Statt die Zelle insgesamt zu markieren, können Sie auch den Cursor in eine Zelle setzen, etwa um den eingegebenen Text zu korrigieren. Um das zu bewerkstelligen, doppelklicken Sie auf die Zelle. Der Cursor blinkt in der Zelle, und Sie können nun die Korrektur durchführen.

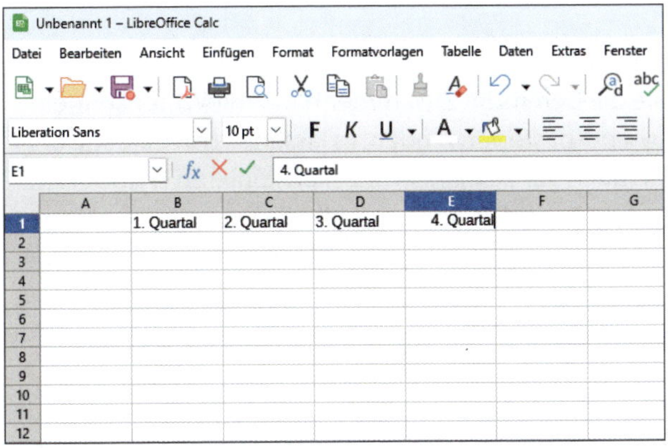

Markieren Sie jeweils eine Zelle und füllen Sie diese mit Ihren individuellen Inhalten.

Eingabezeile

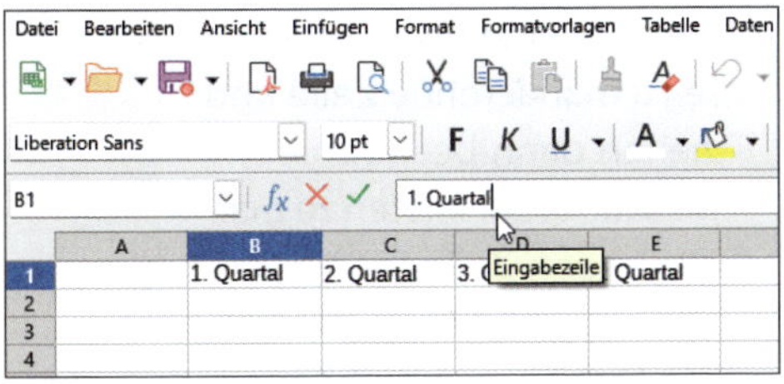

Statt die Inhalte direkt in die Zelle einzutippen bzw. dort zu bearbeiten, können Sie auch die Eingabezeile nutzen, die sich zwischen den Zellen und den Symbolleisten befindet. In der Eingabezeile werden die Inhalte der jeweils markierten Zelle angezeigt. Klicken Sie in die Eingabezeile, um die Inhalte dort zu bearbeiten.

Zellinhalte formatieren

Was die Formatierung von Zellinhalten anbelangt, funktioniert das wie bei Writer, d. h., Sie markieren zunächst den gewünschten Zellinhalt und wählen dann in der Symbolleiste bzw. in der Menüleiste eine Formatieroption aus.

Das Markieren kann in Calc einerseits innerhalb der Zelle erfolgen, um z. B. nur ein Wort von mehreren zu formatieren. Sie können andererseits auch den gesamten Zellinhalt formatieren, indem Sie einfach die Zelle markieren.

> **Copy-and-paste**
>
> Auch in Calc können Sie die bereits im Zusammenhang mit Writer kennengelernte Funktion Copy-and-paste verwenden. Es lassen sich in Calc sowohl markierte Zellinhalte als auch ganze markierte Zellen kopieren (Symbol) bzw. ausschneiden (Symbol) und an anderer Stelle einfügen (Symbol).

Zellen markieren

Statt einzelner Zellen lassen sich auch mehrere gleichzeitig markieren, um die Zellinhalte bzw. – dazu gleich mehr – die Zellen selbst zu formatieren. Verwenden Sie zu diesem Zweck die Maus:

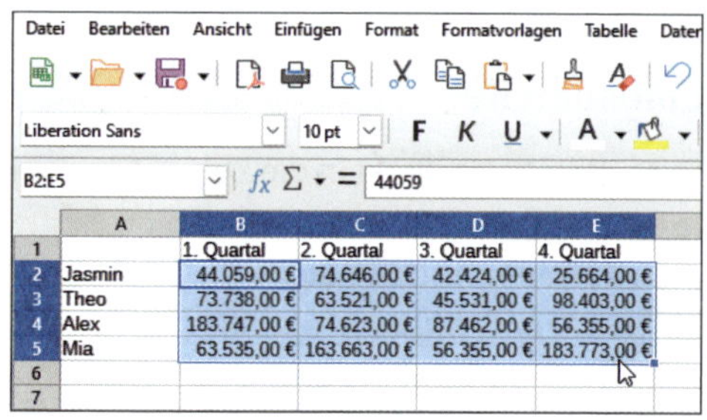

- **Einzelne Zellen:** Um mehrere zusammenhängende Zellen zu markieren, klicken Sie mit der Maus auf die erste zu markierende Zelle und ziehen dann bei gedrückter Maustaste zur letzten zu markierenden Zelle (in der Abbildung von Zelle B2 zu Zelle E5). Nicht zusammenhängende Zellen markieren Sie, indem Sie diese bei gedrückter Strg-Taste anklicken.

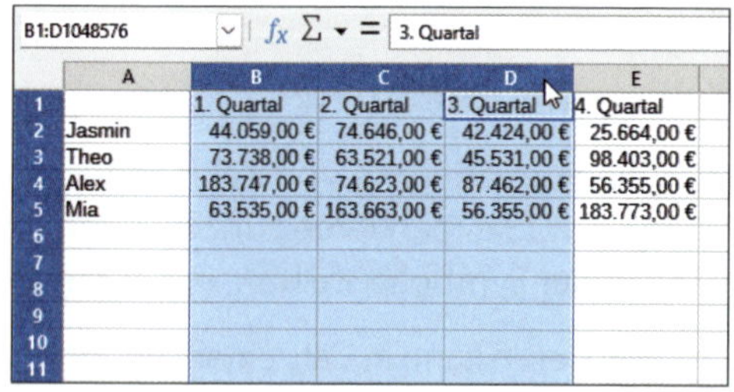

- **Ganze Spalten:** Zum Markieren einer ganzen Spalte klicken Sie auf die jeweilige Spaltenüberschrift, also auf den Buchstaben der Spalte. Mehrere zusammenhängende Spalten markieren Sie, indem Sie auf die Überschrift der ersten zu markierenden Spalte klicken und dann bei gedrückter Maustaste zur letzten zu markierenden Spaltenüberschrift ziehen. Nicht zusammenhängende Spalten lassen sich markieren, indem Sie die Spaltenüberschriften bei gedrückter Strg-Taste anklicken.

- **Ganze Zeilen:** Zum Markieren einer einzelnen Zeile klicken Sie entsprechend auf die Zeilenüberschrift, also die Zeilennummer.

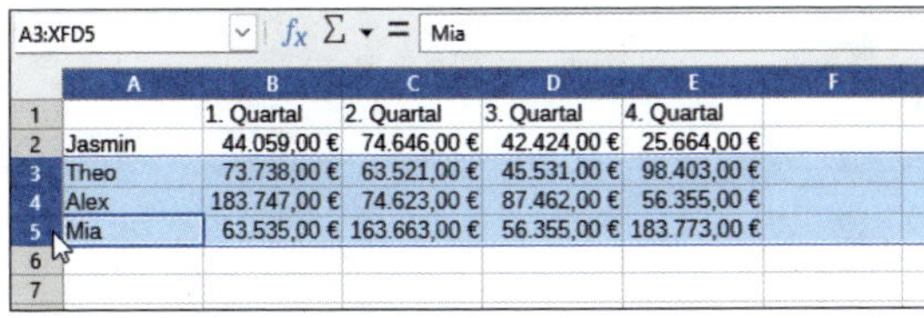

  Zum Markieren mehrerer zusammenhängender Zeilen klicken Sie mit der Maus auf die erste Zeilenüberschrift und ziehen bei gedrückter Maustaste zur letzten in der Reihe. Um nicht zusammenhängende Zeilen zu markieren, klicken Sie die Zeilenüberschriften bei gedrückter Strg-Taste an.

- **Gesamtes Tabellenblatt**: Um das gesamte Tabellenblatt zu markieren, klicken Sie links oben im Tabellenblatt auf die Ecke, die durch

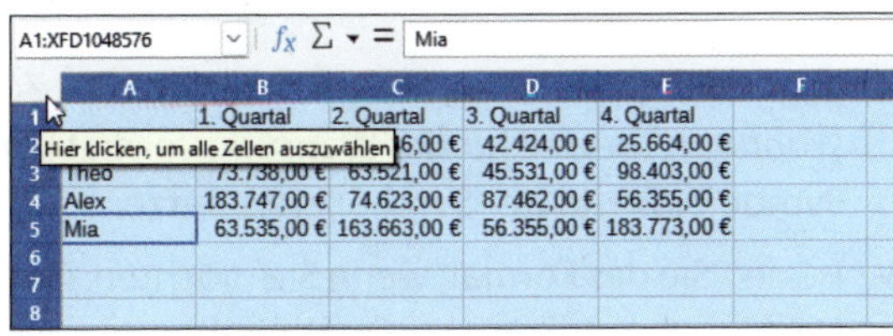

  die Spalten- und Zeilenüberschriften gebildet wird. Alternativ drücken Sie die Tastenkombination Strg+A.

Zellen inhaltlich formatieren

Um Calc mitzuteilen, welche Art von Inhalt sich in den Zellen befindet, formatieren Sie die Zellen inhaltlich. Die folgende Schrittanleitung zeigt Ihnen, wie Sie die Inhalte in den von Ihnen markierten Zellen in einem Währungsformat formatieren:

1. Markieren Sie zunächst die Zellen, die formatiert werden sollen.
2. Wichtige Formatieroptionen finden Sie auch in der Symbolleiste und in der Menüleiste, doch in diesem Fall klicken Sie die markierten Zellen mit der rechten Maustaste an.
3. Entscheiden Sie sich im Kontextmenü für den Eintrag *Zellen formatieren*.

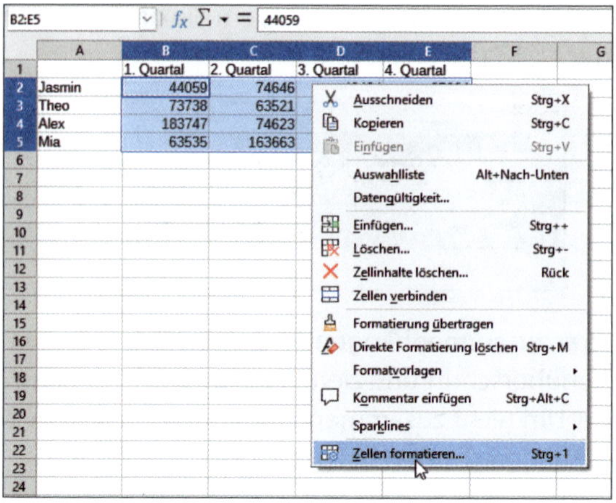

4. Legen Sie unter *Kategorie* das gewünschte Zellformat fest, in diesem Fall *Währung*. Speziell für das Währungsformat können Sie alternativ auch das Symbol in der Symbolleiste nutzen.
5. Passen Sie das Format, wenn Sie möchten, noch an, z. B. im Hinblick auf die Nachkommastellen. Das Ergebnis Ihrer Auswahl wird Ihnen jeweils in einer kleinen Vorschau angezeigt. Bestätigen Sie mit *OK*.

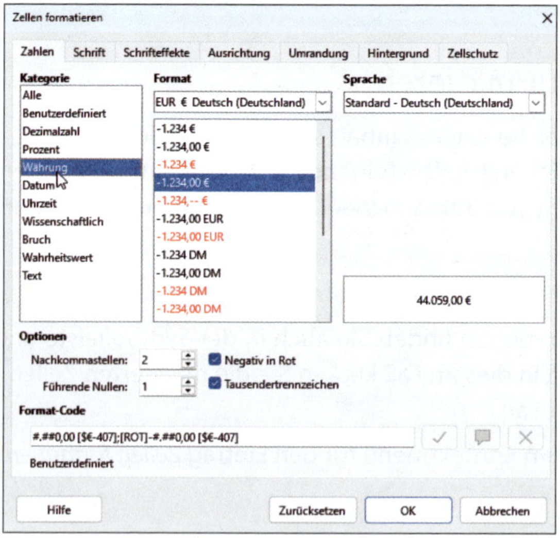

6. Sie sehen das Ergebnis: Die Zellen wurden Ihrer Auswahl entsprechend formatiert.

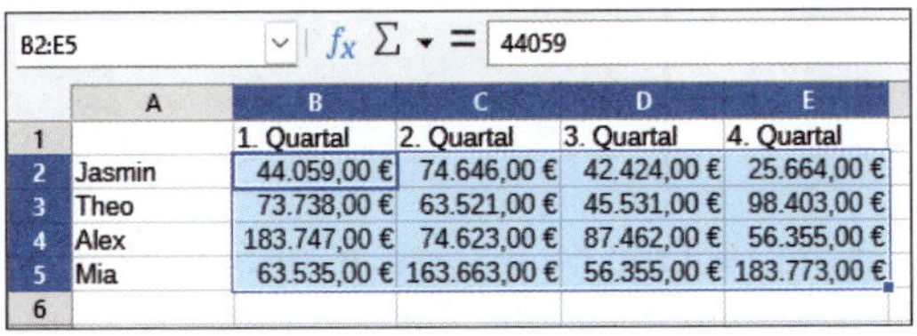

B2:E5 | 44059

	A	B	C	D	E
1		1. Quartal	2. Quartal	3. Quartal	4. Quartal
2	Jasmin	44.059,00 €	74.646,00 €	42.424,00 €	25.664,00 €
3	Theo	73.738,00 €	63.521,00 €	45.531,00 €	98.403,00 €
4	Alex	183.747,00 €	74.623,00 €	87.462,00 €	56.355,00 €
5	Mia	63.535,00 €	163.663,00 €	56.355,00 €	183.773,00 €
6					

Format-Code selbst eingeben

Sie sind in Calc übrigens nicht an die vorgegebenen Zellformate gebunden, sondern können auch eigene Zellformate erstellen. Hierzu legen Sie im Feld *Format-Code* die Formatierungen fest, z. B. die Anzahl der Nachkommastellen, die Farbe der Darstellung usw.

Zellen optisch formatieren

Was die optische Formatierung der Zellen betrifft, wissen Sie bereits, dass Sie Formatieroptionen sowohl auf einzelne Zellinhalte als auch auf die Zellen selbst anwenden können, sei es die Auswahl einer anderen Schriftart, der Fettdruck oder das Auswählen einer anderen Hintergrundfarbe. Jedoch gibt es auch spezifische Formatieroptionen, die nur die Zellen selbst betreffen. Machen Sie sich mit diesen auf den nächsten Seiten vertraut.

Spalten- und Zeilengröße

Die Zellen in Calc haben zu Beginn eine Standardgröße, die nicht automatisch angepasst wird. Passt der Inhalt nicht in eine Zelle, wird er entweder über die Zelle hinaus dargestellt oder ausgeblendet, sofern sich in der nächsten Zelle ein anderer Inhalt befindet. Das lässt sich ändern, indem Sie die Spalten- bzw. Zeilengröße anpassen. Um die Spaltenbreite oder die Zeilenhöhe frei zu bestimmen, setzen Sie wieder die Maus ein. Klicken Sie in der Spalten- bzw. Zeilenüberschrift auf den linken oder rechten Rand der Spalte oder Zeile, deren Größe Sie anpassen möchten. Nun können Sie sie bei gedrückter Maustaste größer oder kleiner ziehen.

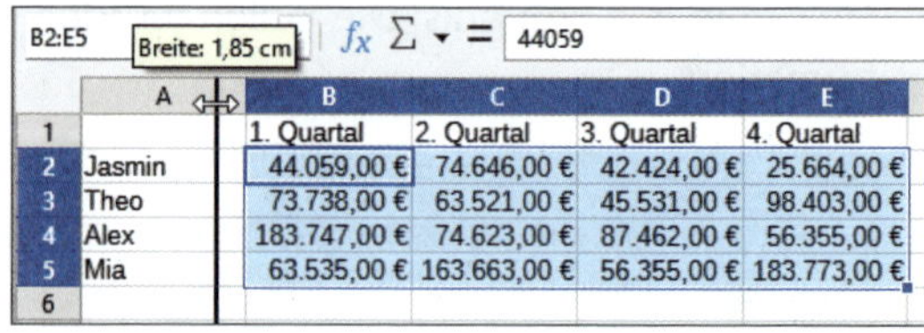

Sollen die Spalten oder Zeilen den Zellinhalten angepasst werden? Hierzu markieren Sie die Spalten bzw. Zeilen. Klicken Sie die Überschriften der markierten Spalten bzw. Zeilen dann mit der rechten Maustaste an und wählen Sie im Kontextmenü *Optimale Breite* bzw. *Optimale Höhe*. Für die optimale Breite einzelner Spalten bzw. die optimale Höhe einzelner Zeilen doppelklicken Sie einfach auf die Trennstriche zwischen zwei Spalten- bzw. Zeilenüberschriften.

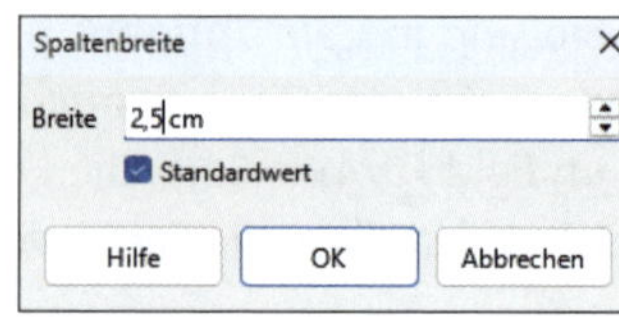

Die Spaltenbreite oder Zeilenhöhe lässt sich auch exakt festlegen. Dazu klicken Sie mit der rechten Maustaste auf die Überschriften der markierten Spalten bzw. Zeilen und wählen im Kontextmenü *Spaltenbreite* bzw. *Zeilenhöhe*. Im folgenden Dialogfeld passen Sie den Wert an und bestätigen mit *OK*.

Text umbrechen

Statt über den Zellrand hinauszuschreiben, lässt sich der Zellinhalt auch in die nächste Zeile umbrechen. Zum Aktivieren sowie zum Deaktivieren des Umbruchs in den von Ihnen markierten Zellen klicken Sie in der Symbolleiste auf das Symbol . Ein Umbruch lässt sich innerhalb einer Zelle auch manuell einfügen, indem Sie die Tastenkombination Strg+↵ drücken.

Ausrichtung innerhalb der Zellen

In Writer haben Sie die Zeichen- und Absatzformatierungen kennengelernt. In Calc können die Zellen durchaus mit den Absätzen in Writer verglichen werden. So wird z. B. die Ausrichtung – statt für einen Absatz wie in Writer – in Calc für eine Zelle bestimmt. Dazu markieren Sie die Zelle(n) und wählen in der Symbolleiste eine der Ausrichtungsoptionen. Die horizontalen Ausrichtungsoptionen in Calc kennen Sie bereits von Writer: Sie klicken auf das Symbol , um die Zellinhalte links auszurichten, auf das Symbol für eine zentrierte

Ausrichtung und auf das Symbol ≡, wenn Sie die Zellinhalte rechts ausrichten möchten. Gut zu wissen: Calc erkennt automatisch, ob Sie in eine Zelle Text oder Zahlen eingeben – Text wird standardmäßig am linken Zellenrand, Zahlen werden am rechten Zellenrand ausgerichtet. Zusätzlich bieten sich vertikale Ausrichtungsoptionen: Klicken Sie auf das Symbol ⊤, um den Zellinhalt oben auszurichten, auf das Symbol ≑, wenn Sie eine vertikal zentrierte Ausrichtung wünschen, und auf das Symbol ⊥ für eine Ausrichtung am unteren Zellrand.

Zellrahmen

Die Zellen werden in Calc durch ein Gitternetz dargestellt, verfügen jedoch standardmäßig nicht über einen Rahmen. Nachfolgend erfahren Sie, wie Sie Rahmenlinien einfügen und diese im Hinblick auf Stil und Farbe formatieren:

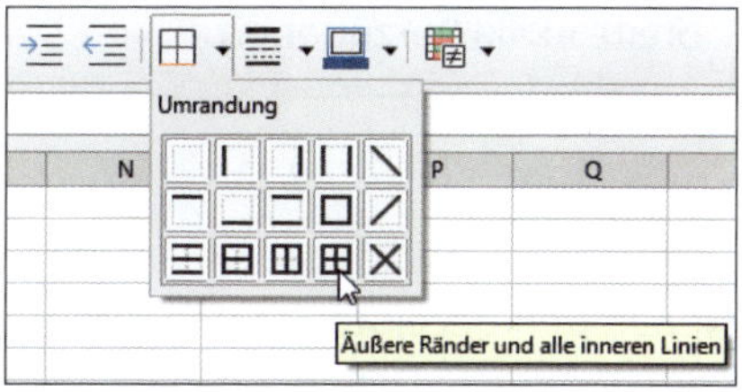

1. Markieren Sie im ersten Schritt die Zellen, die Sie mit einem Rahmen versehen möchten.
2. Klicken Sie in der Symbolleiste auf das Symbol ⊞ ▾.
3. Wählen Sie im sich öffnenden Menü die gewünschte Umrandung aus. Hier sollen alle markierten Zellen vollständig eingerahmt werden.

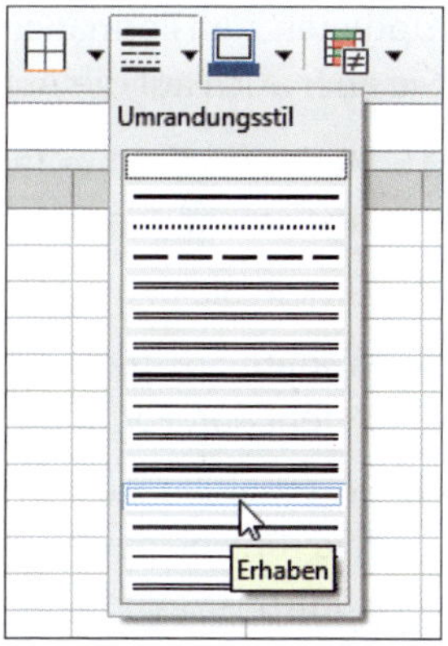

4. Die Zellen wurden mit einfachen schwarzen Linien eingerahmt und sind immer noch markiert. Als Nächstes möchten Sie den Rahmenstil anpassen. Hierzu klicken Sie in der Symbolleiste auf das Symbol ≣ ▾.
5. Klicken Sie im sich öffnenden Menü einen Umrandungsstil an, um ihn auszuwählen.
6. Schließlich soll noch die Rahmenfarbe angepasst werden. Dazu klicken Sie auf den zum Symbol ▭ ▾ gehörenden Pfeil. (Wenn Sie das Symbol direkt anklicken, wird die jeweils angezeigte Rahmenfarbe angewendet.)

7. Wählen Sie im sich öffnenden Menü eine Rahmenfarbe.

	A	B	C	D	E
1		1. Quartal	2. Quartal	3. Quartal	4. Quartal
2	Jasmin	44.059,00 €	74.646,00 €	42.424,00 €	25.664,00 €
3	Theo	73.738,00 €	63.521,00 €	45.531,00 €	98.403,00 €
4	Alex	183.747,00 €	74.623,00 €	87.462,00 €	56.355,00 €
5	Mia	63.535,00 €	163.663,00 €	56.355,00 €	183.773,00 €
6					

8. Sie stellen fest: Die markierten Zellen wurden mit dem von Ihnen konfigurierten Rahmen versehen.

Weitere Rahmenoptionen aufrufen

Mehr Rahmenoptionen finden Sie im Dialogfeld *Zellen formatieren*, das Sie – wie bereits an anderer Stelle kennengelernt – per Rechtsklick auf die markierten Zellen und die Auswahl *Zellen formatieren* öffnen. Entscheiden Sie sich im Dialogfeld für die Registerkarte *Umrandung*, um z. B. die Rahmenbreite exakt vorzugeben.

AutoFormat

Neben den gezeigten Formatieroptionen finden Sie in der Menüleiste unter *Format* oder im Dialogfeld *Zellen formatieren* noch eine ganze Reihe weiterer Optionen zum Formatieren der Zellen. Für eine schnelle Formatierung können Sie aber auch auf die AutoFormat-Vorlagen zugreifen. So funktioniert es:

1. Markieren Sie Ihre Tabelle bzw. die Zellen, auf die Sie die AutoFormat-Vorlage anwenden möchten.
2. Klicken Sie in der Menüleiste auf *Format*.
3. Wählen Sie im sich öffnenden Menü den Befehl *AutoFormat*.

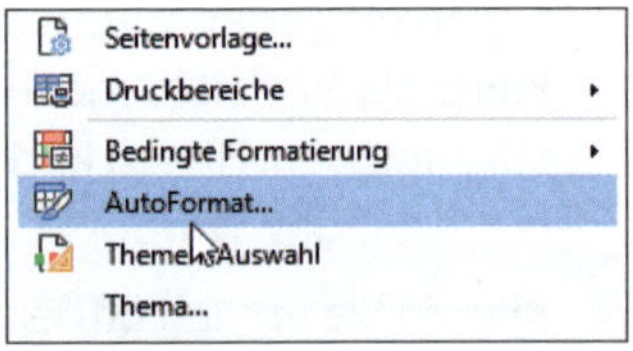

4. Entscheiden Sie sich im folgenden Dialogfeld für eine passende Vorlage. Mithilfe der Kontrollkästchen unten im Dialogfeld – im Abschnitt *Formatierung* – können Sie einzelne Formatierungen aus- und wieder einschalten.
5. Bestätigen Sie Ihre Auswahl mit *OK*, um die AutoFormat-Vorlage auf Ihre Tabelle anzuwenden.

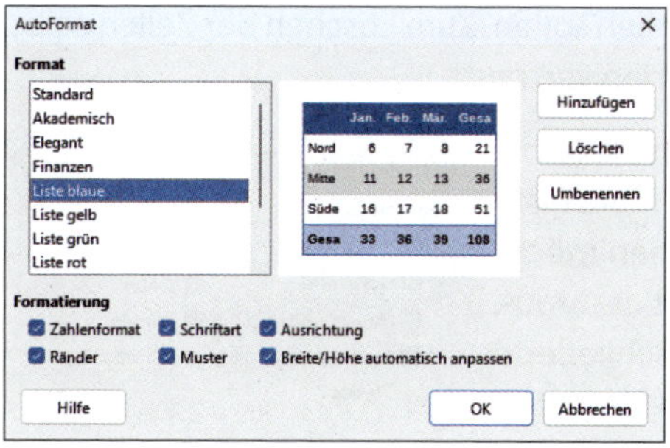

Bedingte Formatierung

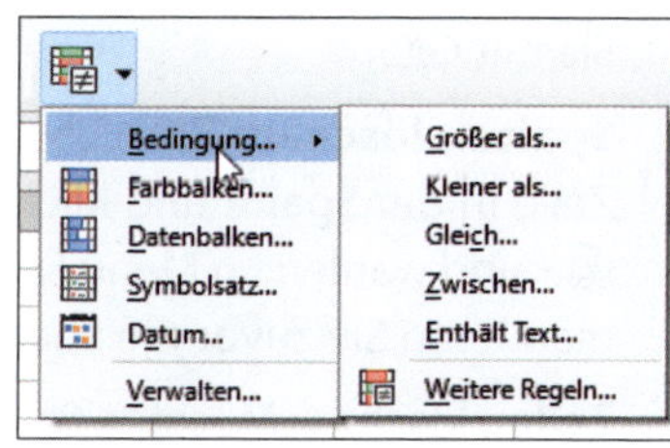

Die Formatierung einer Zelle kann sich auch direkt am Zellinhalt orientieren. In diesem Fall spricht man von einer bedingten Formatierung: Ist eine Bedingung erfüllt, wird eine Zelle auf eine bestimmte Weise formatiert. Die Optionen für bedingte Formatierungen finden Sie in der Symbolleiste unter dem Symbol ▾. Sie öffnen jeweils ein Dialogfeld, in dem Sie die Bedingungen und Formatierungen festlegen und dann mit *OK* bestätigen.

Umgang mit Zellen

Sie haben gesehen, dass Calc eine Menge Funktionen bietet, um Zellen und Zellinhalte zu formatieren. Als Nächstes lernen Sie wichtige Funktionen kennen, die nicht das Erscheinungsbild, sondern gewissermaßen das »Dasein« der Zellen betreffen, es geht also um das Löschen und Hinzufügen von Zellen, aber auch das Aus- und Einblenden oder das Fixieren von Spalten und Zeilen.

Zellinhalte und Zellen löschen

Das Löschen von Zellinhalten erfolgt, indem Sie eine Zelle markieren und dann die [Entf]-Taste drücken. Drücken Sie hingegen die [⇦]-Taste, werden Ihnen im Dialogfeld *Inhalte löschen* verschiedene Löschoptionen angeboten. In dem Dialogfeld können Sie etwa per Kontrollkästchen festlegen, dass auch die *For-*

matierungen einer Zelle entfernt werden sollen. Zum Löschen der Zellen selbst machen Sie sich mit diesen Funktionen vertraut:

- **Einzelne Zellen löschen:** Klicken Sie die zu löschende Zelle mit der rechten Maustaste an; falls Sie mehrere Zellen löschen möchten, markieren Sie diese zuvor mit der Maus. Im Kontextmenü wählen Sie anschließend den Befehl *Löschen*. Entscheiden Sie im folgenden Dialogfeld, wie die Zellen verschoben werden sollen bzw. ob die ganze Spalte oder Zeile gelöscht werden soll. Bestätigen Sie mit *OK*.

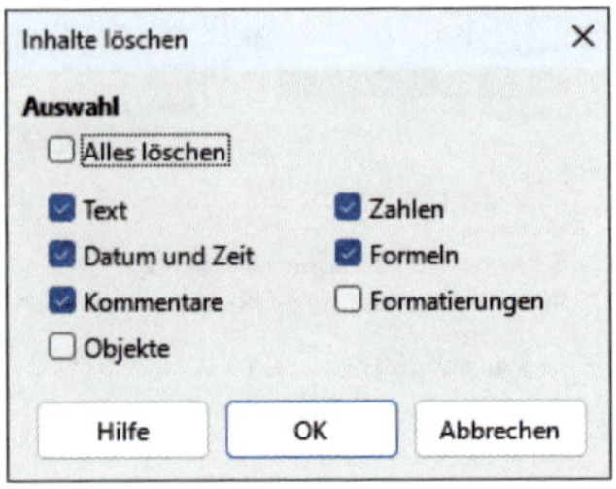

- **Spalten löschen:** Zum Löschen einer ganzen Spalte markieren Sie eine Zelle in der Spalte und klicken dann in der Symbolleiste auf das Symbol und wählen im Menü *Spalten löschen*. Um mehrere Spalten zu löschen, markieren Sie zuvor die Spalten.
- **Zeilen löschen:** Möchten Sie eine Zeile löschen, markieren Sie eine Zelle in der Zeile und klicken anschließend in der Symbolleiste auf das Symbol und wählen im Menü *Zeilen löschen*. Zum Löschen mehrerer Zeilen markieren Sie zuvor die Zeilen.

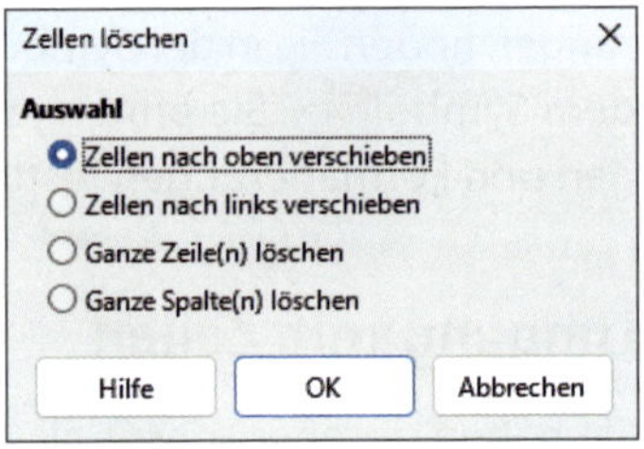

Aus- und einblenden

Wenn Sie Spalten oder Zeilen lediglich ausblenden, lassen sich diese später bei Bedarf jederzeit wieder einblenden. Diese Funktion ist bei umfangreichen Tabellen sehr nützlich, um sich jeweils nur die benötigten Daten anzeigen zu lassen.Zum Ausblenden markieren Sie die Spalten oder Zeilen, die Sie ausblenden möchten. Klicken Sie diese dann mit der rechten Maustaste an und wählen Sie im Kontextmenü den Befehl *Spalten ausblenden* bzw. *Zeilen ausblenden*. Die Spalten oder Zeilen sind anschließend nicht mehr sichtbar, aber Sie stellen fest, dass deren Spalten- bzw. Zeilenüberschrift beibehalten wird und diese nun in den Überschriften fehlt.

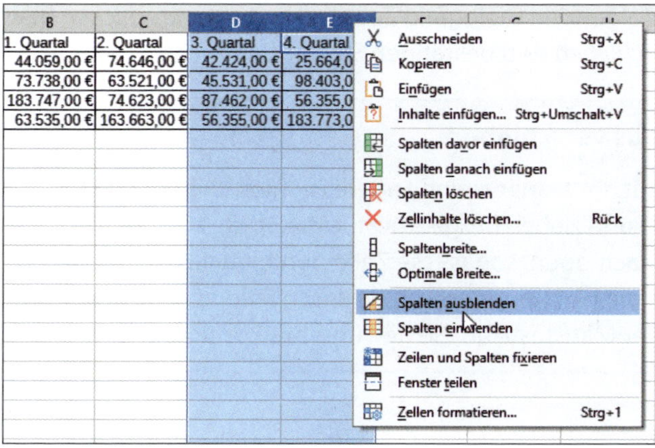

Spalten oder Zeilen, die Sie gerade nicht benötigen, lassen sich mit wenigen Handgriffen ausblenden.

Um die Spalten oder Zeilen wieder einzublenden, markieren Sie die Spalten oder Zeilen, zwischen denen sich die ausgeblendeten Spalten bzw. Zeilen befinden. Klicken Sie mit der rechten Maustaste darauf und wählen Sie im Kontextmenü *Spalten einblenden* bzw. *Zeilen einblenden.*

Zellen hinzufügen

Soll eine von Ihnen erstellte Tabelle ergänzt werden? Auch das ist in Calc gar kein Problem! Es lassen sich sowohl einzelne Zellen als auch ganze Spalten oder Zeilen hinzufügen. Am einfachsten – und wohl auch am häufigsten – ist das Einfügen ganzer Zeilen und Spalten. Hierzu markieren Sie eine Zelle, neben der eine Spalte bzw. eine Zeile eingefügt werden soll. Um sodann eine Spalte einzufügen, klicken Sie in der Symbolleiste auf das Symbol ▦ ▾ und wählen *Spalten davor einfügen* bzw. *Spalten danach einfügen*; zum Einfügen einer Zeile klicken Sie auf das Symbol ▦ ▾ und entscheiden sich für *Zeilen oberhalb einfügen* bzw. *Zeilen unterhalb einfügen.*

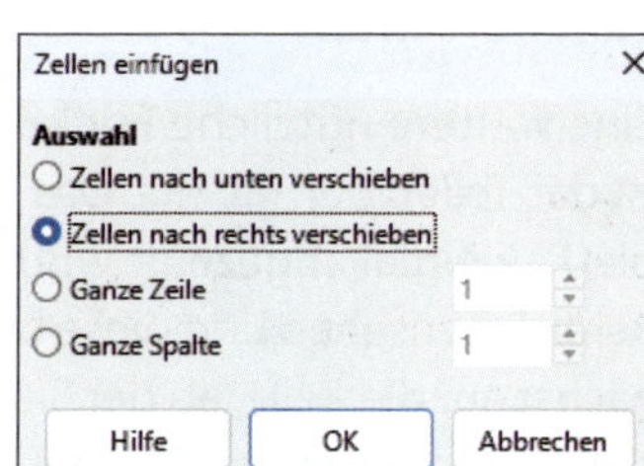

Zum Einfügen einer einzelnen Zelle klicken Sie mit der rechten Maustaste auf die Zelle, neben der links bzw. oberhalb eine Zelle eingefügt werden soll. Entscheiden Sie sich im Kontextmenü für den Eintrag *Einfügen* (nicht mit dem Copy-and-paste-Eintrag verwechseln!). Wählen Sie im folgenden Dialogfeld *Zellen nach rechts verschieben* bzw. *Zellen nach unten verschieben* und bestätigen Sie mit *OK*.

> **Zellen mit der Maus verschieben**
>
> Sie können Zellen mit der Maus an eine andere Position ziehen. Hierzu klicken Sie auf die Zelle und ziehen bei gedrückter Maustaste kurz nach unten und gleich wieder nach oben, sodass die Zelle nun blau unterlegt dargestellt ist. Klicken Sie die blau unterlegte Zelle anschließend an und ziehen Sie sie bei gedrückter Maustaste an die gewünschte Position.

Spalten oder Zeilen fixieren

Bei umfangreichen Tabellen möchten Sie vielleicht die Spalten oder Zeilen mit Überschriften fixieren, sodass diese auch dann sichtbar bleiben, wenn Sie die Tabelle nach unten oder nach rechts scrollen. Diesem Zweck dient die Fixierung. Markieren Sie zu diesem Zweck zunächst eine Zelle rechts von der zu fixierenden Spalte bzw. eine Zelle unterhalb der zu fixierenden Zeile. Klicken Sie anschließend in der Symbolleiste auf das Symbol . Um die Fixierung wieder zu lösen, klicken Sie das Symbol erneut an.

	A	C	D	E
1		2. Quartal	3. Quartal	4. Quartal
2	Jasmin	74.646,00 €	42.424,00 €	25.664,00 €
3	Theo	63.521,00 €	45.531,00 €	98.403,00 €
4	Alex	74.623,00 €	87.462,00 €	56.355,00 €
5	Mia	163.663,00 €	56.355,00 €	183.773,00 €
6				
7				
8				

Durch das Fixieren bleiben von Ihnen bestimmte Spalten und Zeilen trotz Scrollen sichtbar.

Tabelle teilen

Eine weitere nützliche Funktion für das Bearbeiten umfangreicher Tabellen ist das Teilen der Tabelle. Das Teilen bewirkt, dass Ihnen das gleiche Tabellenblatt zweimal angezeigt wird, Sie können sich aber jeweils unterschiedliche Bereiche ansehen und diese bearbeiten. Zum Teilen der Tabelle klicken Sie zunächst auf die Zelle, ab der Sie die Tabelle teilen möchten. Wählen Sie dann in der Symbolleiste das Symbol . Anschließend können Sie noch auf die Ränder der geteilten Tabelle klicken und deren Anteil an der Benutzeroberfläche durch Ziehen bei gedrückter Maustaste variieren. Um die Teilung wieder aufzuheben, klicken Sie das Symbol ⊟ erneut an.

Sortieren und Filtern

Als Nächstes lernen Sie wichtige Funktionen zum Sortieren und Filtern Ihrer Daten kennen, die Ihnen ebenfalls in umfangreicheren Tabellen nützlich werden können. In diesem Zusammenhang machen Sie sich auch mit den Pivot-Tabellen vertraut, die deutlich mehr Filteroptionen bieten als die normalen Tabellen.

Sortieren

Sortieren bedeutet im Normalfall, dass Sie Daten z. B. nach der Größe ordnen; bei Texten, die Sie in eine Spalte eingegeben haben – etwa Namen –, kann aber auch eine alphabetische Sortierung durchgeführt werden. Folgen Sie dieser Anleitung:

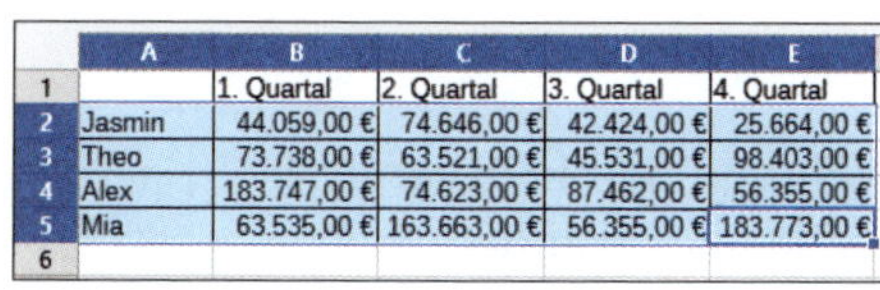

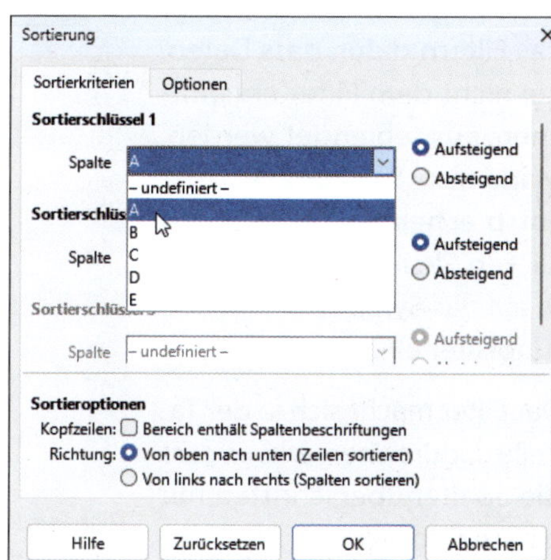

1. Markieren Sie im ersten Schritt die zu sortierenden Zellen. Wichtig hierbei: Markieren Sie sämtliche betroffenen Zellen, damit in den Zeilen nichts durcheinandergerät. Im Beispiel sollen die Namen in Spalte A alphabetisch sortiert werden. Dennoch werden auch die Werte in den Spalten B bis E markiert, denn ansonsten würden diese anderen Namen zugeordnet werden. Zeile 1 wird hier nicht markiert.
2. Für das schnelle aufsteigende bzw. absteigende Sortieren klicken Sie in der Symbolleiste auf das Symbol A/Z↓ (aufsteigende

Sortierung) bzw. Z/A↓ (absteigende Sortierung). Um die Sortieroptionen detailliert festzulegen, entscheiden Sie sich – wie hier erfolgt – für das Symbol A/Z.

3. Bestimmen Sie im folgenden Dialogfeld unter anderem, nach welcher Spalte sortiert werden soll (standardmäßig wird nach der zuerst markierten Spalte sortiert) und ob die Sortierung aufsteigend oder absteigend erfolgen soll. Sie können anschließend auch noch weitere Sortierschlüssel hinzufügen. Unter dem Reiter *Optionen* finden Sie weitere Sortieroptionen, unter anderem können Sie dort festlegen, dass statt nach Spalten nach Zeilen sortiert werden soll, Sie können außerdem eine benutzerdefinierte Sortierreihenfolge festlegen.

4. Bestätigen Sie mit *OK*, um die Sortierung durchzuführen. Die Abbildung zeigt als Ergebnis die alphabetische Sortierung nach Spalte A.

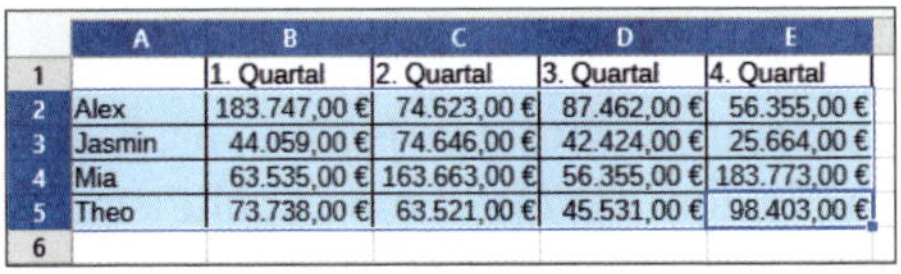

Filtern

Während beim Sortieren die Daten in eine andere Reihenfolge gebracht werden, sorgt das Filtern dafür, dass Daten, die nicht dem Filter entsprechen, ausgeblendet werden. Markieren Sie zunächst die entsprechenden Spalten und klicken Sie in der Symbolleiste auf das Symbol, um den AutoFilter einzuschalten.

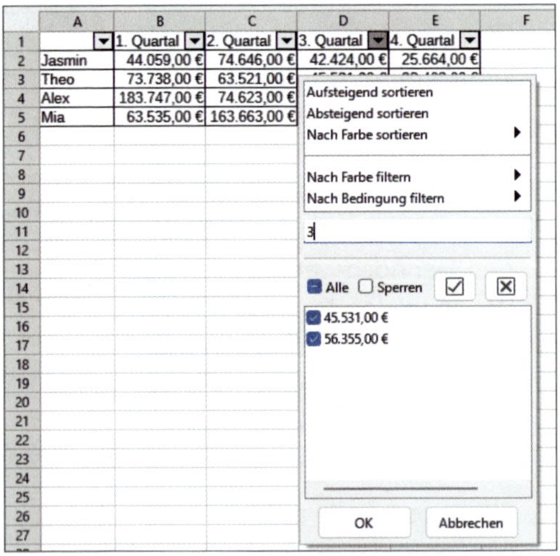

Hier wurde in das Suchfeld eine 3 eingegeben – entsprechend werden in dieser Spalte nur noch Zahlen angezeigt, die eine 3 enthalten.

Der Filter macht sich in der Tabelle dadurch bemerkbar, dass die Spaltenüberschriften mit einem Drop-down-Pfeil versehen werden. Klicken Sie den

Pfeil in der Spalte an, um eine Filteroption auszuwählen. Sie können auch eigene Filter anwenden, indem Sie den entsprechenden Text oder eine Zahl in das Suchfeld des Menüs eingeben. Bestätigen Sie mit *OK*, um in der Tabelle nur noch die Zeilen anzuzeigen, die dem Filter entsprechen. Soll der Filter mit bestimmten Bedingungen verknüpft werden, klicken Sie im Filtermenü bzw. in der Menüleiste unter *Daten/Weitere Filter* auf *Standardfilter*. Legen Sie im sich öffnenden Dialogfeld Ihre Filterkriterien fest und bestätigen Sie mit *OK*, um den Filter auf Ihre Tabelle anzuwenden. Um den Filter wieder aus der Tabelle zu entfernen, klicken Sie einfach das Symbol erneut an.

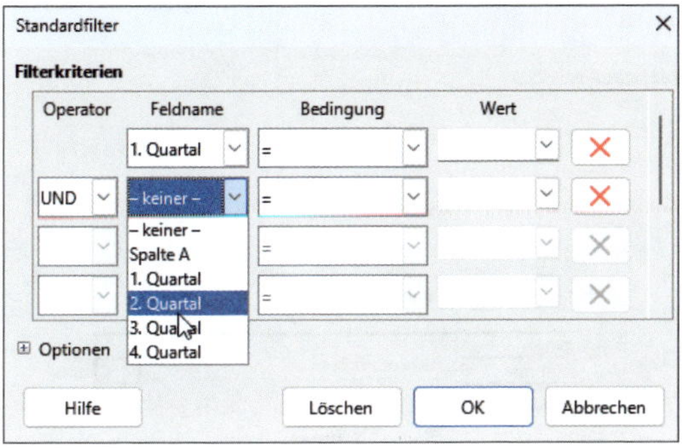

Hier werden zwei Filterbedingungen in unterschiedlichen Spalten miteinander verknüpft.

Pivot-Tabelle

Weitere Filtermöglichkeiten bietet eine Pivot-Tabelle. Das Wort Pivot stammt aus dem Französischen und bedeutet »Drehpunkt«. Besonders bei größeren Datenmengen werden Sie die Pivot-Funktionen zu schätzen wissen. Wie Sie eine Pivot-Tabelle erstellen, wird nachfolgend erläutert:

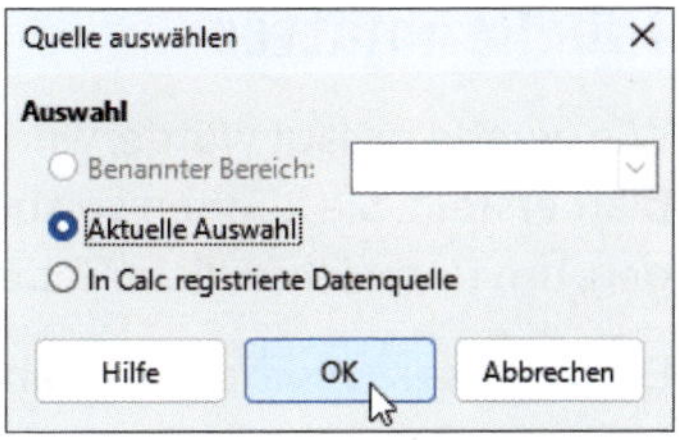

1. Markieren Sie Ihre Tabelle.
2. Klicken Sie dann in der Symbolleiste auf das Symbol .
3. Bestätigen Sie im folgenden Dialogfeld die Datenquelle *Aktuelle Auswahl* mit *OK*.
4. Im folgenden Dialogfeld bestimmen Sie das Layout Ihrer Pivot-Tabelle. Ziehen Sie dazu bei gedrückter Maustaste die einzelnen Felder aus dem Bereich *Verfügbare Felder* in die anderen Abschnitte. Hier wird *Spalte A* (mit den Namen) als Filter definiert, die Spal-

ten mit den Quartalswerten werden hingegen in den Bereich *Datenfelder* transferiert.

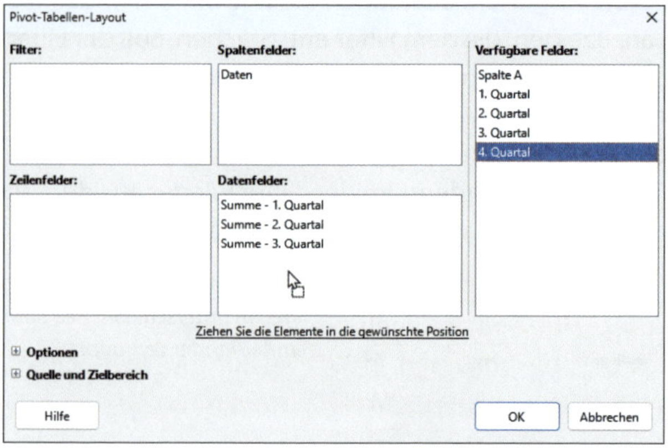

5. Nehmen Sie gegebenenfalls noch weitere Einstellungen zu Ihrer Pivot-Tabelle vor und bestätigen Sie dann mit *OK*.
6. Die Pivot-Tabelle wird auf einem eigenen Tabellenblatt erstellt. Im Beispiel lassen sich die Werte mehrerer Personen für die einzelnen Quartale aufsummieren.

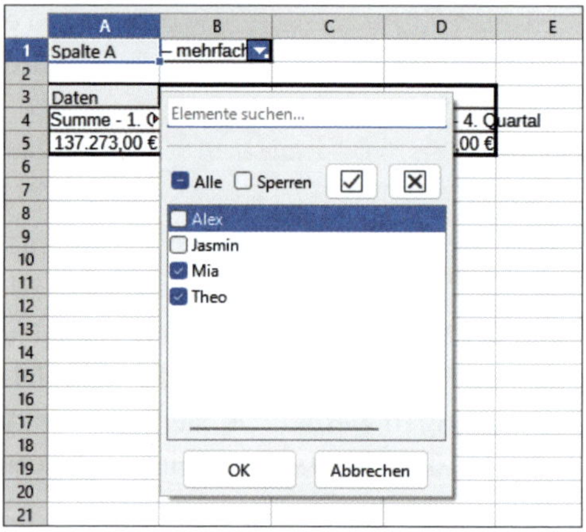

Tabellenblätter

Wie gerade gesagt wurde, wird eine Pivot-Tabelle auf einem eigenen Tabellenblatt erstellt. Sie können so auch mehrere Tabellenblätter in einer Datei anlegen, um unterschiedliche Tabellen zu erstellen.

Der Wechsel zwischen den Tabellenblättern erfolgt in Calc in der Registerleiste unten. Dies sind weitere wichtige Funktionen im Zusammenhang mit den Tabellenblättern:

- **Neues Tabellenblatt erstellen:** Zum Erstellen eines neuen Tabellenblatts klicken Sie auf das Plussymbol **+** links neben den Tabellenreitern in der Registerleiste.

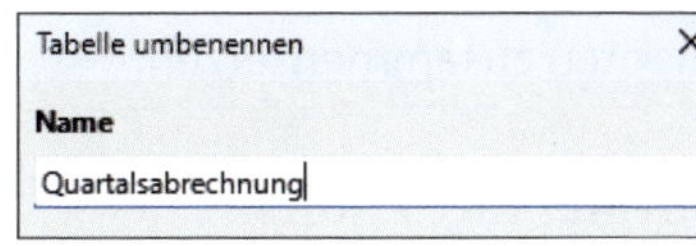

- **Tabellenblatt umbenennen:** Um ein Tabellenblatt umzubenennen, doppelklicken Sie auf den Tabellenreiter. Geben Sie im folgenden Dialogfeld die gewünschte Bezeichnung ein und bestätigen Sie mit *OK*.
- **Tabellenblätter verschieben:** Bei mehreren Tabellenblättern lässt sich deren Reihenfolge beliebig anpassen, indem Sie auf ein Tabellenblatt klicken und dieses dann bei gedrückter Maustaste an die gewünschte Position ziehen.

- **Tabellenblatt löschen:** Zum Löschen eines Tabellenblatts klicken Sie den Tabellenreiter mit der rechten Maustaste an und wählen im Kontextmenü *Tabelle löschen*. Bestätigen Sie das Löschen anschließend im Hinweisfenster mit *Ja*.
- **Registerfarbe ändern:** Praktisch für die schnelle Übersicht ist es, die Reiter in der Registerleiste mit einer jeweils anderen Farbe zu versehen. Klicken Sie einen Tabellenreiter dazu mit der rechten Maustaste an und wählen Sie im Kontextmenü den Eintrag *Registerfarbe*. Entscheiden Sie sich im folgenden Dialogfeld für eine Farbe und bestätigen Sie mit *OK*.

Tabellenblatt schützen

Sie finden im Kontextmenü eines Tabellenblatts noch weitere Optionen, unter anderem die Option *Tabelle schützen*. Wenn Sie ein Tabellenblatt schützen möchten, klicken Sie diese Option an. Geben Sie im folgenden Dialogfeld zweimal ein Passwort ein und entscheiden Sie per Kontrollkästchen, welche Änderungen am geschützten Tabellenblatt durchgeführt werden dürfen und welche nicht. Bestätigen Sie mit *OK*.

Formeln anwenden

Bislang war von der Eingabe der Daten und von deren Darstellung die Rede. Calc kann Daten aber nicht nur darstellen, sondern auch mit diesen rechnen. Diesem Zweck dienen Formeln. Eine Formel wird in Calc immer mit einem Gleichheitszeichen (=) begonnen und kann sich aus unterschiedlichen Elementen zusammensetzen.

Formel mit Zahlen

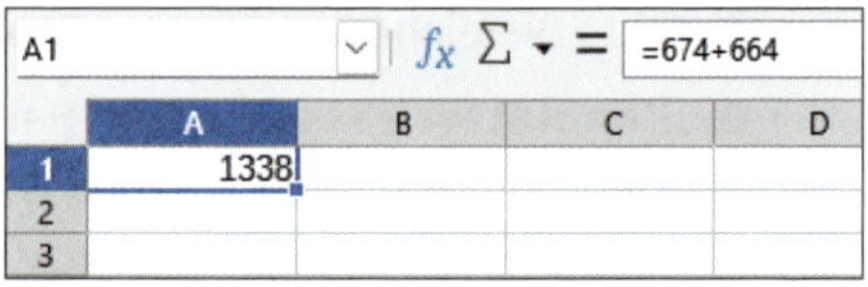

Die Zelle zeigt das Ergebnis an, die Eingabezeile die zugrundeliegende Formel.

Calc kann grundsätzlich auch mit absoluten Zahlen rechnen, wobei dieser Zweck eher die Ausnahme sein dürfte. Möchten Sie z. B. zwei Zahlen addieren, geben Sie in eine Zelle das Gleichheitszeichen ein, um die Formel zu beginnen, lassen die erste Zahl folgen, dann den Operator + und schließlich die zweite Zahl. Die Formel könnte also beispielsweise lauten: =674+664. Statt der eingegebenen Formel zeigt Ihnen Calc in der Zelle automatisch das Ergebnis der Berechnung an. Die Formel bleibt aber in der Eingabezeile sichtbar.

Um sich auch in der Zelle die Formel anzeigen zu lassen, klicken Sie links neben der Eingabezeile auf das Symbol =. Mit dem Symbol ✕ wechseln Sie wieder zurück zur Standarddarstellung.

Sie können die Formel beliebig erweitern und mehrere Operatoren mischen, also z. B. in einer Formel gleichzeitig Additionen und Divisionen durchführen. In diesem Zusammenhang gut zu wissen: Calc beherrscht auch die Punkt-vor-Strich-Regel sowie weitere mathematische Regeln.

Als Operator – ebenfalls ein wichtiger Bestandteil einer Formel – werden mathematische oder logische Vorschriften bezeichnet, die in der Formel als Zeichen eingefügt werden.

Die Tabelle gibt Ihnen einen Überblick über die arithmetischen Operatoren, also die Operatoren zum Durchführen von Berechnungen.

Operator	Funktion
+	Dieser bereits im obigen Beispiel kennengelernte Operator dient der Addition von Werten.
-	Mit diesem Operator werden Werte in einer Formel subtrahiert bzw. negiert.
*	Für die Multiplikation von Werten verwenden Sie diesen Operator, den Sie mit der Tastenkombination [⇧]+[+] bilden.
/	Dieser Operator dient der Division von Werten, Sie bilden ihn mit der Tastenkombination [⇧]+[7].
%	Dieser Operator dient der Prozentbildung. Das Zeichen erhalten Sie, indem Sie die Tastenkombination [⇧]+[5] drücken.
^	Dieser Operator dient dem Potenzieren von Werten. Sie finden das Zeichen (den Zirkumflex) links neben den Zifferntasten.

Formel mit Bezügen

Das Rechnen mit Calc wird erst dadurch spannend, dass Sie bei Ihren Berechnungen die Werte aus beliebigen Zellen einbeziehen können, indem Sie die entsprechenden Bezüge verwenden. Als Bezug dient der Zellname, standardmäßig entspricht der Zellname den Koordinaten der Zelle.

Auch dazu ein einfaches Beispiel: In der Tabelle sollen die Werte der Zellen B2 und E2 addiert werden. Sie könnten nun als Formel schreiben *=44059+25664*, doch das wäre recht mühsam.

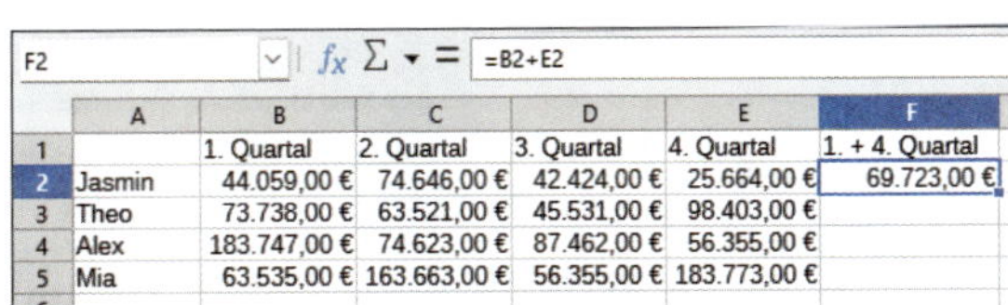
F2 | =B2+E2

	A	B	C	D	E	F
1		1. Quartal	2. Quartal	3. Quartal	4. Quartal	1. + 4. Quartal
2	Jasmin	44.059,00 €	74.646,00 €	42.424,00 €	25.664,00 €	69.723,00 €
3	Theo	73.738,00 €	63.521,00 €	45.531,00 €	98.403,00 €	
4	Alex	183.747,00 €	74.623,00 €	87.462,00 €	56.355,00 €	
5	Mia	63.535,00 €	163.663,00 €	56.355,00 €	183.773,00 €	
6						

Hier werden zwei Werte mithilfe von Bezügen addiert.

Einfacher ist das Verwenden der Bezüge in der Formel *=B2+E2*. Als Ergebnis erhalten Sie den gleichen Wert, wobei Sie aber beim Verwenden der Bezüge noch zusätzlich die korrekte Zellformatierung erhalten. Entscheidend: Wenn Sie die Werte in den einzelnen Zellen ändern, wird das Ergebnis beim Bezug automatisch angepasst.

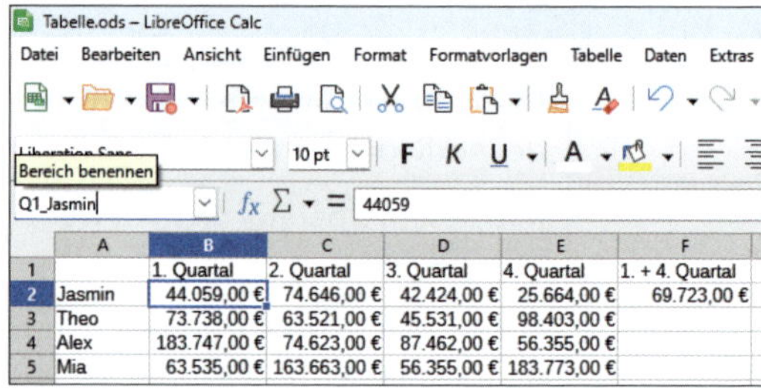

Statt die Koordinaten zu verwenden, können Sie eine Zelle mit einem beliebigen anderen Namen versehen, der sich dann in den Bezügen einsetzen lässt. Markieren Sie dazu eine Zelle, klicken Sie oberhalb der Tabelle in das Namenfeld, geben Sie der Zelle eine sinnvolle Bezeichnung und bestätigen Sie mit der ↵-Taste.

Die Bezüge sorgen nicht nur dafür, dass Sie die gleichen Werte in einer Tabelle nicht mehrfach eingeben müssen, sondern sie machen auch den Einsatz von Vergleichsoperatoren sinnvoll. Ist ein Wert in der Zelle größer oder kleiner als in einer anderen? Mithilfe der Vergleichsoperatoren lassen Sie den Wert *WAHR* oder *FALSCH* ausgeben. Vergleichen Sie z. B. *=E2>B2*.

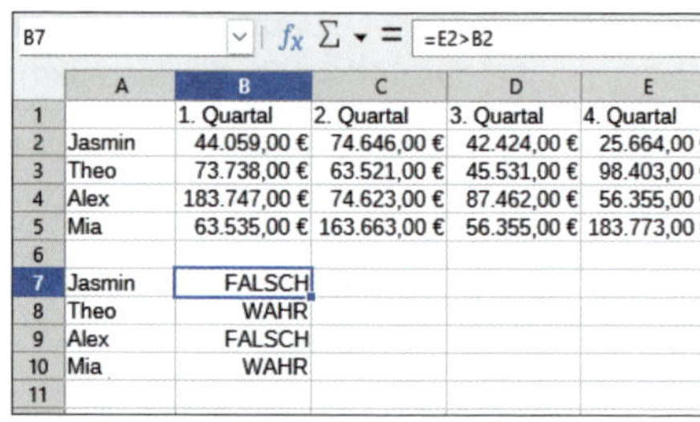

Der Wert in Zelle E2 ist größer als der in Zelle B2? Calc erkennt: FALSCH.

Operator	Funktion
=	Sind die Werte identisch, gibt WAHR aus; sind die Werte verschieden, lautet die Ausgabe FALSCH.
>	Ist der erste Wert größer als der zweite: WAHR, ansonsten: FALSCH.
<	Ist der erste Wert kleiner als der zweite: WAHR, ansonsten: FALSCH.
>=	In diesem Fall kann der erste Wert sowohl größer als auch identisch sein, um die Ausgabe WAHR zu erhalten; nur bei kleineren Werten erfolgt die Ausgabe FALSCH.
<=	Ist der erste Wert kleiner als der zweite oder identisch mit diesem, lautet die Ausgabe WAHR, ansonsten: FALSCH.
<>	Wenn die Werte verschieden sind, lautet die Ausgabe WAHR, sind sie identisch: FALSCH.

Summenfunktion

Angenommen, Sie möchten aus den Werten in einer Spalte eine Summe bilden, wäre das bei vier Werten noch problemlos durch das Addieren von Bezügen möglich, also z. B. *=D2+D3+D4+D5*. Bei viel mehr Werten – Dutzenden oder sogar Hunderten – würden Sie jedoch sehr schnell an Ihre Geduldsgrenze gelangen.

In der Summenfunktion geben Sie statt der einzelnen Werte den Bereich ein, den Sie addieren möchten. Dieser wird angegeben, indem Sie zunächst den Bezug der ersten Zelle in der Reihe eingeben und dann – durch einen Doppelpunkt getrennt – den Bezug der letzten Zelle in der Reihe. Beim genannten Beispiel würde der Bereich also *D2:D5* lauten und die Zellen D2, D3, D4 und D5 umfassen. Sie können auch mehrere Werte oder Bereiche kombinieren. Trennen Sie diese hierzu mit einem Semikolon (= Strichpunkt). Ein Beispiel könnte lauten: *B2; B4; C3:C5;E2:E4* – umfasst wären in diesem Fall die Bezüge B2, B4, C3, C4, C5, E2, E3 und E4.

Weitere Bezugsoperatoren

Weitere Bezugsoperatoren, die Sie jedoch weniger häufig benötigen werden, sind das Ausrufezeichen ! zum Bilden von Schnittmengen sowie die Tilde ~ zum Bilden von Verkettungen oder Vereinigungsmengen. An dieser Stelle sei der Vollständigkeit halber auch der Textoperator & genannt, mit dem sich Texte verknüpfen lassen.

Möchten Sie in einer Formel eine Funktion verwenden, lassen Sie den Funktionsnamen auf das Gleichheitszeichen folgen. Zum Bilden einer Summe verwenden Sie die Funktion *SUMME* – Funktionsnamen werden immer großgeschrieben dargestellt. Auf den Funktionsnamen folgen, in Klammern geschrieben, die Funktionsargumente, also die in der Funktion zu verwendenden Werte.

Zum Bilden der Summe der Werte in den Zellen D2, D3, D4 und D5 würde die Formel entsprechend lauten: *=SUMME(D2:D5)*. Statt der Formel wird in der Zelle auch in diesem Fall das Ergebnis der Berechnung angezeigt, die Formel hingegen in der Eingabezeile.

Die Summe lässt sich noch deutlich einfacher bilden, indem Sie einfach die Zellen markieren, deren Werte addiert werden sollen. Klicken Sie dann links neben der Eingabezeile auf das Summensymbol Σ ▾ und wählen Sie im Menü den Eintrag *Summe*. Die entsprechende Formel bzw. das Ergebnis wird in der Zelle darunter eingefügt.

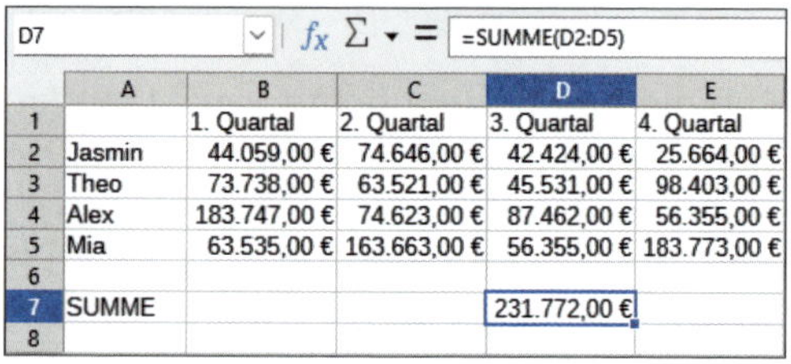

	A	B	C	D	E
1		1. Quartal	2. Quartal	3. Quartal	4. Quartal
2	Jasmin	44.059,00 €	74.646,00 €	42.424,00 €	25.664,00 €
3	Theo	73.738,00 €	63.521,00 €	45.531,00 €	98.403,00 €
4	Alex	183.747,00 €	74.623,00 €	87.462,00 €	56.355,00 €
5	Mia	63.535,00 €	163.663,00 €	56.355,00 €	183.773,00 €
6					
7	SUMME			231.772,00 €	
8					

Die Summenfunktion liefert als Ergebnis die Summe der Zellen D2, D3, D4 und D5.

Weitere Funktionen

Calc bietet zahlreiche Funktionen, die Sie in Ihren Formeln einsetzen können. Um eine Funktion zu verwenden, können Sie, wie bei der Summenfunktion gezeigt, den Funktionsnamen auf das Gleichheitszeichen folgen lassen und dann die Funktionsargumente eingeben. Sie können aber auch vom Funktionsassistenten Gebrauch machen. Nachfolgend wird der Funktionsassistent vorgestellt:

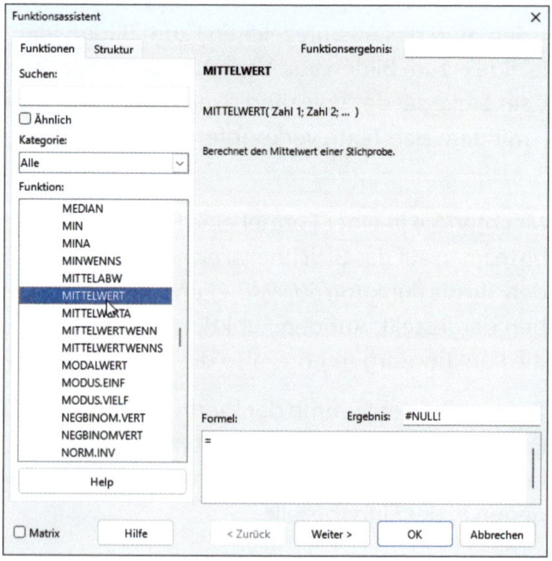

1. Wählen Sie zunächst die Zelle aus, in die Sie eine Formel eingeben möchten.
2. Um den Funktionsassistenten aufzurufen, klicken Sie auf das Symbol *fx* links neben der Eingabezeile.
3. Wählen Sie links im Funktionsassistenten eine Funktion aus. Rechts wird Ihnen dann eine Info zur Funktion ange-

zeigt. Sie haben außerdem die Möglichkeit, die Formel manuell einzugeben und mit *OK* zu bestätigen. Um die Funktionsargumente im Funktionsassistenten einzugeben, klicken Sie hingegen auf *Weiter*.

4. Die einzugebenden Werte richten sich nach der ausgewählten Funktion. Hier sollen Mittelwerte berechnet werden, also sind die entsprechenden Bezüge einzugeben – aus den Werten der einbezogenen Zellen wird dann das arithmetische Mittel gebildet. Die Bezüge können Sie manuell eingeben oder aber mit der Maus festlegen.

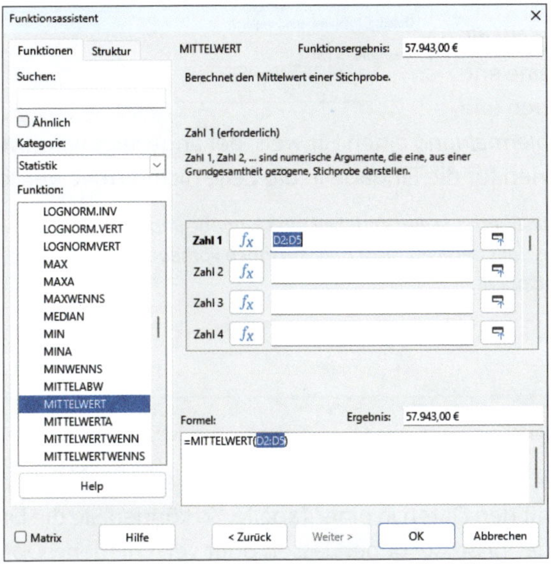

5. Bestätigen Sie mit *OK*. In der Zelle wird das Ergebnis angezeigt, in der Eingabezeile die Formel.

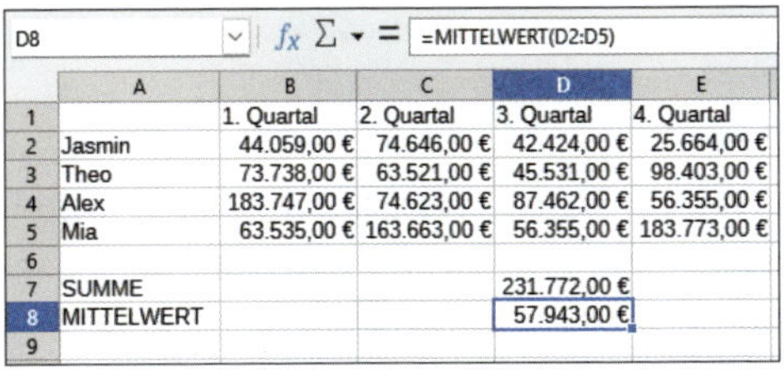

	A	B	C	D	E
1		1. Quartal	2. Quartal	3. Quartal	4. Quartal
2	Jasmin	44.059,00 €	74.646,00 €	42.424,00 €	25.664,00 €
3	Theo	73.738,00 €	63.521,00 €	45.531,00 €	98.403,00 €
4	Alex	183.747,00 €	74.623,00 €	87.462,00 €	56.355,00 €
5	Mia	63.535,00 €	163.663,00 €	56.355,00 €	183.773,00 €
6					
7	SUMME			231.772,00 €	
8	MITTELWERT			57.943,00 €	
9					

Gültigkeit

Möchten Sie für eine Zelle (bzw. mehrere markierte Zellen) von vornherein festlegen, dass dort nur bestimmte Werte eingegeben werden dürfen? Dazu wählen Sie in der Menüleiste unter *Daten* den Befehl *Gültigkeit*.

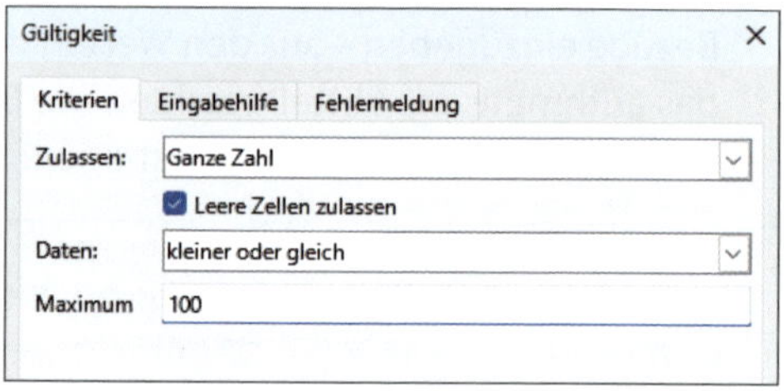

Im folgenden Dialogfeld bestimmen Sie auf der Registerkarte *Kriterien*, welche Werte Sie für die Zelle(n) zulassen möchten.

Auf der Registerkarte *Eingabehilfe* können Sie zusätzlich eine entsprechende Info formulieren und auf der Registerkarte *Fehlermeldung* einen Hinweis, der angezeigt wird, wenn die vorgegebenen Kriterien für die Eingabe in die Zelle nicht erfüllt werden.

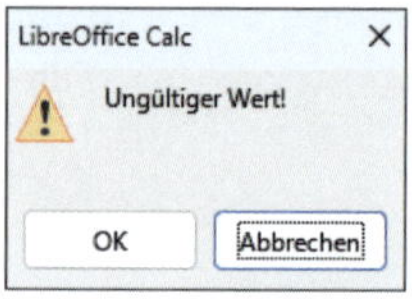

Calc überprüft die Gültigkeit Ihrer Eingabe und gibt einen Hinweis aus, falls der Wert nicht den von Ihnen vorgegebenen Kriterien entspricht.

Weitere Datenoptionen

In der Menüleiste unter *Daten* finden Sie noch eine Reihe weiterer Optionen für den Umgang mit den Daten in einer Tabelle. So können Sie die Daten gruppieren, Teilergebnisse ausgeben lassen oder verschiedene Optionen zum Erstellen von Statistiken nutzen. Schauen Sie sich die weiteren Datenoptionen doch einmal auf eigene Faust an.

Diagramm erstellen

Für eine übersichtliche Darstellung Ihrer Daten sind Diagramme das Mittel der Wahl. Erfahren Sie auf den nächsten Seiten, wie Sie das zu Ihren Daten passende Diagramm auswählen, nach Ihren Vorgaben ins Tabellenblatt einfügen sowie anschließend noch individuell anpassen und formatieren können.

Diagramm auswählen

Sie können entweder zunächst die Daten auswählen, auf denen das Diagramm basieren soll, oder zunächst das Diagramm erstellen und die Daten danach auswählen. Ersterer Weg erscheint praktischer und soll im Folgenden dargestellt werden:

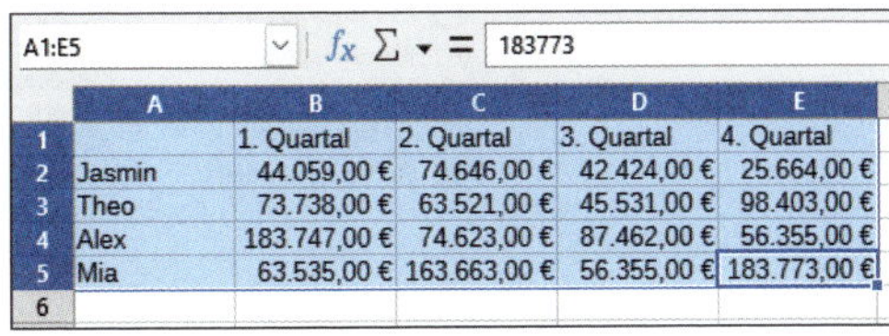

1. Markieren Sie auf dem Tabellenblatt die Daten, aus denen Sie ein Diagramm erstellen möchten.
2. Klicken Sie nun in der Symbolleiste auf das Symbol .
3. In das Tabellenblatt wird ein Standarddiagramm (= Säulendiagramm) eingefügt. Gleichzeitig öffnet sich ein Diagramm-Assistent, in dem Sie zunächst mal den passenden Diagrammtyp auswählen. Klicken Sie z. B. auf den Diagrammtyp *Balkendiagramm*, um eine Auswahl entsprechender Diagramme zu erhalten.

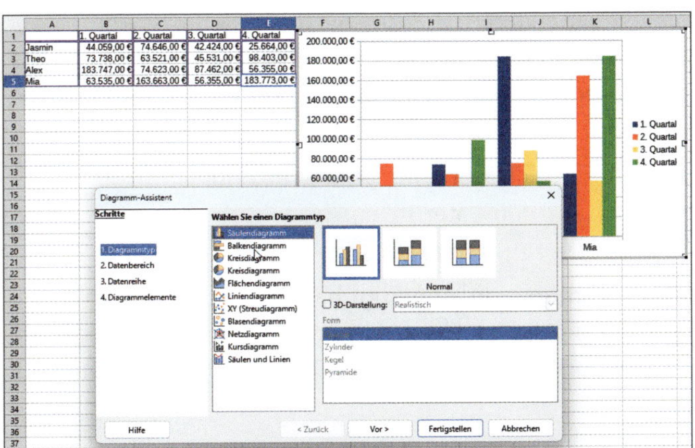

4. In diesem Fall wird ein gestapeltes Balkendiagramm ausgewählt und in 3D dargestellt. Klicken Sie auf die Schaltfläche *Vor*, um dem Diagramm-Assistenten zu folgen, und schließlich auf *Fertigstellen*, um das Diagramm in das Tabellenblatt einzufügen.

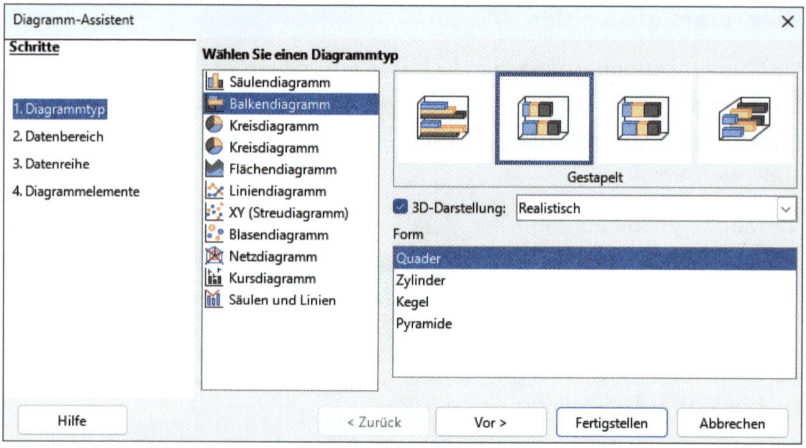

Diagramm kopieren und einfügen

Das Diagramm wird als Grafikdatei ins Tabellenblatt eingefügt. Wenn Sie es in einem anderen Programm einsetzen möchten, klicken Sie das Diagramm an, um es zu markieren. Drücken Sie dann die Tastenkombination Strg+C, um das Diagramm in die Zwischenablage zu kopieren. In einem entsprechenden Programm fügen Sie das Diagramm mit Strg+V aus der Zwischenablage ein.

Diagramm anpassen

Wenn Sie ein Diagramm gerade eingefügt haben bzw. später auf ein eingefügtes Diagramm doppelklicken, werden in einer Diagramm-Symbolleiste unterschiedliche Optionen zum Anpassen des Diagramms eingeblendet. Dazu ein Überblick:

- **Auswahl formatieren:** Ein Diagramm besteht aus verschiedenen Elementen, die Sie mit der Maus oder alternativ per Drop-down-Menü in der Diagramm-Symbolleiste auswählen können. Haben Sie ein Element ausgewählt, können Sie dieses anders formatieren. Dazu klicken Sie oben in der Diagramm-Symbolleiste auf das Symbol . Im sich öffnenden Dialogfeld werden Ihnen auf mehreren Registerkarten die zum jeweiligen Element passenden Formatieroptionen angeboten. Nehmen Sie die gewünschten Formatierungen vor und bestätigen Sie mit *OK*. Die Formatieroptionen rund um die Diagrammfläche können Sie auch direkt unter dem Symbol aufrufen, Formatieroptionen zur *Diagrammwand* (dort ist das Diagramm gewissermaßen angebracht) finden Sie unter dem Symbol .

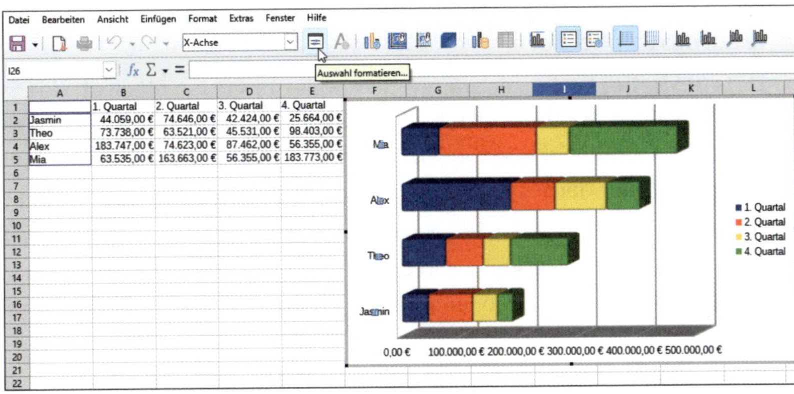

- **Diagrammtyp:** Der Diagrammtyp, den Sie im Diagramm-Assistenten ausgewählt haben, ist nicht in Stein gemeißelt. Unter dem Symbol können Sie jederzeit einen anderen Diagrammtyp festlegen.

- **3D-Ansicht:** Haben Sie sich für ein 3D-Diagramm entschieden, lässt sich dieses nachträglich ebenfalls anpassen. Klicken Sie in der Diagramm-Symbolleiste auf das Symbol , um ein entsprechendes Dialogfeld aufzurufen. Auf den verschiedenen Registerkarten lässt sich unter anderem der Blickwinkel verändern oder die Beleuchtung anpassen.

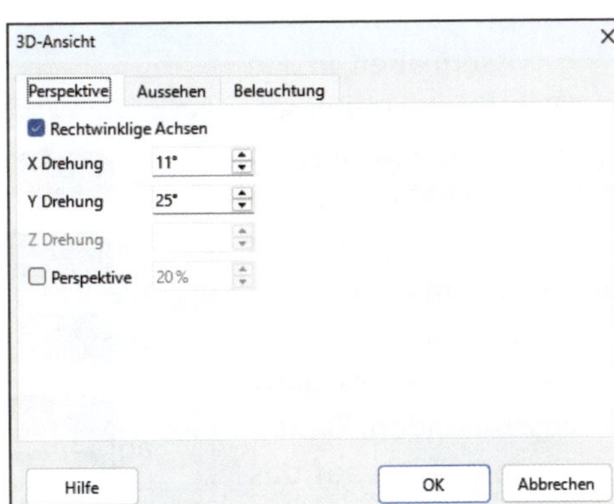

- **Datenbereiche:** Nicht immer werden die von Ihnen markierten Daten im Diagramm automatisch so zugeordnet, wie Sie es sich wünschen. Um den Datenbereich bzw. die Datenreihe zu bearbeiten, klicken Sie in der Diagramm-Symbolleiste auf das Symbol.

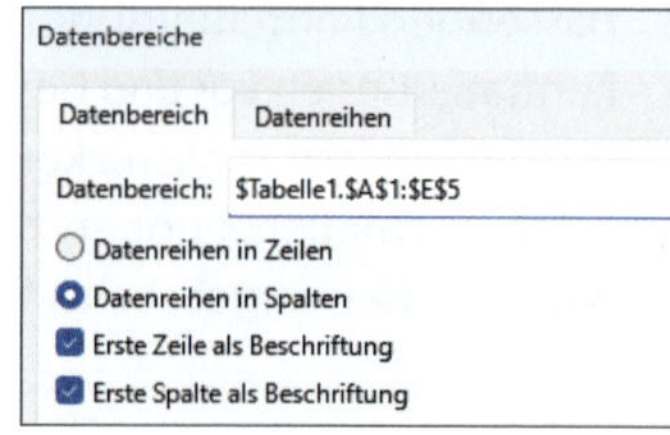

- **Datentabelle:** In der Diagramm-Symbolleiste finden Sie auch das Symbol. Dieses Symbol bezieht sich auf Diagramme, die nicht auf einer Calc- oder Writer-Tabelle beruhen. Deshalb wird das Symbol in unserem Fall ausgegraut dargestellt.
- **Titel:** Um dem Diagramm insgesamt oder einzelnen Achsen eine Beschriftung zu verpassen, klicken Sie in der Diagramm-Symbolleiste auf das Symbol. Es handelt sich dabei um Beschriftungen, die nicht die Daten selbst betreffen.
- **Legende:** Die Legende ist hingegen die Beschriftung der im Diagramm dargestellten Daten. Die Legende kann per Symbol aus- und auch wieder eingeblendet werden. Die eingeblendete Legende lässt sich unter dem Symbol formatieren.
- **Gitter:** Das Gitter wird gewissermaßen an den Diagrammwänden aufgespannt und ist recht hilfreich beim Einschätzen der dargestellten Werte. Um die Darstellung des Gitters anzupassen bzw. es ganz auszublenden, klicken Sie mehrfach auf das Symbol (zum Anpassen der horizontalen Gitterlinien) bzw. (zum Anpassen der vertikalen Gitterlinien). Die Diagrammabbildung zeigt im Hintergrund die engmaschige Gittervariante.

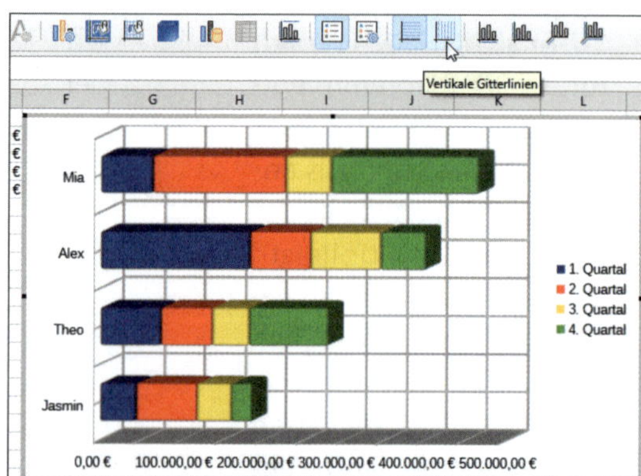

- **Achsen:** Schließlich finden Sie in der Diagramm-Symbolleiste auch noch Symbole zum Formatieren der Achsen, nämlich (zum Formatieren der x-Achse), (zum Formatieren der y-Achse) und (zum Formatieren der z-Achse). Für die gemeinsame Formatierung klicken Sie auf das Symbol .

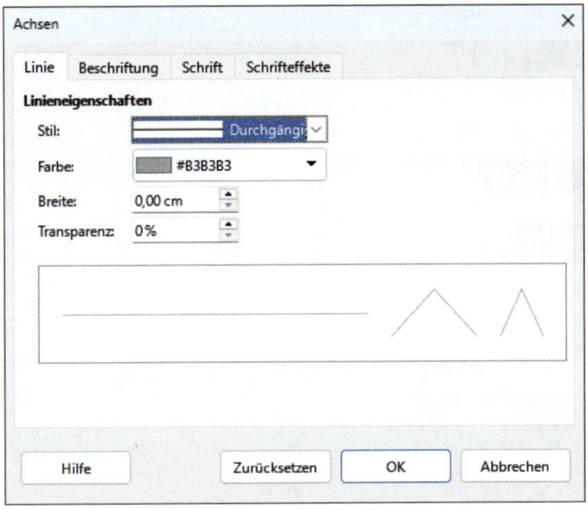

Weitere Inhalte einfügen

Auch in ein Tabellenblatt lassen sich noch weitere Inhalte wie Bilder, Formen, Objekte und Co. einfügen. Die Vorgehensweise entspricht der im Zusammenhang mit dem Programm Writer beschriebenen. Auch das Kommentieren und weitere bereits kennengelernte Funktionen sollen an dieser Stelle außen vor gelassen werden. Übertragen Sie einfach das bereits im Zusammenhang mit Writer Gelernte auf Calc.

Tabelle drucken

Was das Drucken betrifft, gehen Sie vom Prinzip her ebenso vor wie im Programm Writer, wobei Sie allerdings beachten, dass die Seiten in Calc nicht als Seiten dargestellt werden. Wenn Sie mit dem Symbol die Druckvorschau ein- und wieder ausblenden, stellen Sie fest, dass die Seitenbegrenzungen durch gestrichelte Linien dargestellt werden. Damit alles auf das Blatt passt, müssen Sie also gegebenenfalls die Daten der Tabelle verkleinern, eine Tabelle – wie eine Abbildung bei gedrückter Maustaste – verschieben oder verkleinern und auch weitere Inhalte nach links über die gestrichelte Linie verschieben.

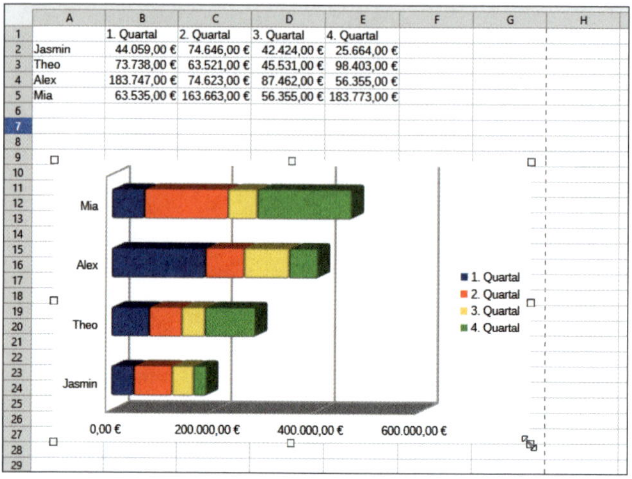

Wie in Writer klicken Sie auf das Symbol 🖶 oder wählen die Tastenkombination Strg+P, um den Ausdruck zu starten.

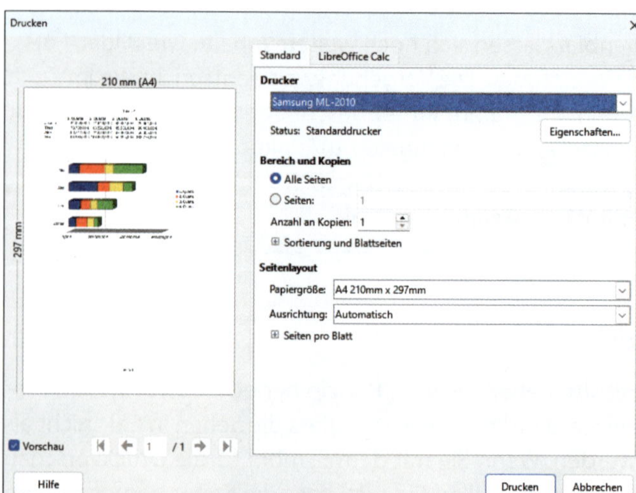

Prüfen Sie die Darstellung auf der Seite, bevor Sie den Ausdruck starten.

> **Druckbereich festlegen**
>
> Soll nicht das gesamte Tabellenblatt ausgedruckt werden, sondern lediglich ein von Ihnen festgelegter Druckbereich? Markieren Sie die entsprechenden Zellen und klicken Sie dann in der Symbolleiste auf das Symbol , um den Druckbereich zu bestimmen.

Gitter drucken

Haben Sie Ihrer Tabelle keinen Rahmen hinzugefügt, möchten Sie vielleicht die Gitterlinien mit ausdrucken. Um das zu bewerkstelligen, gehen Sie in der Menüleiste auf *Format/Seitenvorlage* und entscheiden sich im folgenden Dialogfeld für die Rubrik *Tabelle*.

Zum Ausdrucken des Gitters aktivieren Sie im Abschnitt *Drucken* das Kontrollkästchen *Gitter* und bestätigen mit *OK*. Auch weitere Elemente lassen sich auf diese Weise in den Ausdruck einschließen bzw. von diesem ausschließen.

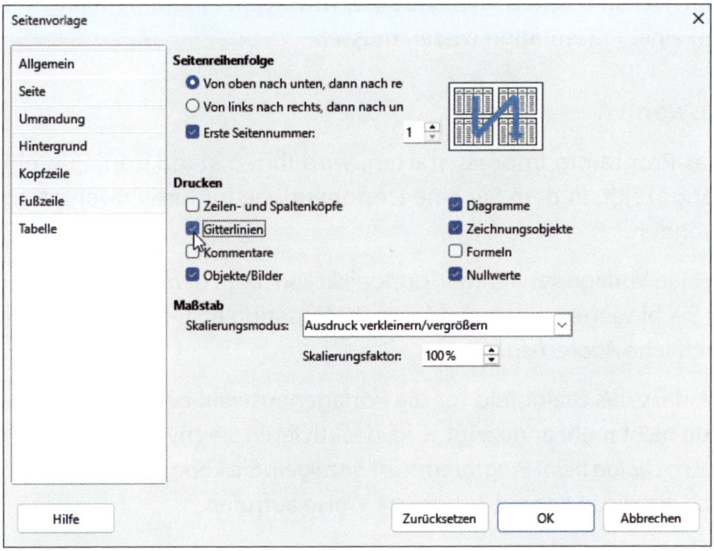

Das Gitter lässt sich per Kontrollkästchen in den Ausdruck einschließen.

4. Impress: Gestalten Sie beeindruckende Präsentationen

Mit dem Programm Impress gestalten Sie beeindruckende Präsentationen, die sich dann mit dem Beamer vom Notebook auf eine Leinwand übertragen oder als Datei weiterreichen lassen.

Ideal für das Referat an der Uni, die Präsentation bei einem Meeting oder die Jahreshauptversammlung Ihres Vereins! Alle wichtigen Funktionen zum Erstellen von Präsentationen lernen Sie in diesem Kapitel kennen.

Präsentation anlegen

Zunächst einmal legen Sie eine Präsentation an, die Ihren individuellen Zwecken entspricht. Die Seiten einer Präsentation werden als Folien bezeichnet. Sie erstellen eine Präsentation mit so vielen Folien, wie Sie benötigen. In Impress stehen Ihnen unterschiedliche Designvorlagen und Folienlayouts zur Verfügung. Auf den nächsten Seiten lesen Sie alles, was Sie im Zusammenhang mit dem Anlegen einer Präsentation wissen müssen.

Vorlage auswählen

Wenn Sie das Programm Impress starten, wird Ihnen standardmäßig ein Dialogfeld angezeigt, in dem Sie eine Designvorlage für Ihre Präsentation auswählen können.

Möchten Sie eine Vorlage verwenden, doppelklicken Sie in dem Dialogfeld darauf. Wollen Sie hingegen eine neue leere Präsentation erstellen, klicken Sie auf die Schaltfläche *Abbrechen*.

Möchten Sie, dass das Dialogfeld für die Vorlagenauswahl beim Programmstart zukünftig nicht mehr angezeigt wird, deaktivieren Sie zuvor das Kontrollkästchen *Diesen Dialog beim Programmstart anzeigen*. Sie können eine Vorlage jederzeit auch auf die in Kapitel 1 gezeigte Weise aufrufen.

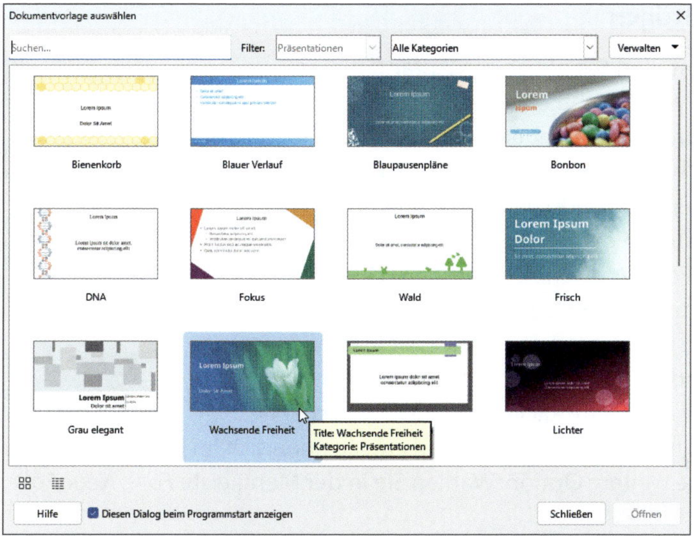

Hier wird, per Doppelklick darauf, eine Designvorlage ausgewählt.

Die Präsentation wird Ihnen daraufhin im Bearbeitungsmodus (im Gegensatz zum Präsentationsmodus) angezeigt, also in einem Modus, in dem Sie die Präsentation beliebig anpassen können. Sie sehen im großen Anzeigebereich die aktuell geöffnete Folie und in der Leiste links eine Folienauswahl.

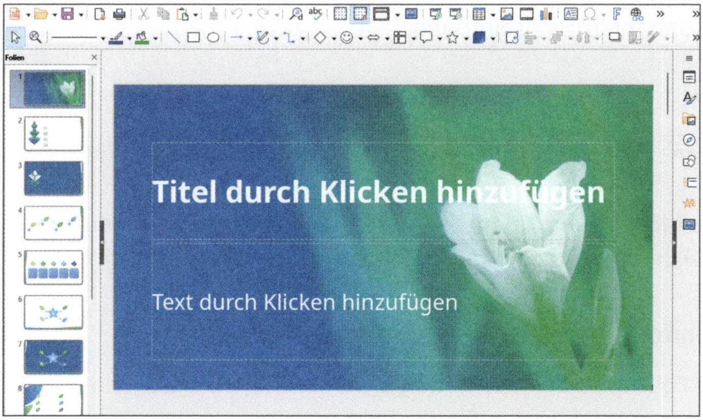

Nach dem Auswählen der Designvorlage wird Ihnen die Präsentation im Bearbeitungsmodus angezeigt.

Folien hinzufügen

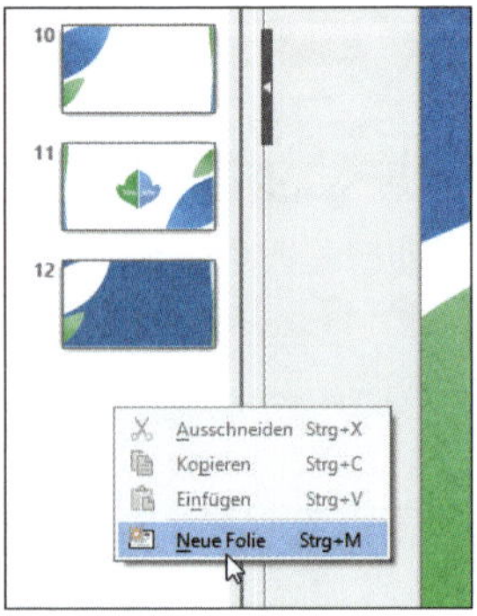

Am besten erstellen Sie gleich am Anfang einige Folien, die Sie voraussichtlich für Ihre Präsentation benötigen werden. Sie können auch später noch weitere Folien hinzufügen bzw. natürlich auch nicht benötigte Folien wieder löschen. Die schnellste Methode zum Erstellen einer neuen Folie ist ein Doppelklick in der Folienauswahl. Der Doppelklick bietet Ihnen den Vorteil, dass Sie eine neue Folie bequem zwischen zwei bereits vorhandenen Folien erstellen können, indem Sie in den Raum zwischen den Folien klicken. Alternativ klicken Sie mit der rechten Maustaste in die Folienauswahl und entscheiden sich im Kontextmenü für *Neue Folie*. Eine weitere Option: Wählen Sie in der Menüleiste *Folie/Neue Folie*.

Folie doppeln

Soll eine Folie mit einem bestimmten Layout – oder auch schon bestimmten Inhalten – erneut erstellt werden, klicken Sie diese mit der rechten Maustaste an und wählen im Kontextmenü *Folie doppeln*. Darüber hinaus stehen auch für die Folien die Copy-and-paste-Funktionen zur Verfügung, Sie können eine Folie also auch mit der Tastenkombination Strg+C kopieren bzw. mit Strg+X ausschneiden und mit Strg+V einfügen.

Folie löschen

Um eine nicht mehr benötigte Folie wieder zu löschen, klicken Sie diese in der Folienauswahl an und drücken dann die Entf-Taste. Sie können auch mehrere Folien gleichzeitig löschen, indem Sie diese durch Anklicken bei gedrückter Strg-Taste auswählen und dann die Entf-Taste drücken.

Folie ausblenden

Wenn Sie eine Folie in einer Präsentation nicht benötigen, diese jedoch nicht löschen möchten, dann blenden Sie die Folie aus. Dazu klicken Sie die Folie mit der rechten Maustaste an und wählen im Kontextmenü *Folie ausblenden*.

Die Folie wird in der Folienauswahl nun schraffiert dargestellt. Um die Folie wieder einzublenden, klicken Sie die Folie mit der rechten Maustaste an und entscheiden sich im Kontextmenü für *Folie einblenden*.

Folien sortieren

Soll eine Folie in eine andere Position gebracht werden, klicken Sie die Folie in der Folienauswahl an und ziehen diese bei gedrückter Maustaste an die gewünschte Position.

Layout auswählen

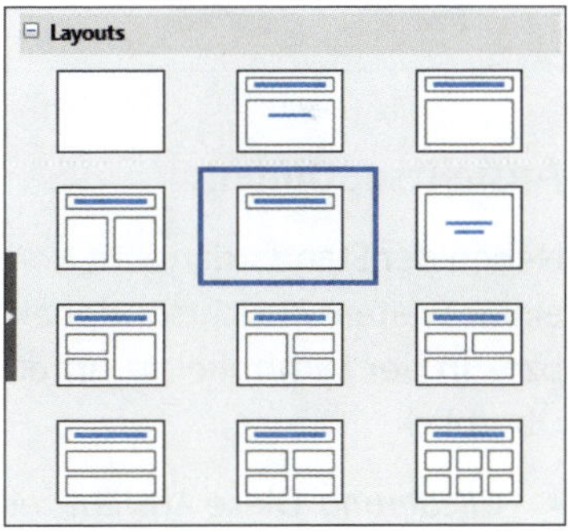

Das Layout der jeweils ausgewählten Folie(n) bestimmen Sie im Aufgabenbereich rechts, indem Sie dort auf das Symbol klicken. Um der ausgewählten Folie bzw. den ausgewählten Folien ein Layout zuzuweisen, brauchen Sie ein Layout lediglich anzuklicken. Die Layouts – bis auf das Layout *Leere Folie* – enthalten bereits Platzhalter zum Einfügen von Inhalten. Wenn Sie sich in der Menüleiste für *Folie/Layout* entscheiden, können Sie die Layouts auch auf der Basis von kurzen Infotexten statt nach den Vorschaugrafiken auswählen.

Vorlage ändern

Sie haben beim Anlegen der Präsentation eine Designvorlage ausgewählt, merken nun aber, dass diese noch nicht perfekt geeignet ist. Folgendermaßen lässt sich die Designvorlage ändern:

1. Klicken Sie in der Leiste rechts im Programm Impress auf das Symbol .
2. Nun werden Ihnen die verschiedenen Vorlagen angezeigt. Um eine Designvorlage für alle bereits angelegten Folien zu übernehmen, klicken Sie diese mit der rechten Maustaste an.
3. Wählen Sie im Kontextmenü den Eintrag *Für alle Folien übernehmen*.

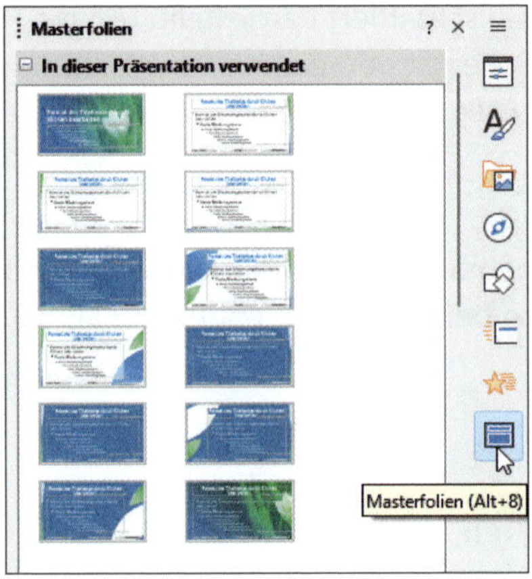

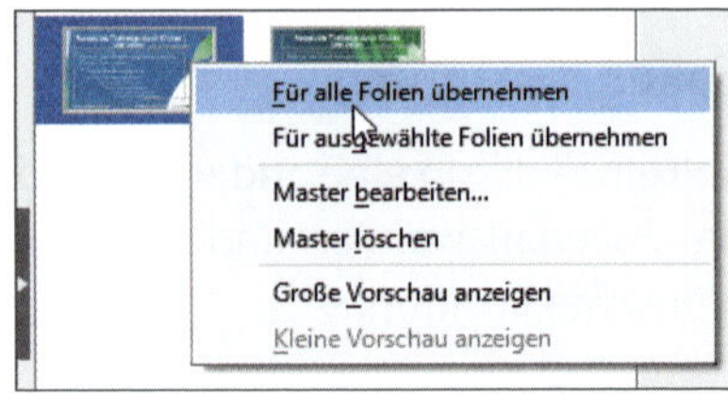

Ansichtsoptionen

Neben der Standardansicht *Normal* bietet Ihnen das Programm Impress noch einige weitere Ansichtsoptionen, die Sie jeweils in der Menüleiste unter *Ansicht* bzw. in der Symbolleiste unter dem Symbol ▭ ▾ aufrufen. Hier ein kleiner Überblick:

- *Gliederung:* Diese Ansicht zeigt Ihre Präsentation in Form einer Gliederung in mehreren Gliederungsebenen an. So können Sie Ihre Texte unabhängig von der Darstellung auf den Folien begutachten.
- *Notizen:* In dieser Ansicht können Sie Ihren Folien Notizen hinzufügen, die dann nur für Sie, nicht jedoch für die Betrachter Ihrer Präsentation sichtbar sein werden.

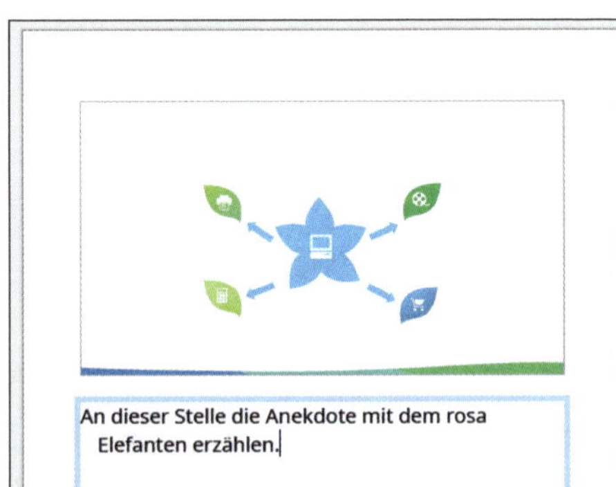

- *Foliensortierung:* In dieser Ansicht vergrößern Sie die Folienauswahl, die in der Ansicht *Normal* in der Leiste links eingeblendet ist. Sie erkennen dadurch die Inhalte der einzelnen Folien besser.

- *Masterfolie:* Die Masterfolie ist die Designvorlage für Ihre Folie. Sie haben bereits kennengelernt, wie Sie eine Designvorlage nach Ihren Vorstellungen verändern. In dieser Ansicht können Sie nun auch individuelle Anpassungen an einer Folie vornehmen. Wählen Sie dazu ein Element auf der Folie per Mausklick aus und nehmen Sie in der Leiste rechts Ihre Formatierungen dazu vor.
- *Masternotizen:* Wünschen Sie eine größere Schrift für Ihre Notizen? In dieser Ansicht können Sie Ihre Anpassungen zu den Notizenseiten vornehmen. Übrigens lassen sich diese auch ausdrucken, wie Sie später noch sehen werden.

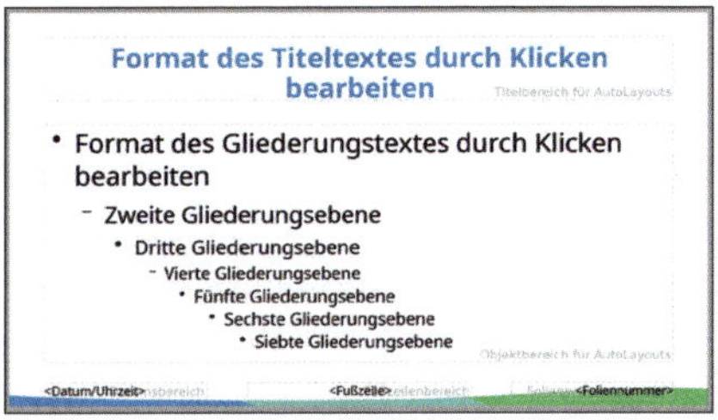

- *Masterhandzettel:* Auf dem Handzettel werden mehrere Folien auf einer Seite dargestellt. Wie viele Folien und in welcher Form bestimmen Sie in dieser Ansicht.

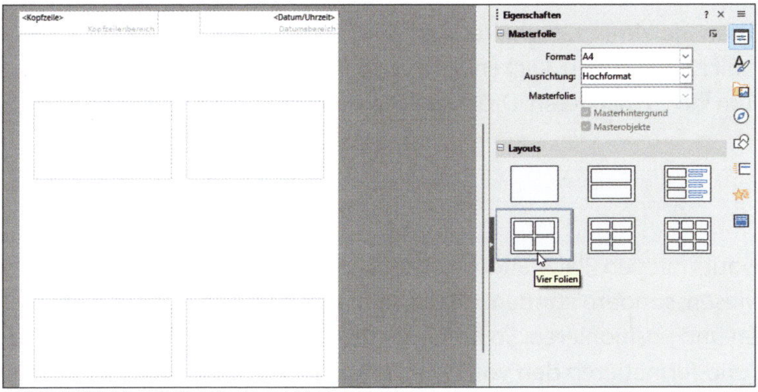

Folien mit Ihren Inhalten füllen

Gestalten Sie Ihre Präsentation abwechslungsreich – Impress bietet Ihnen hierfür alle benötigten Funktionen. Es lassen sich Texte, Bilder und weitere Inhalte einfügen und beliebig positionieren. Das Know-how erhalten Sie auf den nächsten Seiten.

Platzhalter

Wenn Sie für eine Folie ein Layout auswählen, enthält dieses in der Regel mindestens einen Platzhalter (außer beim Layout *Leere Folie*). Zunächst sei erwähnt, dass sich auch ein Platzhalter, wie z. B. im Zusammenhang mit Textfeldern in Writer kennengelernt, durch Ziehen bei gedrückter Maustaste im Hinblick auf Größe und Position anpassen lässt.

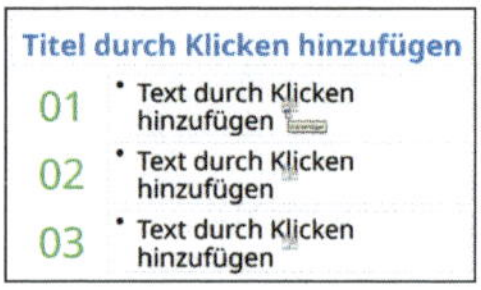

Um einen Platzhalter mit Text zu füllen, brauchen Sie bloß auf den Platzhalter zu klicken und Ihren Text einzutippen. Mithilfe der in einem Platzhalter angezeigten Symbole lassen sich jedoch auch andere Inhalte einfügen: Das Symbol dient dem Einfügen einer Tabelle, mit dem Symbol fügen Sie ein Diagramm ein; klicken Sie auf das Symbol, um ein Bild zum Einfügen auszuwählen; schließlich entscheiden Sie sich für das Symbol, um eine Audio- oder Videodatei einzufügen.

> **Platzhalter entfernen**
>
> Möchten Sie einen Platzhalter aus einer Folie entfernen, weil Sie diesen doch nicht benötigen, klicken Sie mit der Maus auf den Rand des Platzhalters, um ihn zu markieren. Drücken Sie anschließend die Taste Entf oder ←.

Text

Die Layouts mit den Platzhaltern sind zwar praktisch, aber Sie sind nicht darauf angewiesen, sondern können Inhalte selbstverständlich auch individuell hinzufügen und positionieren. So fügen Sie beispielsweise ein Textfeld in eine Folie ein und formatieren den von Ihnen eingegebenen Text nach Ihrem Gusto:

1. Klicken Sie in der Menüleiste auf *Einfügen*. Wählen Sie im sich öffnenden Menü den Befehl *Textfeld*. Alternativ wählen Sie in der Symbolleiste das Symbol .
2. Ziehen Sie das Textfeld bei gedrückter Maustaste auf die Folie. Sie geben hierbei die Position sowie die Breite des Textfeldes vor; die Höhe des Textfeldes richtet sich dann nach dem von Ihnen eingegebenen Text.

3. Tippen Sie nun Ihren Text in das Textfeld ein. Der Umbruch am Rand des Textfeldes erfolgt automatisch. Einen Absatz erzeugen Sie per [↵]-Taste.
4. Um Text in einem Textfeld zu formatieren, markieren Sie diesen mit der Maus.
5. Wählen Sie die gewünschte Formatieroption aus, wie Sie es schon im Zusammenhang mit dem Programm Writer kennengelernt haben.

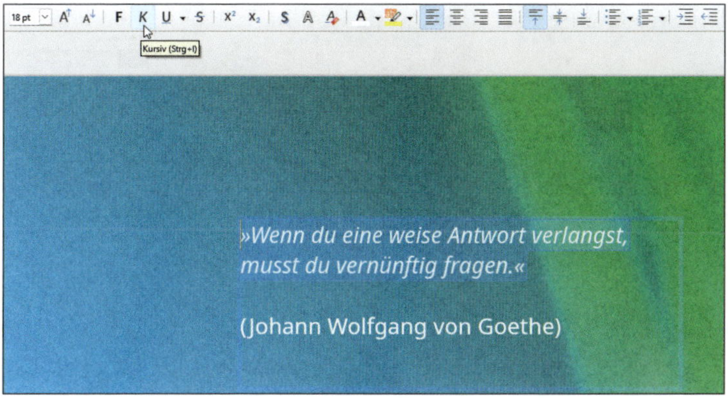

Tabelle

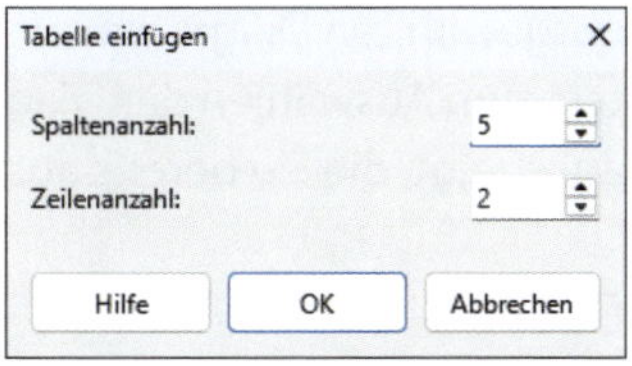

Um eine Tabelle in die Folie einzufügen, wählen Sie in der Menüleiste *Einfügen/Tabelle* – oder Sie nutzen das Symbol ▾ und wählen *Weitere Optionen*. Im sich öffnenden Dialogfeld bestimmen Sie anschließend die Anzahl der Spalten und Zeilen. Bestätigen Sie mit *OK*, um die Folie mittig in die Folie einzufügen. Anschließend können Sie diese durch Ziehen bei gedrückter Maustaste in Position und Größe anpassen. Klicken Sie in die Zellen der Tabelle, um diese mit Ihren Inhalten zu füllen. Das Formatieren der Tabelle erfolgt ebenfalls über die Leiste rechts, die Sie gegebenenfalls mit dem Symbol einblenden. Weitere Optionen zum Anpassen Ihrer Tabelle (Rahmen auswählen, Zeilen einfügen usw.) erhalten Sie in einer zusätzlichen Leiste oberhalb der Statusleiste.

Hier wurde in der Leiste rechts eine Tabellenvorlage für die in die Folie eingefügte Tabelle ausgewählt.

Diagramm

Zum Einfügen eines Diagramms in die aktuelle Folie wählen Sie in der Menüleiste *Einfügen/Diagramm* oder Sie klicken auf das Symbol . Auch das Diagramm wird mittig eingefügt, und Sie können es nun durch Ziehen bei gedrückter Maustaste im Hinblick auf Position und Größe anpassen. Bei einem ausgewählten Diagramm werden Ihnen die Funktionen zum Eingeben der Daten, zum Auswählen des Diagrammtyps sowie zum Formatieren des Diagramms angezeigt, die Sie bereits ausführlich in Kapitel 3 zu Calc kennengelernt haben.

Bilder

Zum Einfügen einer Bilddatei in eine Folie wählen Sie in der Menüleiste *Einfügen/Bild* – oder Sie klicken auf das Symbol . Entscheiden Sie sich im folgenden Dialogfeld für die gewünschte Bilddatei und bestätigen Sie Ihre Auswahl mit der Schaltfläche *Öffnen*. Bringen Sie das Bild anschließend durch Ziehen bei gedrückter Maustaste in die gewünschte Position und Größe. Alternativ können Sie auch die integrierte Medien-Galerie einsetzen, die Sie mit *Einfügen/Medien/Galerie* aufrufen.

Fotoalbum

Möchten Sie in Ihrer Präsentation mehrere Fotos vorstellen, legen Sie ein »Fotoalbum« an. Sie können dann entscheiden, ob jedes von Ihnen ausgewählte Foto auf einer einzelnen Folie präsentiert werden soll oder mehrere Fotos auf einer Folie. Zum Anlegen eines Fotoalbums gehen Sie folgendermaßen vor:

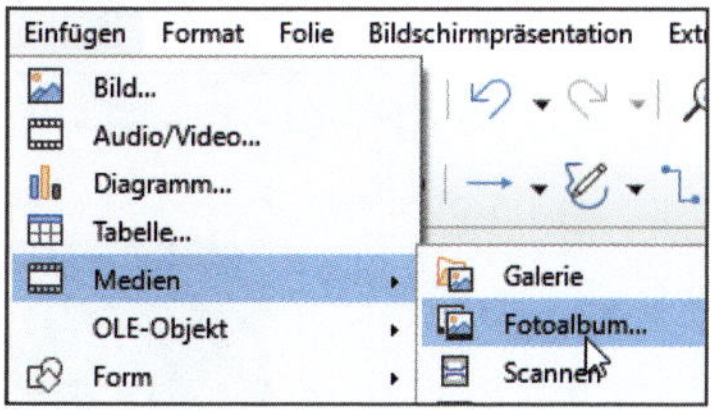

1. Klicken Sie in der Menüleiste auf *Einfügen*. Bewegen Sie den Mauszeiger im sich öffnenden Menü auf den Eintrag *Medien*. Entscheiden Sie sich im Ausklappmenü für die Option *Fotoalbum*.
2. Klicken Sie auf *Hinzufügen*, um die Bilder auszuwählen, die Sie in Ihrer Präsentation verwenden möchten.
3. Bestimmen Sie im Drop-down-Menü *Folienlayout*, ob jedes Foto auf einer eigenen Folie dargestellt werden soll oder mehrere Fotos auf einer Folie.
4. Per Kontrollkästchen können Sie noch festlegen, ob Beschriftungen hinzugefügt werden sollen oder nicht, ob das Seitenverhältnis beibehalten werden soll usw. Klicken Sie auf *Folien einfügen*, um Folien mit den ausgewählten Bildern zu erstellen.

Form

Zum Einfügen von Formen finden Sie die entsprechenden Optionen in der Symbolleiste bzw. unter *Einfügen/Form*. Bei einer Präsentation werden Ihnen die Pfeilformen, Flussdiagramme, Legenden und Co. gute Dienste erweisen. Wählen Sie einfach eine Form aus und zeichnen Sie diese dann bei gedrückter Maustaste auf die Folie. Anschließend lässt sich die Form beliebig formatieren.

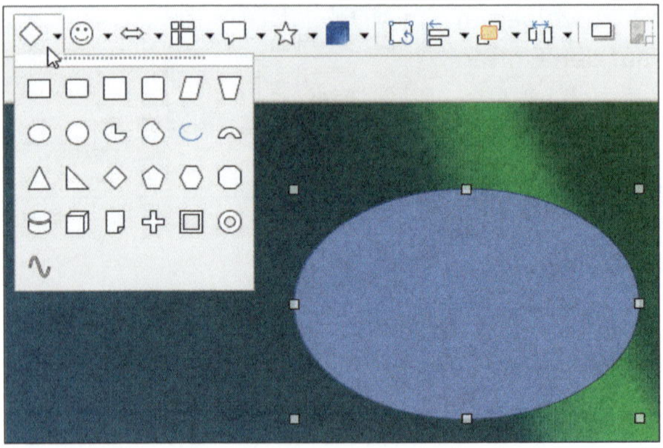

Wählen Sie in der Symbolleiste die Form aus, die Sie auf die Folie zeichnen möchten.

Fontwork

Auch in eine Präsentation lässt sich ein Fontwork einfügen, das Sie unter dem Symbol oder unter *Einfügen/Fontwork* auswählen. Die Vorgehensweise entspricht der bereits im Zusammenhang mit dem Programm Writer vorgestellten.

Audio- und Videodateien

In eine Folie lassen sich nicht nur Bilder, sondern auch Audio- und Videodateien einbinden, die Sie dann während einer Präsentation wiedergeben können. Die folgende Anleitung zeigt als Beispiel das Einbinden einer Audiodatei:

1. Klicken Sie in der Symbolleiste auf das Symbol .
2. Wählen Sie die Audiodatei im folgenden Dialogfeld aus.
3. Bestätigen Sie Ihre Auswahl durch Anklicken der Schaltfläche *Öffnen*.

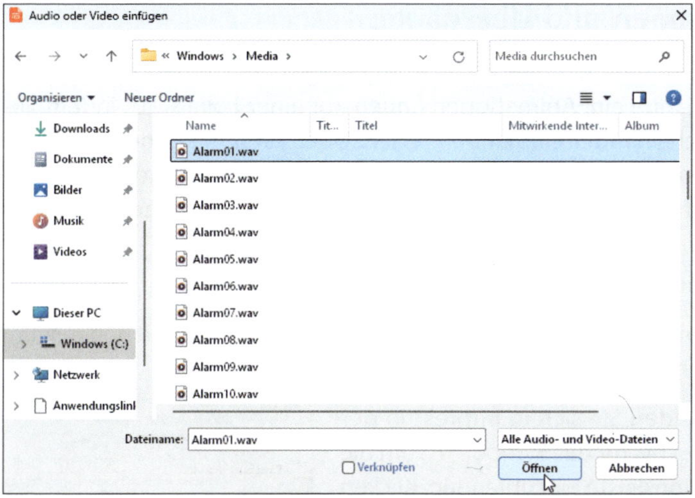

4. Bringen Sie die eingefügte Datei bei gedrückter Maustaste in die gewünschte Position und Größe. Beim Aufrufen der Folie in der Bildschirmpräsentation wird die Audiodatei wiedergegeben.

Objekte

Auch die Objekte haben Sie bereits in anderem Zusammenhang kennengelernt. Sie können z. B. eine Excel-Datei als OLE-Objekt in eine Folie einfügen. Die entsprechende Option erhalten Sie, wenn Sie sich in der Menüleiste für *Einfügen/Objekt/OLE-Objekt* entscheiden und im folgenden Dialogfeld die Datei auswählen.

Zusatzinformationen ein- bzw. ausblenden.

Soll auf den Folien jeweils das aktuelle Datum angezeigt werden? Oder wünschen Sie eine Nummerierung der Folien? Diese Angaben lassen sich in der Kopf- bzw. Fußzeile einblenden. Um diese einzurichten, klicken Sie in der Menüleiste auf *Einfügen* und wählen *Kopf-/Fußzeile*.

Animationen und Übergänge

Um Ihre Präsentation möglichst lebendig zu gestalten, fügen Sie Animationen und Übergänge ein. Animationen finden auf einer Folie statt, indem Sie die Inhalte nacheinander einblenden lassen. Übergänge hingegen ermöglichen einen animierten Wechsel der Folien. Wie Sie zum Konfigurieren von Animationen und Übergängen vorgehen, erfahren Sie auf den folgenden Seiten.

Animationen einfügen

Um eine Folie zu animieren, erstellen Sie zunächst die Folie mit den gewünschten Inhalten. So erfolgt anschließend die Animation:

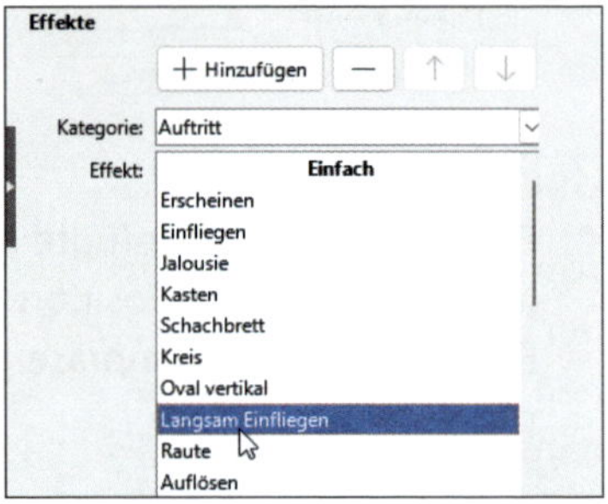

1. Entscheiden Sie sich in Impress in der Leiste rechts für das Symbol, um die Animationsleiste einzublenden. Klicken Sie in der Folie das erste Element an, das animiert werden soll.
2. Jetzt klicken Sie in der Animationsleiste auf die Schaltfläche *Hinzufügen*. Wählen Sie mithilfe der Drop-down-Menüs *Kategorie* und *Effekt* eine Animation aus, die Sie anspricht.
3. Mit den weiteren Menüs bestimmen Sie, wann und in welcher Form die Animation erfolgen soll.
4. Wiederholen Sie die Schritte 2 bis 4 mit weiteren Animationen. Sie können übrigens auch das gleiche Element mehrfach animieren, z. B. zum Ein- und Ausblenden. Achten Sie aber darauf, in diesem Fall jeweils auf die Schaltfläche *Hinzufügen* zu klicken, um eine Animation hinzuzufügen.

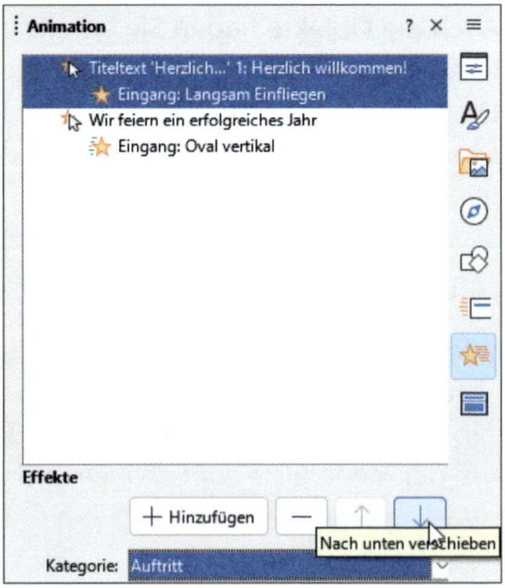

5. Die Animationen werden während der Präsentation standardmäßig per Mausklick aufgerufen. Die Reihenfolge der Animationen richtet sich dabei nach der Reihenfolge in der Animationsleiste. Diese lässt sich anpassen, indem Sie in der Animationsleiste eine Animation auswählen und diese dann mithilfe der Pfeilsymbole ↑ bzw. ↓ in eine andere Position bringen.

Animierte Bilder erstellen

Sie finden im Programm Impress auch eine Funktion zum Erstellen animierter Bilder. Rufen Sie diese auf, indem Sie in der Menüleiste auf *Einfügen* klicken, den Mauszeiger auf *Medien* bewegen und sich dann für den Befehl *Animiertes Bild* entscheiden.

Übergänge gestalten

Wie gesagt wird mit Animationen etwas auf einer Folie animiert, während sich der Übergang zwischen zwei Folien abspielt. Die folgende Anleitung zeigt Ihnen, wie Sie den Wechsel zwischen zwei Folien mit einem attraktiven Übergang versehen:

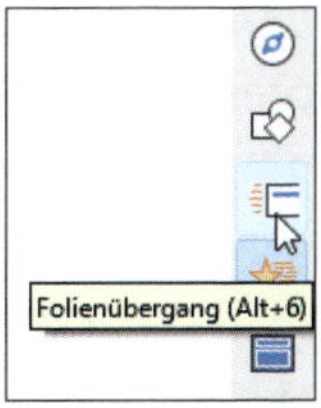

1. Klicken Sie in der Folienauswahl die Folie an, die Sie mit einem Übergang versehen möchten. Sie können auch mehrere Folien bei gedrückter Strg-Taste auswählen bzw. alle Folien mit der Tastenkombination Strg+A.
2. Klicken Sie in der Leiste rechts auf das Symbol, um die Übergangsleiste einzublenden.

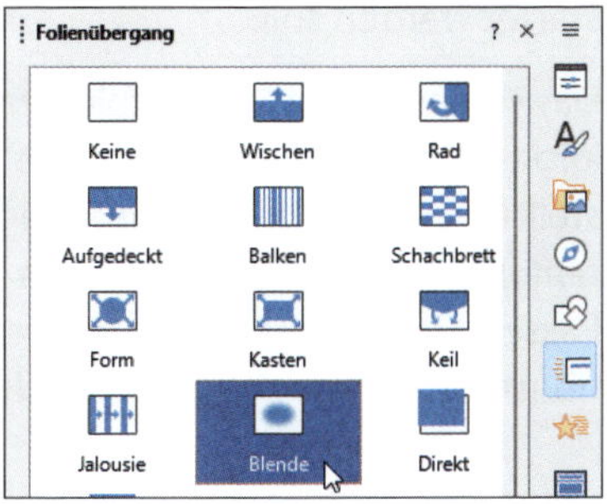

3. Wählen Sie nun einfach einen Übergang aus, der Ihnen zusagt. Der Übergang wird Ihnen sofort in einer Vorschau angezeigt.
4. Im Abschnitt *Übergang ändern* können Sie den Übergang noch anpassen: Sie

können eine andere Variante wählen, die Dauer anpassen oder einen Klang hinzufügen.

5. Soll der Übergang von einer Folie zur nächsten nicht per Mausklick, sondern automatisch erfolgen? Diese Option finden Sie im Abschnitt *Folienwechsel*.
6. Haben Sie den Übergang einer Folie hinzugefügt, möchten diesen nun aber auch für alle anderen Folien Ihrer Präsentation verwenden, klicken Sie auf die Schaltfläche *Übergang für alle Folien übernehmen*.

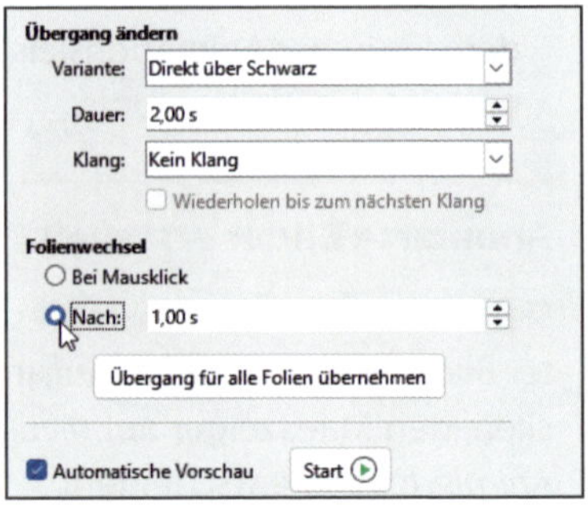

Präsentation starten

Um Ihre Präsentation für einen Vortrag zu verwenden, nutzen Sie am besten einen Beamer, der die Präsentation auf eine Leinwand projiziert. Verbinden Sie Ihr Notebook, z. B. über einen HDMI-Anschluss, mit dem Beamer. Unter Windows 11 rufen Sie die Projektionsoptionen auf, indem Sie die Tastenkombination ⊞+P drücken. Wählen Sie hier die Option *Duplizieren*. Im Programm Impress finden Sie zwei Symbole zum Starten der Präsentation: Klicken Sie auf das Symbol , um die Präsentation von Beginn an zu starten.

Wählen Sie hingegen das Symbol , wenn die Präsentation ab der aktuell ausgewählten Folie gestartet werden soll.

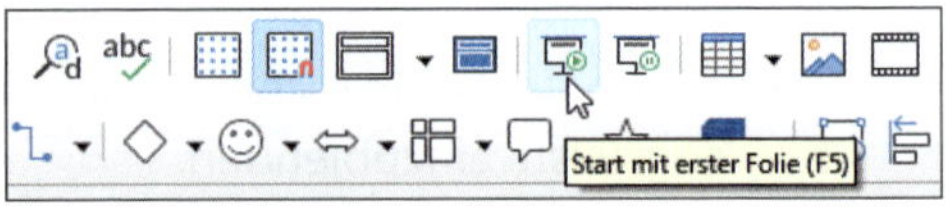

Das Wechseln der Folie erfolgt standardmäßig, wie bereits erwähnt, per Mausklick. Bevor Sie die Präsentation starten, können Sie noch verschiedene Einstellungen dazu vornehmen. Klicken Sie in der Menüleiste auf *Bildschirmpräsentation* und wählen Sie im sich öffnenden Menü *Präsentations-Einstellungen*. Passen Sie die Präsentationseinstellungen individuell an (z. B. den Präsentationsmodus oder die Funktion des Mauszeigers) und bestätigen Sie mit *OK*.

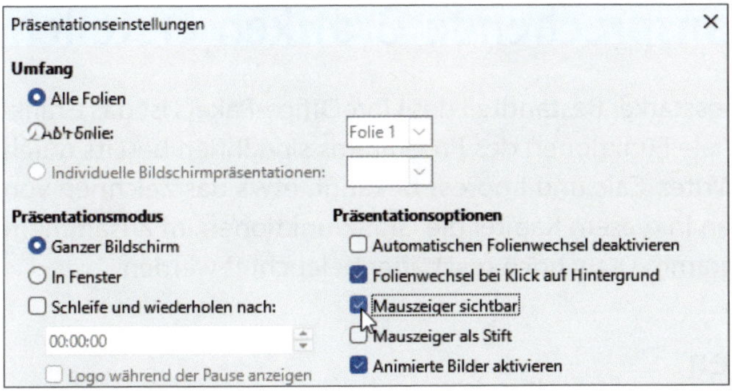

Wählen Sie vor dem Beginn einer Präsentation gegebenenfalls noch einige Präsentationseinstellungen aus, z. B. das Sichtbarmachen des Mauszeigers.

Tastenkombinationen zum Steuern der Präsentation

Alternativ setzen Sie zum Steuern der Präsentation Tastenkombinationen ein: Drücken Sie die Taste F5, um die Präsentation von Beginn an zu starten, bzw. starten Sie diese mit der Tastenkombination ⇧+F5 ab der aktuellen Folie. Das Wechseln der Folien kann mit der Leertaste erfolgen.

Präsentation drucken

Wie schon angeklungen ist, lässt sich eine Präsentation auf unterschiedliche Weise ausdrucken: Sie können einfach eine Folie pro Seite ausdrucken, aber auch Notizen mit ausdrucken oder Handzettel erstellen; selbst die Gliederungsansicht lässt sich zu Papier bringen. Zum Ausdrucken klicken Sie in der Symbolleiste auf das Symbol 🖶 bzw. wählen in der Menüleiste *Datei/Drucken* oder drücken die Tastenkombination Strg+P. Im sich öffnenden Dialogfeld *Drucken* nehmen Sie zunächst auf der Registerkarte *Standard* allgemeine Einstellungen zum Ausdruck vor. Wechseln Sie anschließend zur Registerkarte *LibreOffice Impress*, um unter anderem festzulegen, ob Sie z. B. statt einzelner Folien Handzettel ausdrucken wollen. Links im Dialogfeld wird Ihnen jeweils die entsprechende Vorschau angezeigt. Nehmen Sie gegebenenfalls weitere Einstellungen zum Ausdruck vor und klicken Sie schließlich auf *Drucken*, um den Ausdruck zu starten.

5. Draw: ansprechende Grafiken erstellen

Ein weiterer leistungsstarker Bestandteil des LibreOffice-Pakets ist das Grafikprogramm Draw. Viele Funktionen des Programms sind Ihnen bereits durch den Umgang mit Writer, Calc und Impress bekannt, etwa das Zeichnen von Formen. Doch sollen in diesem Kapitel die Grafikfunktionen im Zusammenhang mit dem Programm Draw noch mal näher beleuchtet werden.

Seite einrichten

Wie in die Folien in Impress lassen sich auf die Seiten in Draw nicht nur Zeichnungen, sondern auch Tabellen, Diagramme und weitere Elemente einfügen. Lernen Sie zunächst einige wichtige Konfigurationsmöglichkeiten im Zusammenhang mit den Draw-Seiten kennen.

Ansichtsoptionen

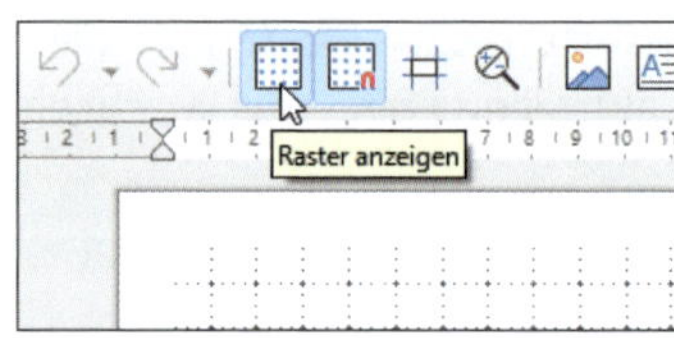

Für das Erstellen von Grafiken oftmals sehr hilfreich: Klicken Sie in der Symbolleiste auf das Symbol , um ein Raster ein- oder auszublenden. Das Symbol dient dem Ausrichten am Raster. Nützlich sind die Hilfslinien beim Verschieben von Elementen (dies geschieht in Draw wie bei den anderen LibreOffice-Programmen durch Ziehen bei gedrückter Maustaste). Um die Hilfslinien beim Verschieben einzublenden, klicken Sie in der Symbolleiste auf das Symbol #. Fürs Feintuning oder die Gesamtschau bietet Draw neben der gewohnten Zoomfunktion in der Statusleiste einen Zoommodus, den Sie per Mausklick auf das Symbol aktivieren. Durch das Drücken der Esc-Taste wird der Zoommodus wieder deaktiviert. Der Zoommodus bietet drei Funktionen:

- **Vergrößern:** Klicken Sie zum Vergrößern im Zoommodus in die Seite.
- **Verkleinern:** Klicken Sie zum Verkleinern im Zoommodus in die Seite und halten Sie dabei die Strg-Taste gedrückt.
- **Schwenken:** Um die Ansicht zu schwenken, also den Fokus auf der Seite zu verschieben, halten Sie die ⇧-Taste gedrückt und ziehen bei gedrückter Maustaste in die gewünschte Richtung.

> **Masteransicht**
>
> Draw kennt ebenso wie Impress den Umgang mit Mastern. Die Masteransicht rufen Sie auf, indem Sie sich in der Menüleiste des Programms für *Ansicht/Master* entscheiden.

Seitengröße

Während Sie die Seitengröße in den anderen LibreOffice-Programmen in der Regel beibehalten, passen Sie diese in Draw der gewünschten Grafik an – und diese kann ein deutlich größeres Format haben als DIN A4. Die maximale Größe ist allerdings auf 600 x 600 cm festgelegt, also auf 6 x 6 m. So bestimmen Sie die Seitengröße:

1. Klicken Sie in der Menüleiste auf *Seite.*
2. Wählen Sie im sich öffnenden Menü den Befehl *Seiteneigenschaften.*
3. Bestimmen Sie im Abschnitt *Papierformat* und dort unter *Breite* und *Höhe* die Größe der Seite.
4. Im Abschnitt *Seitenränder* können Sie die Seitenränder jeweils auf 0 setzen, sofern Sie nicht beabsichtigen, die Grafik direkt aus Draw heraus auszudrucken. (Wenn Sie die Seitenränder auf 0 setzen, erscheint gegebenenfalls ein Warnhinweis, dass die Ränder außerhalb des Druckbereichs liegen; bestätigen Sie in diesem Fall mit *Ja.*)

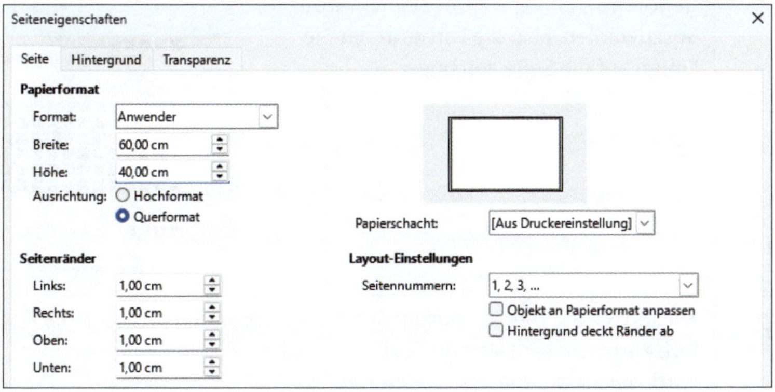

5. Bestätigen Sie Ihre Einstellungen mit *OK*. Die Seitengröße wird daraufhin im Arbeitsbereich des Programms angepasst.

Farbe festlegen

Standardmäßig werden die Grafiken in Draw in Farbe erstellt. Falls Sie hingegen eine Grafik in Graustufen oder eine Schwarz-Weiß-Grafik erstellen möchten, wählen Sie die gewünschte Option in der Menüleiste unter *Ansicht/Farbe* aus.

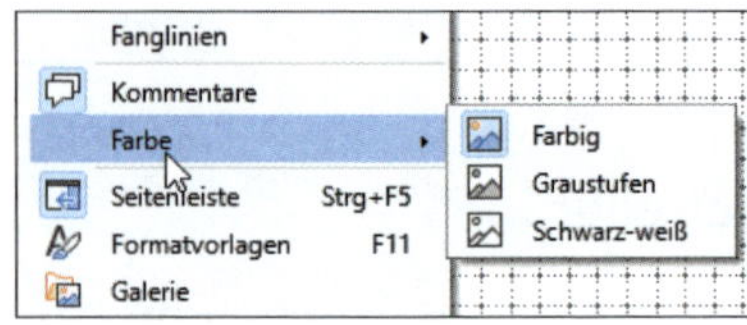

Zeichnungsfunktionen

Die Zeichnungsfunktionen sind in Draw standardmäßig bereits eingeblendet, und zwar links im Programm. Wie in den anderen Programmen lassen sich die Zeichnungsfunktionen per Symbol aus- bzw. wieder einblenden. Die folgende Tabelle gibt Ihnen einen Überblick über die Zeichnungsfunktionen.

Symbol	Funktion
	Wenn Sie einen anderen Modus gewählt hatten, z. B. den Zoommodus oder einen Zeichenmodus, wechseln Sie mit diesem Symbol zurück in den Auswahlmodus.
	Klicken Sie auf den zu diesem Symbol gehörenden Pfeil, um eine Linienfarbe auszuwählen, also die Farbe, in der Sie Linien auf die Seite zeichnen. 
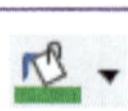	Klicken Sie auf den zu diesem Symbol gehörenden Pfeil, um die Füllfarbe anzupassen, also die Farbe, die auf die Flächen angewendet wird, die Sie auf die Seite zeichnen.

Symbol	Funktion
	Klicken Sie auf dieses Symbol, um bei gedrückter Maustaste eine Linie auf die Seite zeichnen zu können.
	Klicken Sie auf dieses Symbol, um bei gedrückter Maustaste ein Rechteck auf die Seite zeichnen zu können.
	Klicken Sie auf dieses Symbol, um bei gedrückter Maustaste eine Ellipse auf die Seite zeichnen zu können.
	Möchten Sie spezielle Linien, z. B. Pfeillinien oder Maßlinien, auf die Seite zeichnen, klicken Sie auf den zu diesem Symbol gehörenden Pfeil und wählen den Linientyp aus. Wenn Sie das Symbol direkt anklicken, wird der jeweils angezeigte Linientyp verwendet. 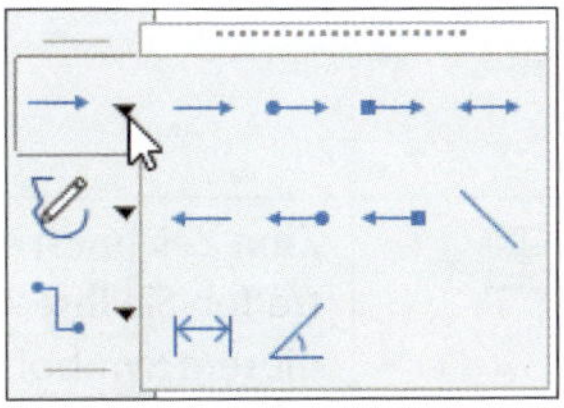
	Optionen zum Zeichnen von Freihandlinien, Kurven und Polygonen rufen Sie unter dem zu diesem Symbol gehörenden Pfeil auf. Auch hier gilt, dass Sie auch direkt den jeweils angezeigten Zeichentyp auswählen können. 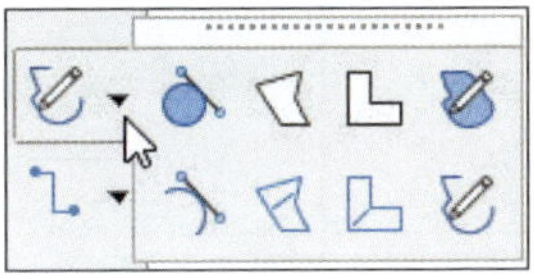
	Oder möchten Sie Verbindungslinien zeichnen? Dazu treffen Sie unter dem zu diesem Symbol gehörenden Pfeil Ihre Auswahl bzw. klicken das Symbol direkt an, um den angezeigten Verbindungslinientyp auszuwählen. Wo Verbindungslinien angebracht werden, können Sie in der Symbolleiste unter dem Symbol  festlegen. 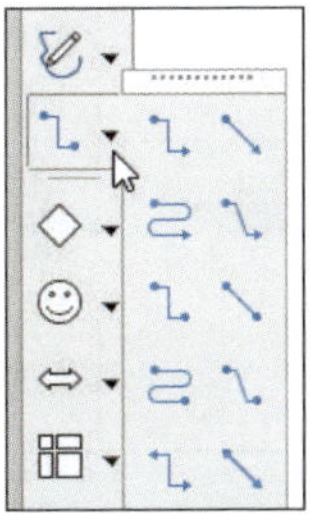
	Zum Einfügen verschiedener Grundformen – Trapez, Dreieck, Fünfeck, Zylinder usw. – nehmen Sie Ihre Auswahl unter dem zu diesem Symbol gehörenden Pfeil vor bzw. klicken die gerade auf dem Symbol angezeigte Grundform an, um diese auf die Seite zu zeichnen. 

Symbol	Funktion
	Unter dem zu diesem Symbol gehörenden Pfeil finden Sie verschiedene Symbole, z. B. Smiley, Sonne, Herz usw.
	Verschiedene Pfeilformen rufen Sie unter dem zu diesem Symbol gehörenden Pfeil auf bzw. klicken das Symbol direkt an, um den angezeigten Pfeil zu verwenden. 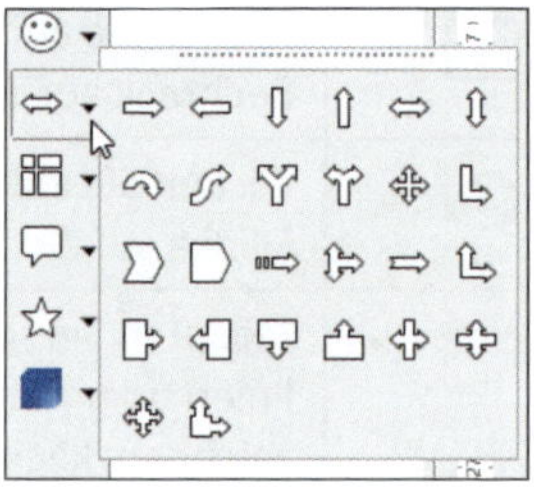
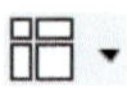	Zum Zeichnen eines Flussdiagramms treffen Sie Ihre Auswahl unter dem zu diesem Symbol gehörenden Pfeil. 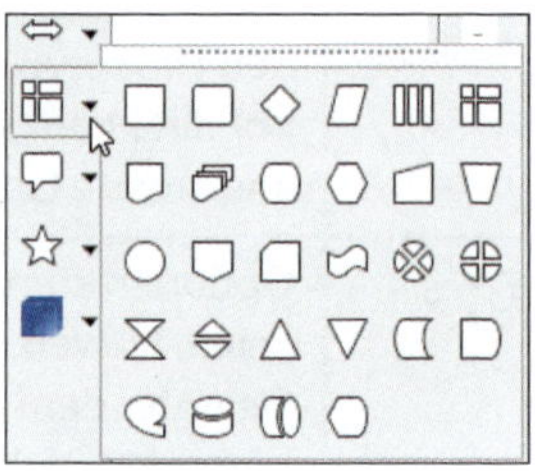
	Unter dem zu diesem Symbol gehörenden Pfeil finden Sie verschiedene Sprechblasen zum Einfügen von Legenden.
	Sternformen verschiedener Art rufen Sie unter dem zu diesem Symbol gehörenden Pfeil auf.
	Möchten Sie verschiedene 3D-Objekte auf die Seite zeichnen, treffen Sie Ihre Auswahl unter dem zu diesem Symbol gehörenden Pfeil. 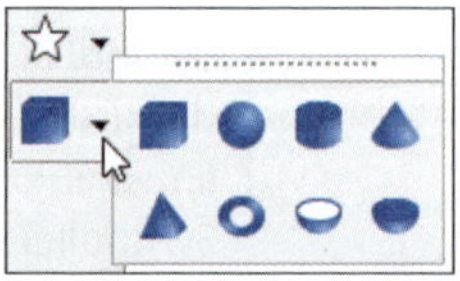

Weitere Inhalte einfügen

Auch in Draw lassen sich weitere Inhalte einfügen, z. B. Textfelder oder Bilder. Die entsprechenden Optionen finden Sie, wie in den anderen LibreOffice-Programmen, in der Symbolleiste (z. B.  zum Einfügen eines Textfeldes,  zum Einfügen eines Bildes usw.) bzw. in der Menüleiste unter *Einfügen*.

Formatieroptionen

Was für Zeichnungen Sie mit Draw anfertigen, bleibt völlig Ihnen überlassen: Sie können damit beispielsweise individuelle Grußkarten erstellen, aber auch komplexe technische Zeichnungen anfertigen. Wie Sie Formen in die Seite einfügen und dann formatieren, zeigt Ihnen das folgende einfache Beispiel:

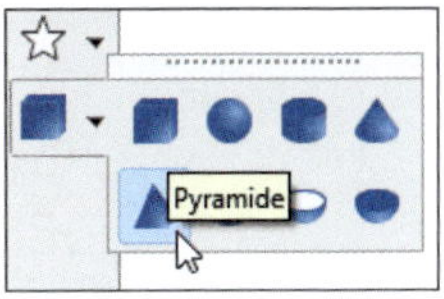

1. Klicken Sie jeweils die benötigte Zeichnungsfunktion an.
2. Klicken Sie auf der Seite an die Stelle, an der Sie ein Element einfügen möchten. Halten Sie die Maustaste gedrückt und ziehen Sie das Element – hier eine Pyramide – auf die gewünschte Größe.
3. Um das Element nachträglich zu verschieben, klicken Sie es an und ziehen es bei gedrückter Maustaste an eine andere Position.
4. Möchten Sie ein Element nachträglich in der Größe verändern, klicken Sie es an, um es auszuwählen. Klicken Sie dann auf eine der Markierungen oder am Rand des Elements und ziehen es bei gedrückter Maustaste größer bzw. kleiner.
5. Soll ein Element gedreht werden, klicken Sie es zweimal an, sodass rote Markierungen angezeigt werden. Klicken Sie nun auf eine der roten Markierungen und ziehen Sie bei gedrückter Maustaste, um das Element zu drehen.

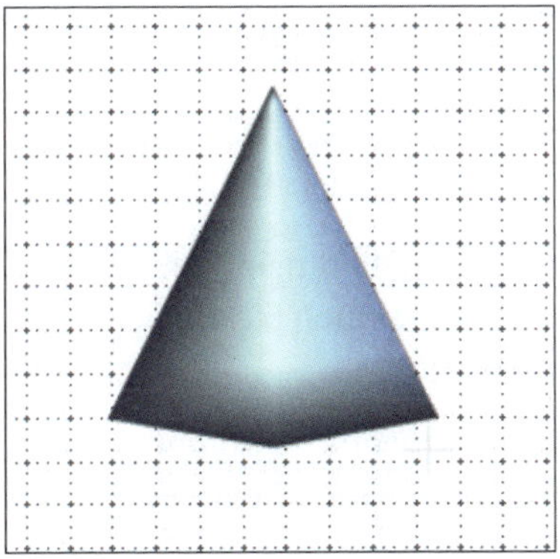

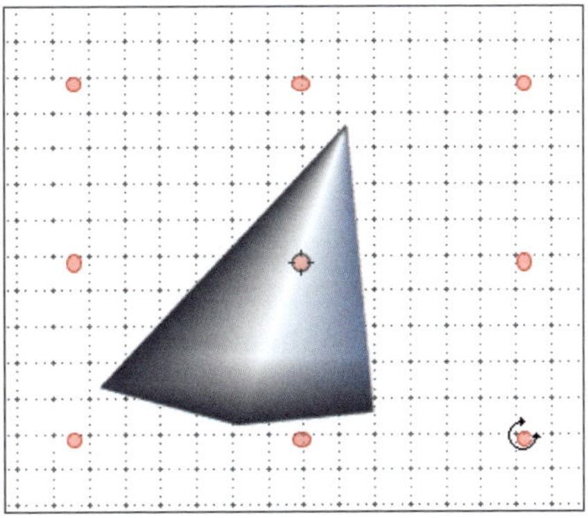

6. Wenn Sie ein Element ausgewählt haben, werden Ihnen im Aufgabenbereich rechts passende Formatieroptionen angezeigt. Sollten diese ausgeblendet sein, rufen Sie sie per Mausklick auf das Symbol auf. Nehmen Sie hier Ihre Anpassungen vor, etwa das Ändern der Füllfarbe. Die Änderungen werden prompt für das ausgewählte Element übernommen.

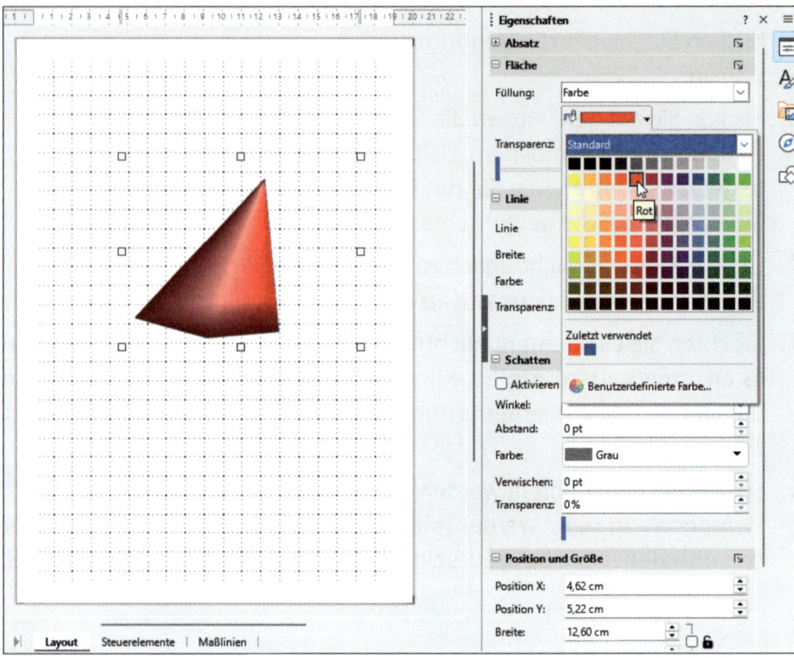

Gruppieren

Sie können mehrere Elemente gleichzeitig formatieren, indem Sie diese als Gruppe bearbeiten. Um das zu bewerkstelligen, ziehen Sie zunächst mit der Maus einen Auswahlrahmen um die Elemente.

Wählen Sie anschließend in der Menüleiste *Form/Formen gruppieren/Gruppieren*, dann können Sie, wie bei einem einzelnen Element, in der Leiste rechts die gewünschten Formatieroptionen verwenden.

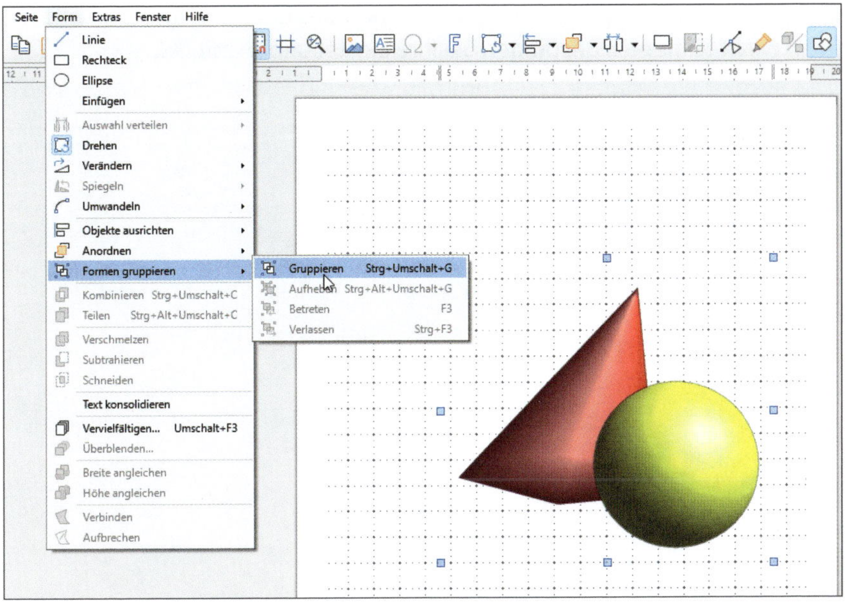

Hier werden mehrere Elemente gruppiert, um sie anschließend als Gruppe bearbeiten zu können.

Möchten Sie die Elemente wieder einzeln formatieren, heben Sie die Gruppierung auf, indem Sie sich in der Menüleiste für *Form/Formen gruppieren/Aufheben* entscheiden.

Ausrichten

Das Positionieren eines Elements kann, wie bereits erwähnt, durch Ziehen bei gedrückter Maustaste erfolgen. Für ein präzises Ausrichten auf der Seite finden Sie aber auch Optionen in einem Ausklappmenü, wenn Sie sich in der Menüleiste für *Form* entscheiden und dann den Mauszeiger auf den Eintrag *Objekte ausrichten* bewegen.

Wählen Sie beispielsweise eine zentrierte Ausrichtung oder eine Ausrichtung oben auf der Seite.

Für eine andere Positionsangabe klicken Sie ein Element mit der rechten Maustaste an und wählen im Kontextmenü den Eintrag *Position und Größe*. Im sich öffnenden Dialogfeld können Sie die Position des Elements im Abschnitt *Position* exakt festlegen. Bestätigen Sie Ihre Einstellungen mit *OK*.

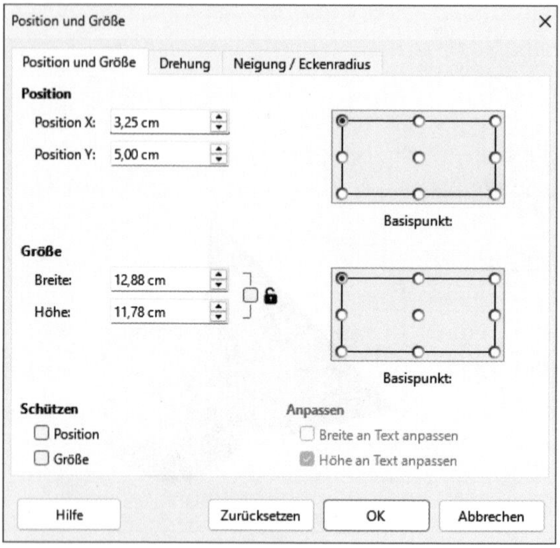

Position, aber auch Größe des Elements lassen sich in diesem Dialogfeld exakt festlegen.

Exportieren

Das Ausdrucken einer Zeichnung erfolgt wie das Ausdrucken von Dokumenten in den anderen Programmen per Mausklick auf das Symbol 🖶. Doch häufiger werden Sie eine Zeichnung als Grafikdatei exportieren wollen. Hierzu gehen Sie folgendermaßen vor:

1. Klicken Sie in der Symbolleiste auf das Symbol 🗋 bzw. wählen Sie in der Menüleiste *Datei/Exportieren*.
2. Bestimmen Sie den Speicherort für die zu exportierende Datei.
3. Vergeben Sie im Feld *Dateiname* eine sinnvolle Bezeichnung für die zu exportierende Datei.
4. Wählen Sie im Drop-down-Menü einen Dateityp aus, etwa *PNG*.

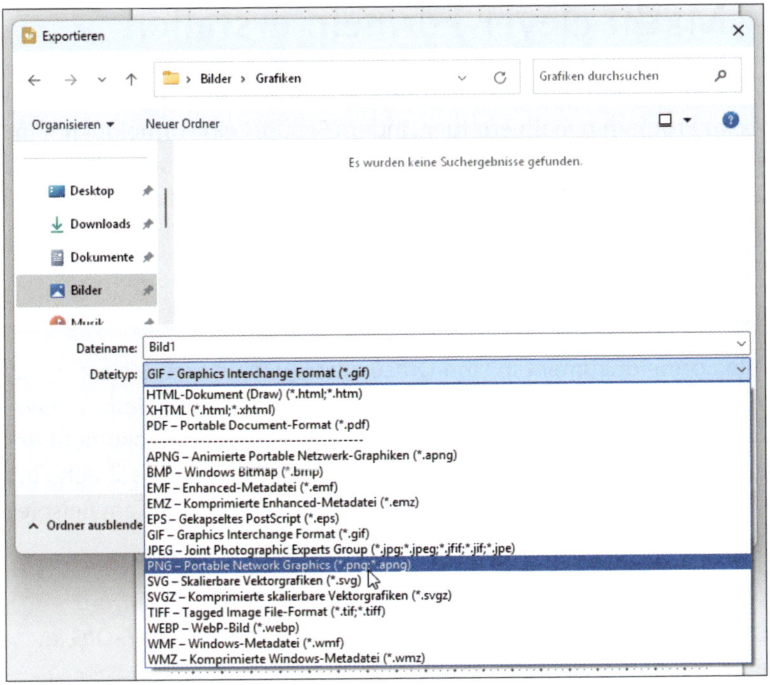

5. Bestätigen Sie mit *Speichern*.
6. Im folgenden Dialogfeld lassen sich nun noch verschiedene Einstellungen zur exportierten Datei vornehmen, unter anderem lässt sich die Bildgröße anpassen. Achtung! Die Angabe der Auflösung erfolgt standardmäßig in Pixel pro Zentimeter – gängig ist jedoch die Angabe in Pixel pro Zoll; im Dropdown-Menü können Sie das allerdings umstellen.
7. Bestätigen Sie mit *OK*, um die Grafikdatei zu exportieren.

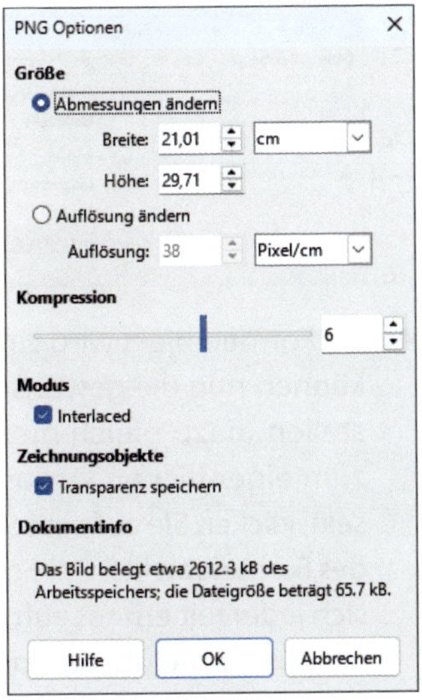

6. Math: clever Formeln erstellen

Mit dem Programm Math erstellen Sie Formeln aller Art. Dies kann entweder direkt im Programm Math erfolgen, indem Sie dort ein Formeldokument anlegen, oder aber – und dies wird weitaus häufiger der Fall sein – in einem der anderen LibreOffice-Programme. Wie Sie den in vielen Fällen nützlichen Formeleditor perfekt verwenden, zeigt Ihnen dieses Kapitel.

Math aufrufen

Um ein Formeldokument in LibreOffice anzulegen, klicken Sie auf der allgemeinen Benutzeroberfläche von LibreOffice auf den Eintrag *Math Formel* – das Programm wird daraufhin mit einem neuen leeren Formeldokument gestartet. Um hingegen in einem anderen LibreOffice-Programm auf den Formeleditor zurückzugreifen, gehen Sie wie folgt vor (hier gezeigt am Beispiel des Programms Writer):

1. Klicken Sie in der Menüleiste auf *Einfügen*.
2. Bewegen Sie den Mauszeiger im Menü auf den Eintrag *OLE-Objekt*.
3. Entscheiden Sie sich im Ausklappmenü für den Befehl *Formelobjekt*.

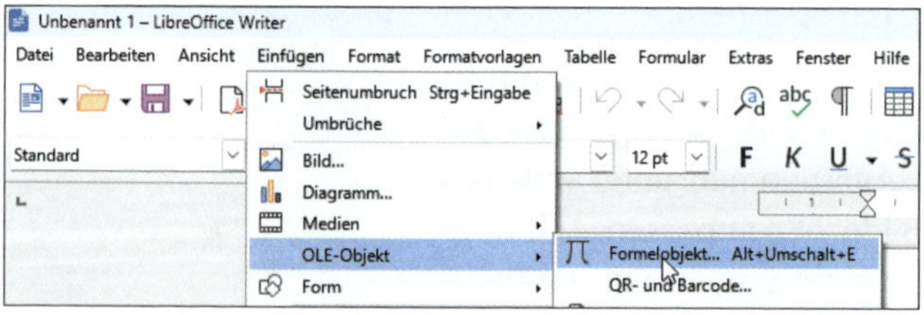

4. Ein Formelobjekt wird eingefügt und Sie können nun die gewünschte Formel erstellen (dazu gleich mehr). Um zurück zum eigentlichen Dokument zu wechseln, klicken Sie auf eine Stelle außerhalb des Formelobjekts. Der Formeleditor lässt sich jederzeit erneut aufrufen, indem Sie auf das Formelobjekt doppelklicken.

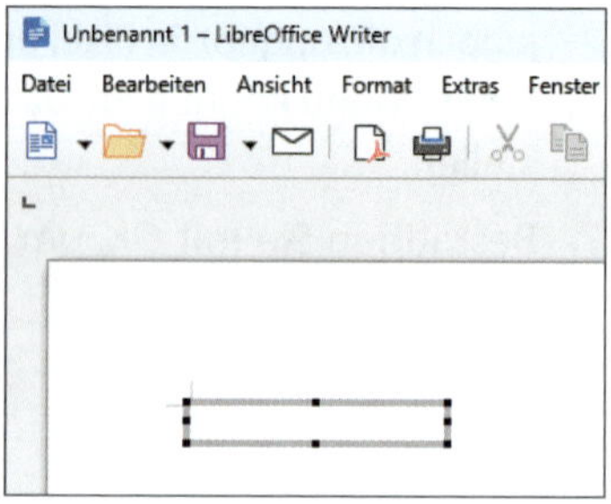

Formel erstellen

Der Formeleditor besteht aus drei unterschiedlichen Bereichen. Im Dokumentbereich sehen Sie das Formelobjekt so, wie es ins Dokument eingefügt wird. Unterhalb des Dokumentbereichs sehen Sie einen Quelltextbereich, in dem die Befehle für die einzelnen Formelelemente stehen.

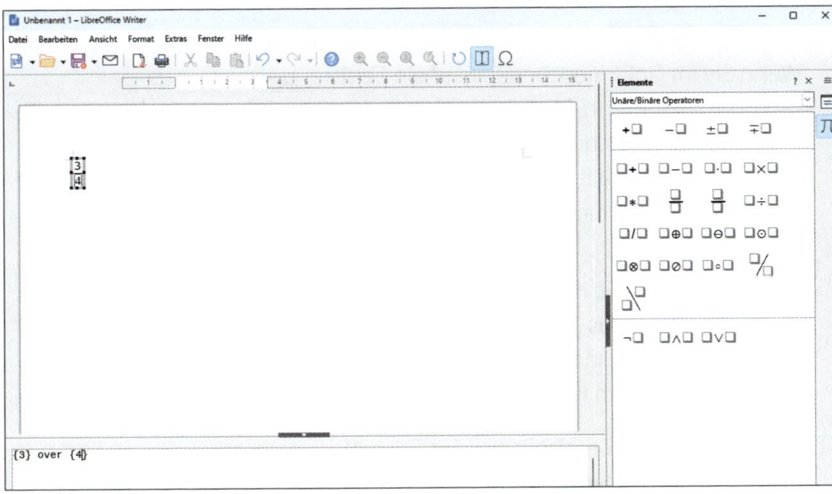

Der Quelltext {3} over {4} erzeugt im Formeldokument einen Bruch (3/4).

Besonders wichtig ist der Aufgabenbereich rechts. Dort wählen Sie die benötigten Formelelemente aus. Entscheiden Sie sich dazu im Drop-down-Menü für eine Formelkategorie, klicken Sie das Formelelement an, das Sie verwenden möchten, und füllen Sie das Element anschließend mit Ihren eigenen Inhalten. Die folgende Schrittanleitung wird das Ganze erhellen:

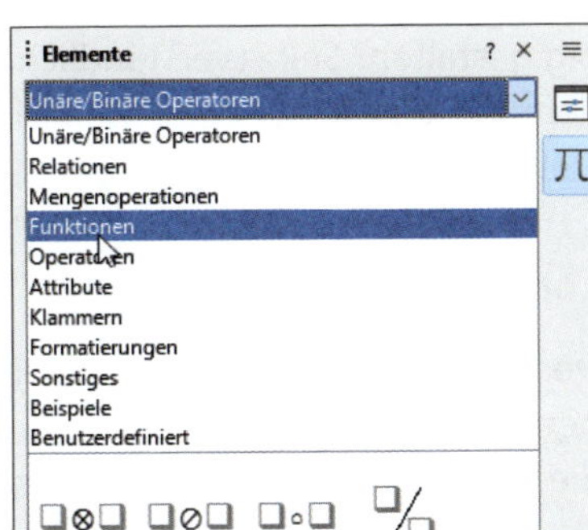

1. Sie haben bereits ein Formelobjekt ins Dokument eingefügt. Klicken Sie nun im Aufgabenbereich rechts auf das Drop-down-Menü, um es zu öffnen. Wählen Sie eine Formelkategorie aus, z. B. *Funktionen*.

2. Die zur gewählten Kategorie passenden Formelelemente werden Ihnen angezeigt. Klicken Sie ein Formelelement an, das Sie verwenden möchten.

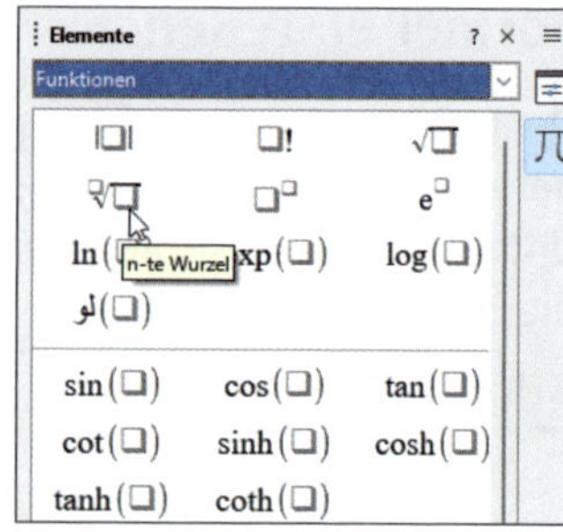

3. Das Formelelement wird Ihnen nun sowohl im Dokumentbereich als auch im Quelltextbereich angezeigt.

   Wenn Sie im Dokumentbereich auf ein Feld des Formelelements klicken, wird der entsprechende Bereich im Quelltextfeld blau unterlegt dargestellt und Sie können über die Tastatur Ihre Eingabe tätigen.

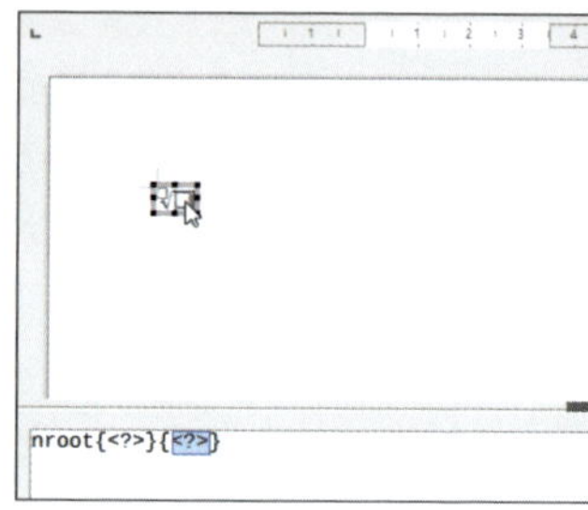

4. Möchten Sie weitere Formelelemente hinzufügen, klicken Sie im Quelltextbereich an die Stelle, an der das Formelelement eingefügt werden soll, und wählen dieses dann im Auswahlbereich links aus.

5. Möchten Sie die Bearbeitung der Formel beenden, klicken Sie auf eine Stelle außerhalb des Formelobjekts.

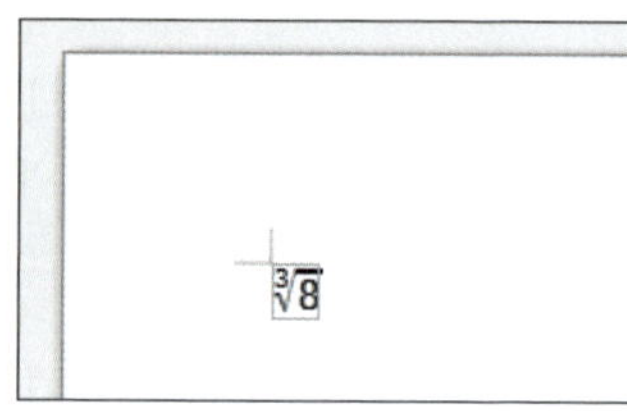

Formeln formatieren

Möchten Sie die Schriftgröße der Formeln anpassen oder Ihre Formeln farbig gestalten? Selbstverständlich lassen sich Ihre Formeln individuell formatieren, und zwar auf zwei unterschiedlichen Wegen, die im Folgenden dargestellt werden.

Format

Der erste Weg führt über die Menüleiste. Anpassungen, die Sie hier tätigen, betreffen die gesamte Formel. Die Anleitung zeigt Ihnen als Beispiel, wie Sie die Basisgröße der Formel anpassen:

1. Doppelklicken Sie gegebenenfalls zunächst auf die Formel, um wieder in den Bearbeitungsmodus zu wechseln. Klicken Sie in der Menüleiste auf *Format.*
2. Wählen Sie im sich öffnenden Menü in diesem Fall den Befehl *Schriftgrößen.*
3. Nehmen Sie im folgenden Dialogfeld Ihre Anpassungen vor, hier das Anpassen der Basisgröße.
4. Bestätigen Sie Ihre Änderungen mit *OK.*

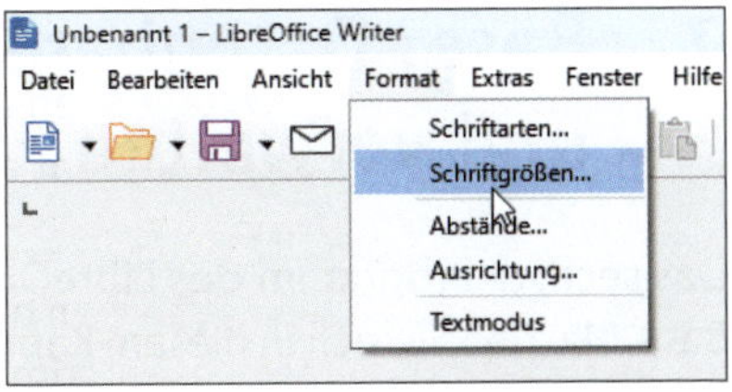

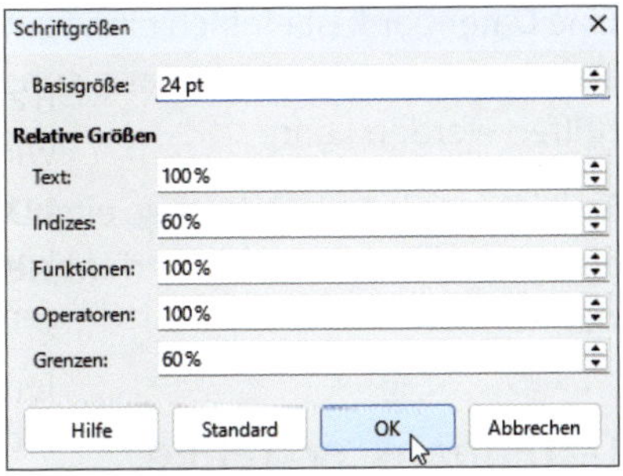

Attribute und Formatierungen

Formatierungen können sich aber auch auf einzelne Teile eines Formelelements beziehen. Hierzu finden Sie im Drop-down-Menü im Aufgabenbereich rechts unter *Attribute* sowie *Formatierungen* unterschiedliche Formatieroptionen, beispielsweise die Formatierung des im Quelltext markierten Formelteils in einer von Ihnen ausgewählten Farbe.

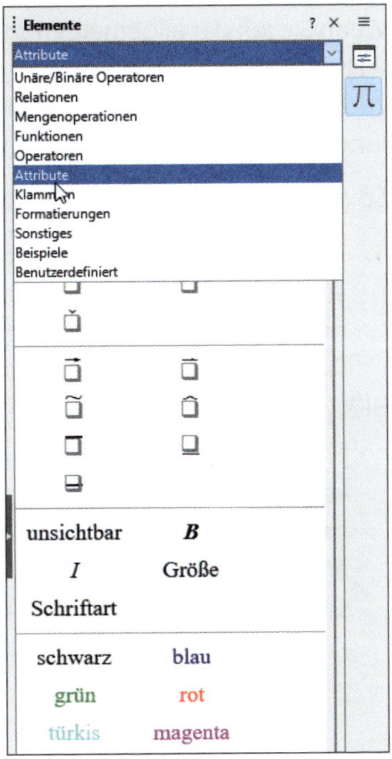

7. Base: Datenbanken anlegen und verwalten

Das sechste Programm des LibreOffice-Pakets ist das Datenbankprogramm Base. Machen Sie sich in diesem Kapitel ausgiebig mit dem Programm vertraut.

Eine Datenbank ist einfach eine Sammlung von Daten unterschiedlichster Art, auf die dann nicht nur in Base, sondern auch in anderen Programmen zugegriffen werden kann.

So können Sie beispielsweise eine Datenbank mit Adressen anlegen, die dann auch beim Erstellen von Serienbriefen im Programm Writer eingesetzt werden können.

Datenbank erstellen

Wenn Sie auf der allgemeinen Benutzeroberfläche den Eintrag *Base Datenbank* wählen, öffnet sich nicht sofort das Fenster des Programms, sondern es wird zunächst ein Datenbank-Assistent geöffnet, in dem Sie grundlegende Einstellungen zur Datenbank vornehmen und diese speichern.

So gelingt das Erstellen einer Datenbank Schritt für Schritt:

1. Entscheiden Sie sich in LibreOffice für das Erstellen einer *Base Datenbank*. (Aus den einzelnen LibreOffice-Programmen heraus wählen Sie dazu *Datei/Neu/Datenbank*.)

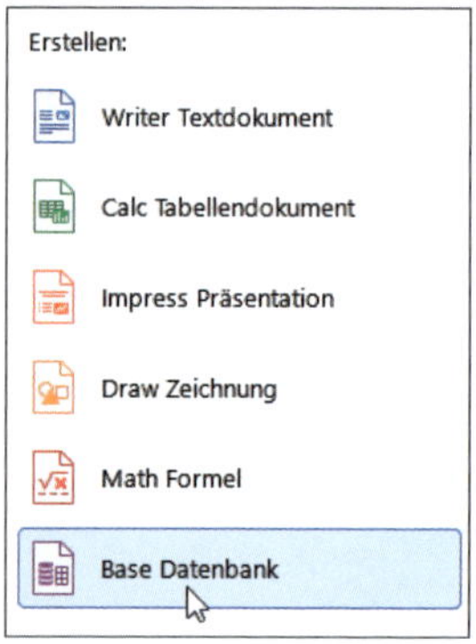

2. Im Assistenten bestätigen Sie in diesem Fall das Erstellen einer neuen Datenbank mit *Vor*. Sie könnten jedoch auch eine bestehende Datenbankdatei öffnen oder eine Verbindung mit einer anderen bereits bestehenden Datenbank herstellen (JDBC, Microsoft Access, MySQL usw.).

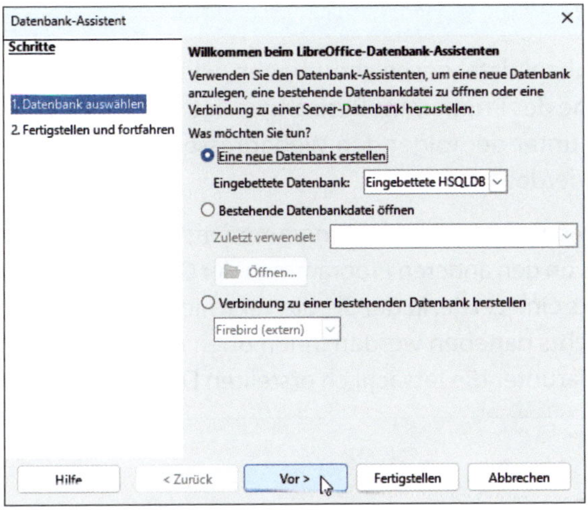

3. Es bieten sich noch einige weitere Optionen. In der Regel können Sie auch diese so belassen und mit *Fertigstellen* bestätigen.

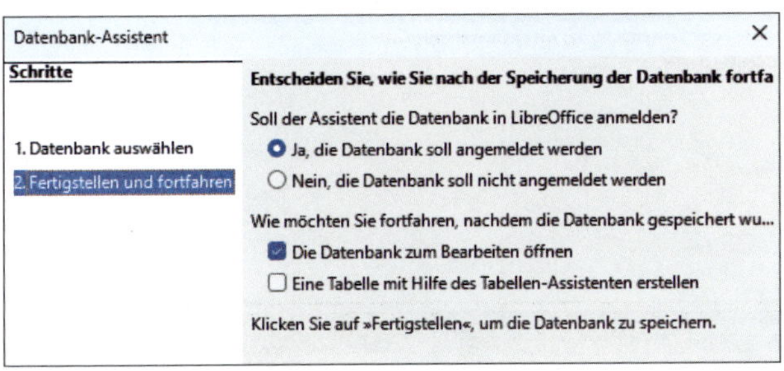

4. Nun geht es weiter wie beim Speichern anderer Dateitypen. Wählen Sie einen Speicherort für die Datenbank aus.
5. Geben Sie der Datenbankdatei eine sinnvolle Bezeichnung. Bestätigen Sie mit *Speichern*.

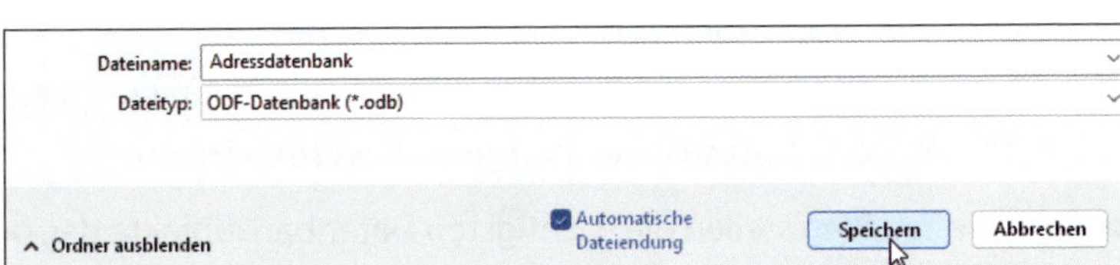

Benutzeroberfläche

Nachdem Sie die Datenbankdatei gespeichert haben, wird Ihnen die eigentliche Benutzeroberfläche des Programms Base angezeigt. Wird nach Java gefragt, laden Sie dieses unter der folgenden Webadresse aus dem Internet: https://www.java.com/de/download.

Titelleiste, Menüleiste und Symbolleiste des Programmfensters von LibreOffice Base sind Ihnen bereits von den anderen Programmen der Office-Suite vertraut. Darunter finden Sie links eine Leiste, in der Sie die verschiedenen Datenbankobjekte auswählen. Rechts daneben werden Ihnen oben die möglichen Aufgaben angezeigt und darunter die tatsächlich erstellten Datenbankobjekte.

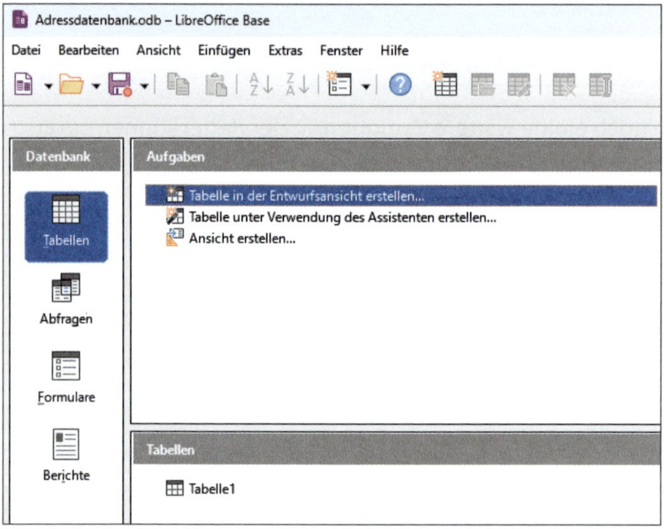

Die Benutzeroberfläche des Programms Base ist übersichtlich strukturiert und ermöglicht den schnellen Zugriff auf die unterschiedlichen Datenbankobjekte.

Datenbankobjekte im Überblick

Sie können in dem Programm vier verschiedene Datenbankobjekte erstellen, die Ihnen an dieser Stelle zunächst kurz vorgestellt werden sollen.

- **Tabellen:** Die Tabellen stellen die wichtigsten Datenbankobjekte dar, denn dort werden die Daten erstellt, die Sie in der Datenbank speichern möchten.

- **Abfragen:** Die Abfragen ermöglichen es, bestimmte Daten aus den von Ihnen erstellten Tabellen abzurufen, z. B. alle Bestellungen eines bestimmten Kunden.
- **Formulare:** Statt die Daten in den Zellen einer Tabelle darzustellen, können Sie auch Formulare erstellen. Damit gestalten Sie gleichzeitig auch die Datenbearbeitung komfortabler.
- **Berichte:** Die Berichte erlauben schließlich die übersichtliche Ausgabe Ihrer Daten – welche Informationen die Berichte enthalten sollen, bestimmen Sie dabei selbst.

Tabellen

Beginnen Sie damit, eine – oder auch mehrere – Tabellen mit Ihren Daten anzulegen. Hier soll als Beispiel eine Adressdatenbank angelegt und dann mit den zugehörigen Daten gefüllt werden.

Tabelle mit Assistent erstellen

Die Tabelle können Sie entweder in der Entwurfsansicht erstellen oder aber in einem Assistenten. Lernen Sie zunächst das Erstellen von Tabellen mit dem Assistenten kennen:

1. Links in Base soll als Datenbankobjekt *Tabellen* ausgewählt sein.
2. Klicken Sie unter *Aufgaben* auf *Tabelle unter Verwendung des Assistenten erstellen.*

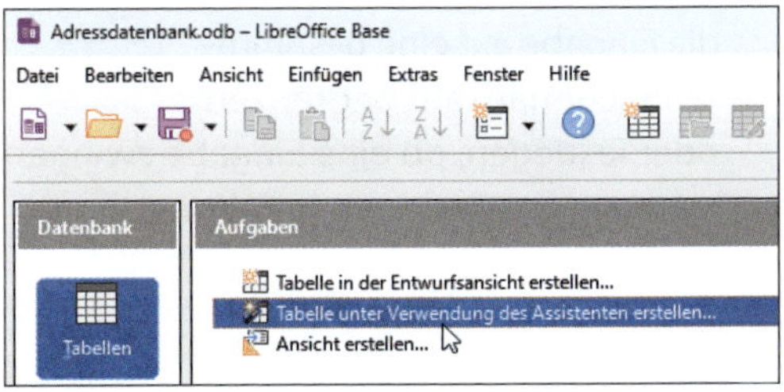

3. Wählen Sie im Tabellen-Assistenten zunächst mal eine Kategorie für Ihre Datenbank aus – im Drop-down-Menü *Beispieltabellen* finden Sie eine Vielzahl von möglichen Datenbanken sowohl für geschäftliche als auch für private Zwecke (je nach gewählter Option).

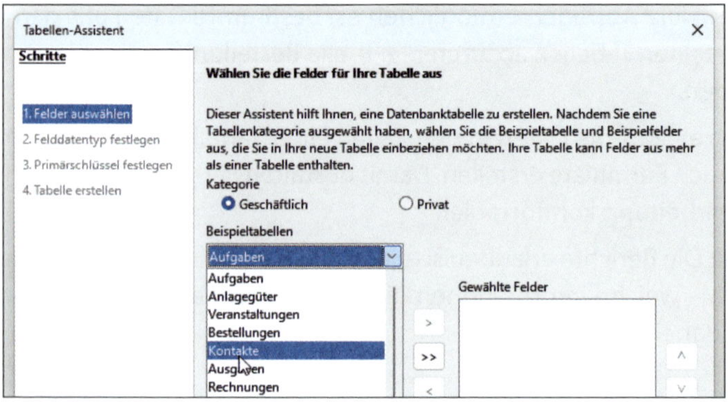

4. Nachdem Sie sich für eine Kategorie entschieden haben, werden Ihnen links die verfügbaren Felder angezeigt. Transferieren Sie die gewünschten Felder nach rechts, indem Sie ein Feld auswählen und dann auf den nach rechts weisenden Pfeil-Button klicken oder alternativ auf einen Eintrag doppelklicken. Bestätigen Sie Ihre Auswahl mit *Weiter.*

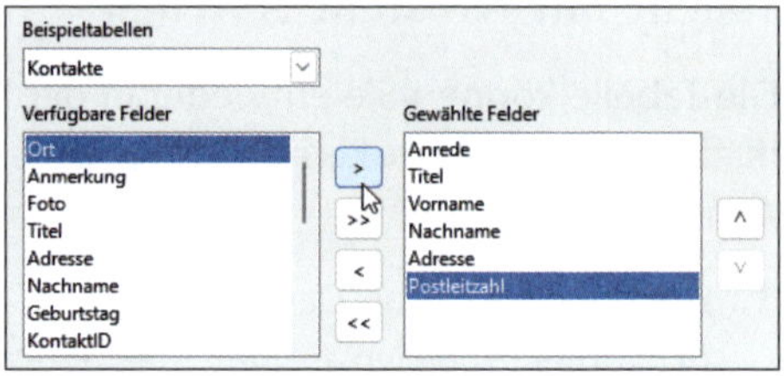

5. Im nächsten Schritt können Sie Feldtypen bestimmen (Text, Zahl usw.) sowie verschiedene Regeln für die einzelnen Felder festlegen. So können Sie die Eingabe auf eine bestimmte Zeichenanzahl begrenzen oder festlegen, ob eine Eingabe zwingend erforderlich ist oder nicht. Bestätigen Sie wiederum mit *Weiter.*

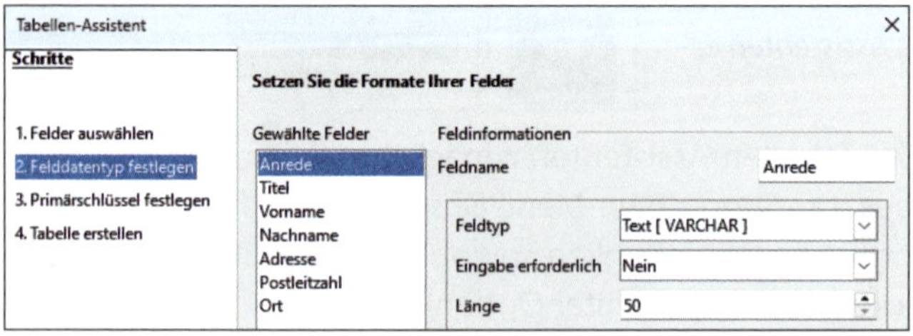

6. Bestätigen Sie anschließend das Erstellen eines sogenannten Primärschlüssels mit *Weiter.* Der Primärschlüssel dient der Identifikation von Datensätzen.

7. Geben Sie der Tabelle zum Schluss noch eine sinnvolle Bezeichnung und bestätigen Sie mit *Fertig*. Anschließend wird die Tabelle geöffnet, und Sie können Ihre Daten eingeben.

Tabelle in der Entwurfsansicht erstellen

Der Tabellen-Assistent ist recht praktisch, um bereits verfügbare Felder einfach auswählen zu können. Jedoch lässt sich eine Tabelle auch ganz individuell anlegen, und zwar in der Entwurfsansicht:

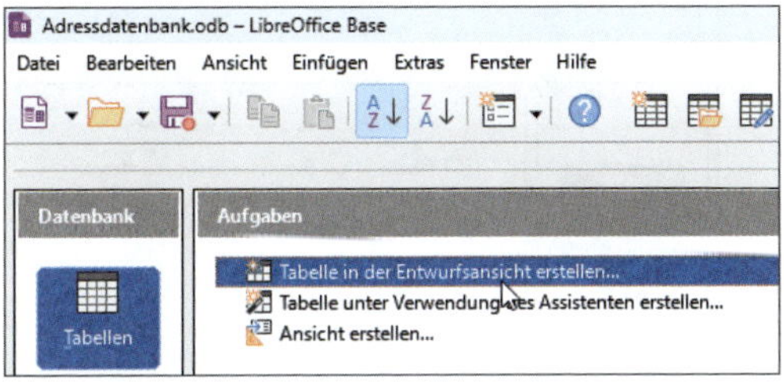

1. Wählen Sie diesmal die Aufgabe *Tabelle in der Entwurfsansicht erstellen*.
2. Geben Sie unter *Feldname* die gewünschten Felder an. Klicken Sie dazu jeweils in das Feld, das Sie ausfüllen möchten. Auch in der Entwurfsansicht lassen sich Feldtypen bestimmen, Regeln anpassen sowie optional Beschreibungen zu den Feldern eingeben.

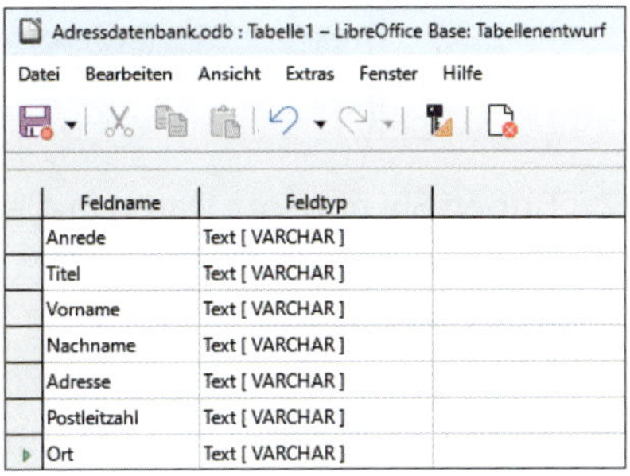

3. Nachdem Sie die gewünschten Felder angelegt haben, klicken Sie auf das Diskettensymbol zum Speichern.
4. Geben Sie der Tabelle eine sinnvolle Bezeichnung. Bestätigen Sie mit *OK*.
5. Bestätigen Sie anschließend das Erstellen des Primärschlüssels mit *Ja*. Sie können die Entwurfsansicht nun schließen.

Index erstellen

Zusätzlich zur Datenbankstruktur können Sie eine Indexstruktur erstellen, um schneller auf bestimmte Felder zugreifen zu können. Zum Erstellen eines Index klicken Sie in der Entwurfsansicht auf das Symbol.

Tabelle mit Daten füllen

Sie haben – entweder mithilfe des Assistenten oder in der Entwurfsansicht – eine Tabelle erstellt und möchten diese jetzt mit Ihren Daten füllen. Hierzu gehen Sie wie folgt vor:

1. Doppelklicken Sie im Abschnitt *Tabellen* auf die Tabelle, die Sie öffnen möchten.

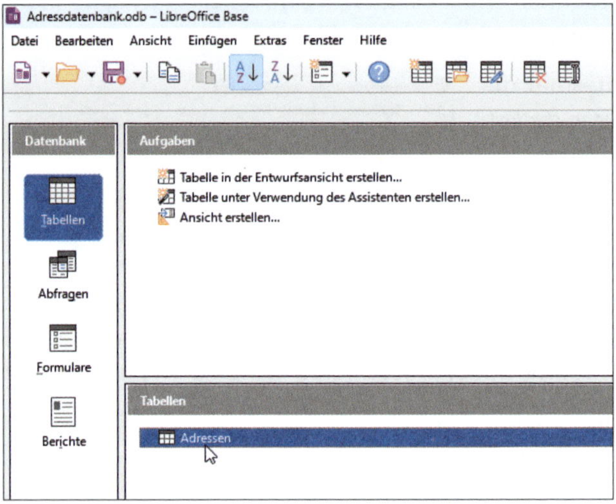

2. Tippen Sie nun Ihre Daten in die einzelnen Felder ein, wobei Sie nach der Eingabe in ein Feld jeweils die ↵-Taste drücken, um zum nächsten Feld zu wechseln. Alternativ klicken Sie in ein Feld, das Sie ausfüllen bzw. bearbeiten möchten.
3. Verwenden Sie das Diskettensymbol, um die eingegebenen Daten in der Tabelle zu speichern. Sie können das Fenster danach schließen. Sie können die Tabelle jederzeit erneut aufrufen und sowohl neue Daten eingeben als auch vorhandene Daten ändern.

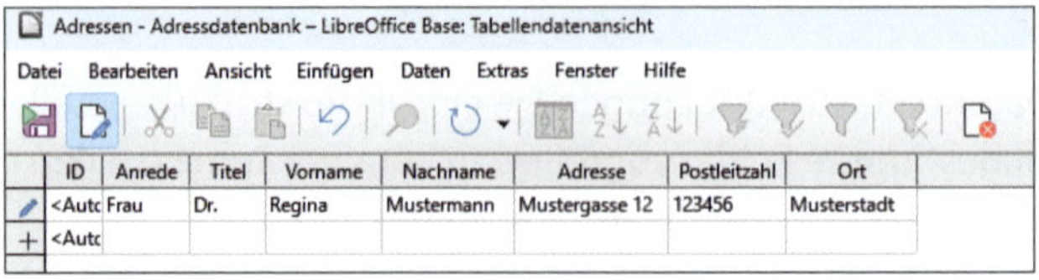

Möchten Sie eine Zeile wieder löschen, klicken Sie mit der rechten Maustaste links neben die Zeile und wählen im Kontextmenü den Eintrag *Zeilen löschen.*

Sortieren und filtern

Auch Base bietet – wie schon im Zusammenhang mit Calc kennengelernt – unterschiedliche Funktionen zum Sortieren und Filtern Ihrer Daten in der Tabelle. In Base rufen Sie diese Funktionen in der Symbolleiste auf. Klicken Sie etwa auf das Symbol A/Z↓, um die Daten aufsteigend zu sortieren, oder wählen Sie das Symbol , um den AutoFilter zu aktivieren.

Beziehungen zwischen mehreren Tabellen herstellen

In einer Datenbank lassen sich mehrere Tabellen anlegen und verwalten. Zwischen diesen Tabellen lassen sich bei Bedarf Beziehungen definieren, um die Datensätze zu verknüpfen. Zu diesem Zweck klicken Sie in der Menüleiste der Hauptbenutzeroberfläche des Programms Base auf *Extras* und wählen im sich öffnenden Menü den Befehl *Beziehungen.* Im sich öffnenden Dialogfeld wählen Sie nun zunächst die Tabellen aus und bestimmen dann – unter dem Symbol – die Beziehungen zwischen den Datensätzen.

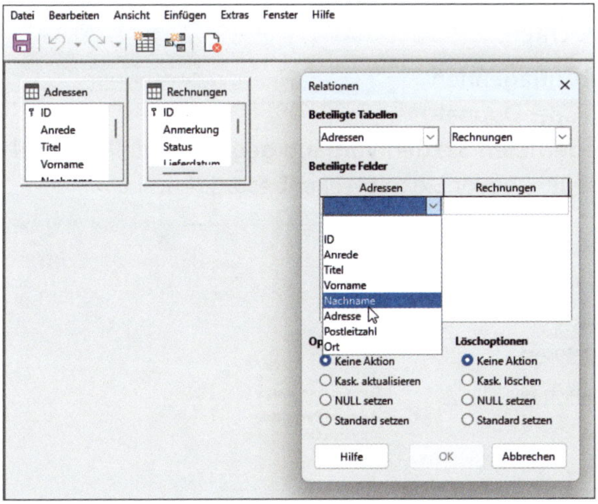

Sie können in Base Beziehungen zwischen mehreren Datensätzen definieren.

Abfragen, Formulare, Berichte

Die Tabellen sind sicherlich die wichtigsten Datenbankobjekte, da sie zunächst mal die Datenbasis schaffen. Lernen Sie auf den nächsten Seiten aber auch noch die weiteren Datenbankobjekte kennen: Abfragen, Formulare und Berichte. Es wird dabei jeweils die Verwendung des Assistenten vorgestellt.

Abfragen

Abfragen dienen – wie bereits an anderer Stelle erwähnt – dazu, bestimmte Daten aus einer von Ihnen erstellten Tabelle abzurufen. Um eine Abfrage mithilfe des Assistenten zu erstellen, gehen Sie folgendermaßen vor:

1. Klicken Sie in der Leiste links auf *Abfragen*.
2. Wählen Sie unter *Aufgaben* die Option *Abfrage unter Verwendung des Assistenten erstellen*.

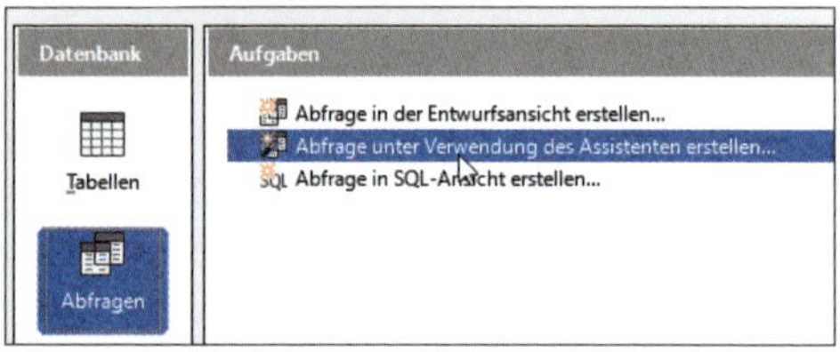

3. Im sich öffnenden Assistenten wählen Sie zunächst im Drop-down-Menü *Tabellen* die Tabelle aus, aus der Sie Daten abfragen möchten.

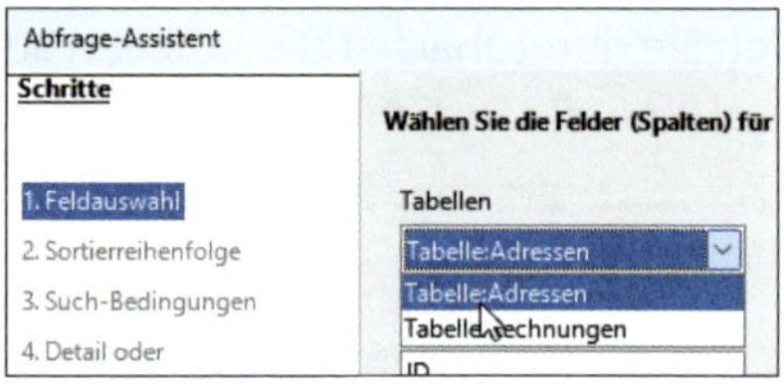

4. Transferieren Sie die abzufragenden Felder per Pfeil-Button oder Doppelklick nach rechts. Wiederholen Sie den Vorgang gegebenenfalls mit Feldern aus anderen Tabellen, bevor Sie mit *Weiter* bestätigen.

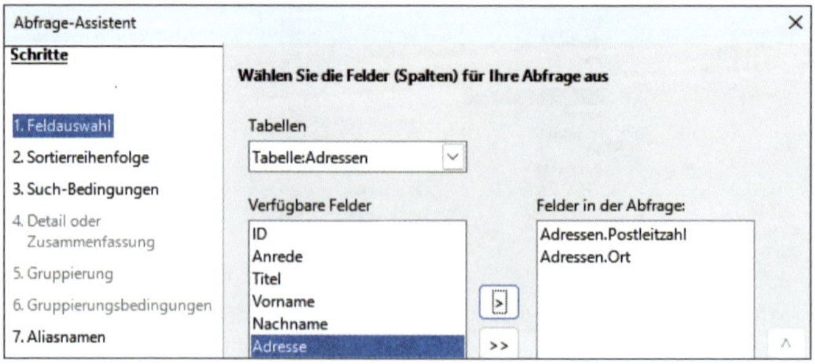

5. Legen Sie im nächsten Schritt eine Sortierreihenfolge fest und bestätigen Sie mit *Weiter.*
6. Als Nächstes lassen sich Suchbedingungen festlegen und wiederum mit *Weiter* bestätigen. In diesem Fall sollen nur solche Postleitzahlen abgerufen werden, die einen bestimmten Wert überschreiten.

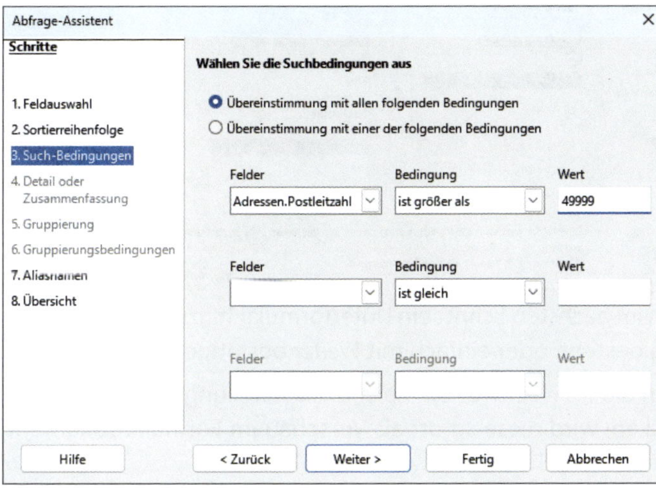

7. Anschließend lassen sich noch Aliasnamen vergeben. Sie können den Assistenten aber auch einfach mit *Fertig* abschließen. Es öffnet sich daraufhin ein Dialogfeld, in dem die nach Ihren Vorgaben abgerufenen Daten angezeigt werden.

Formulare

Um die Daten einer oder mehrerer Tabellen statt in den Zellen einer Tabelle in einem übersichtlichen Formular darzustellen, folgen Sie diesen Schritten:

1. Wählen Sie in der Leiste links *Formulare.*
2. Klicken Sie dann unter *Aufgaben* auf *Formular unter Verwendung des Assistenten erstellen.*
3. Bestimmen Sie im Drop-down-Menü *Tabellen und Abfragen*, auf welche Felder Sie zugreifen möchten.

4. Verfrachten Sie die gewünschten Felder per Pfeil-Button oder Doppelklick nach rechts und bestätigen Sie mit *Weiter.*

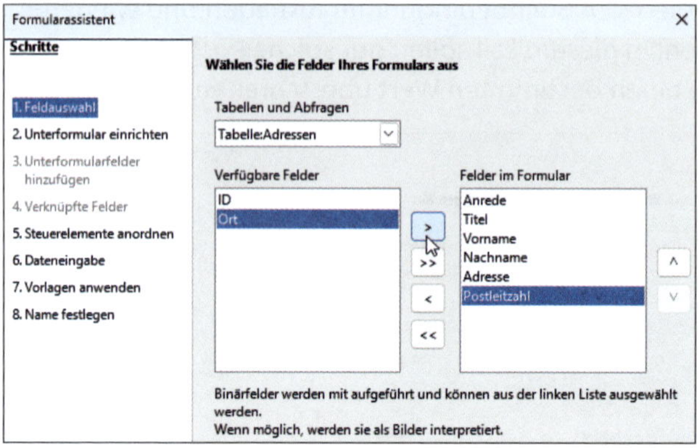

5. Sie können im nächsten Schritt ein Unterformular hinzufügen, das auf einer Beziehung besteht, oder einfach mit *Weiter* bestätigen.
6. Bestimmen Sie als Nächstes die Formulardarstellung. Wenn Sie eine Option anklicken, wird diese sofort als Vorschau im Formulardokument angezeigt. Bestätigen Sie Ihre Auswahl mit *Weiter.*

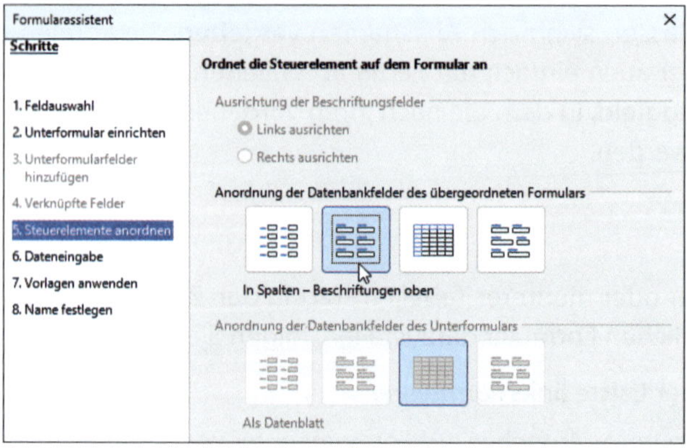

7. Als Nächstes legen Sie fest, ob bestehende Daten im Formular bearbeitet werden dürfen oder nicht und ob neue Daten hinzugefügt werden dürfen oder nicht. Bestätigen Sie mit *Weiter.*

8. Passen Sie, wenn Sie möchten, noch den Stil des Formulars an, etwa die Hintergrundfarbe. Bestätigen Sie auch das mit *Weiter*.
9. Zum Schluss können Sie noch den Formularnamen ändern oder den Assistenten einfach mit *Fertig* beenden. Das Formular wird Ihnen angezeigt.

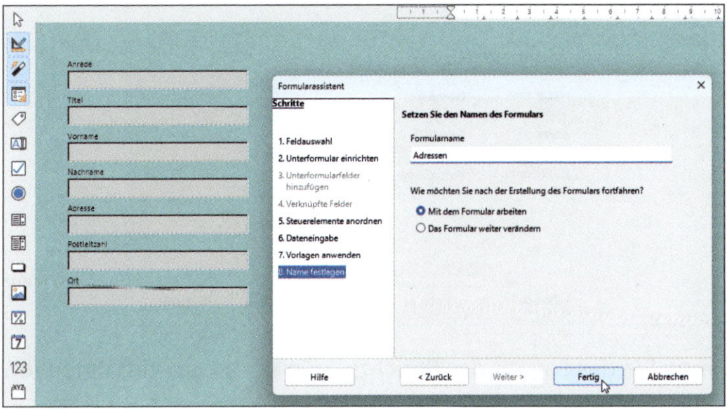

Berichte

Die Berichte dienen der übersichtlichen Ausgabe von Daten, beispielsweise um diese auszudrucken. Wie Sie zum Erstellen eines Berichts vorgehen, erfahren Sie hier:

1. Klicken Sie in der Leiste links auf *Berichte*. Entscheiden Sie sich unter *Aufgaben* für *Bericht unter Verwendung des Assistenten erstellen*.
2. Legen Sie im Assistenten erneut zunächst fest, welche Felder Sie verwenden möchten. Die Vorgehensweise entspricht der in den anderen Assistenten. Bestätigen Sie Ihre Einstellungen mit *Weiter*.
3. Anschließend lassen sich die Beschriftungen der Felder anpassen oder einfach die bereits vorhandenen Beschriftungen mit *Weiter* bestätigen.
4. Sollen einzelne Felder gruppiert werden? Diese Möglichkeit bietet sich Ihnen in diesem Schritt. Falls keine Gruppierung gewünscht ist, bestätigen Sie einfach mit *Weiter*.
5. Falls Sie eine bestimmte Sortierung wünschen, legen Sie diese als Nächstes fest. Bestätigen Sie wiederum mit *Weiter*.

6. Bestimmen Sie das Layout des Berichts – die Vorschau wird Ihnen jeweils im Berichtsdokument angezeigt – und klicken Sie erneut auf *Weiter*.

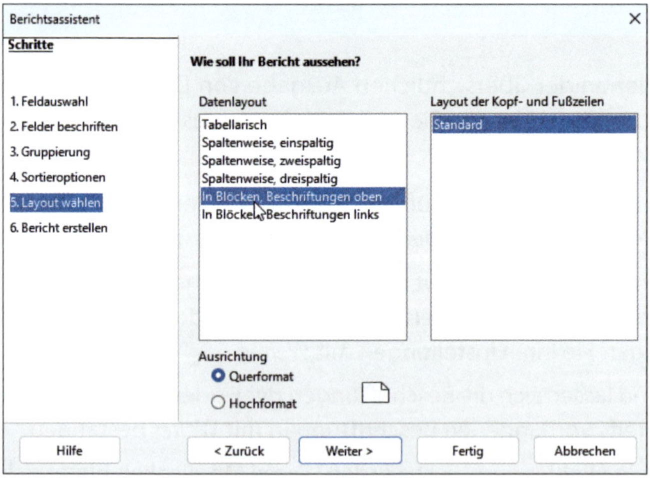

7. Entscheiden Sie zum Schluss, ob Sie einen dynamischen Bericht erstellen möchten, bei dem Änderungen übernommen werden, oder aber einen statischen Bericht. Bestätigen Sie mit *Fertig*. Der Bericht wird Ihnen daraufhin angezeigt.

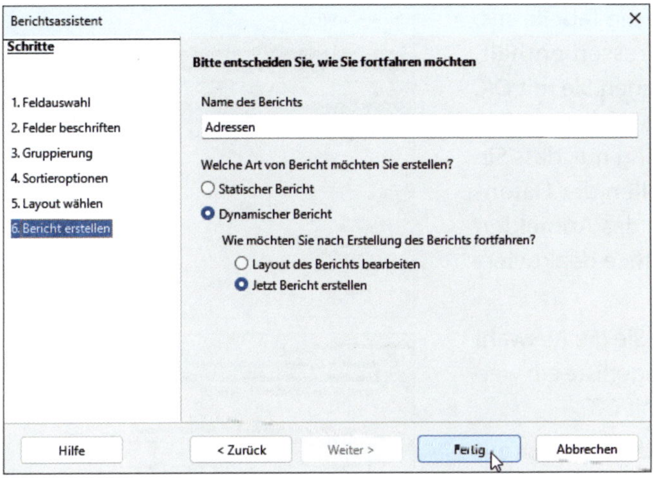

In Writer auf eine Datenbank zugreifen

Im Zusammenhang mit dem Programm Writer wurde Ihnen auch die Serienbrief-Funktion vorgestellt, die es Ihnen ermöglicht, den gleichen Brief an mehrere Empfänger zu richten. Die Eingabe der Adressen kann dabei direkt in Writer erfolgen, Sie können jedoch auch auf eine mit Base erstellte Adressdatenbank zugreifen. Hier wird gezeigt, wie Sie dazu im Serienbrief-Assistenten vorgehen:

1. Klicken Sie, wenn es im Serienbrief-Assistenten (unter *Extras/Serienbrief-Assistent*) um das Einfügen des Adressblocks geht, auf die Schaltfläche *Adressenliste auswählen*.

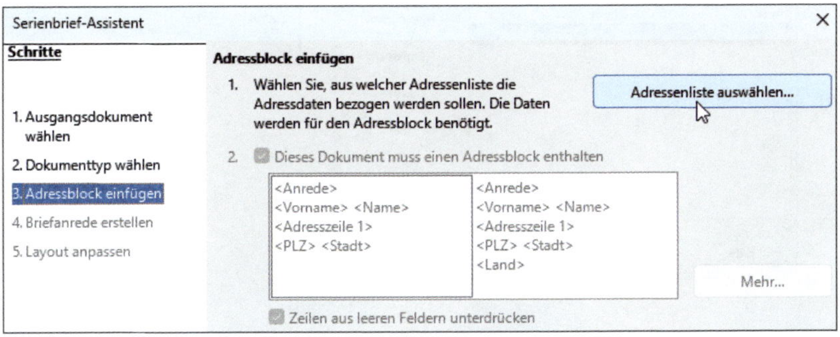

2. Wählen Sie die Tabelle aus, die die Adressen enthält, und bestätigen Sie mit *OK*. Wichtig ist in diesem Zusammenhang nur, dass Sie beim Erstellen der Datenbank nicht das Anmelden bei LibreOffice deaktiviert haben.

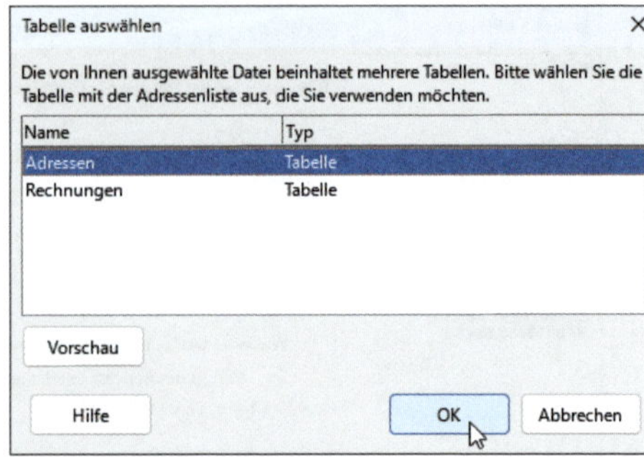

3. Bestätigen Sie die Auswahl der Empfängerliste ein weiteres Mal mit *OK*.
4. Klicken Sie danach noch auf *Felder zuordnen*.
5. Ordnen Sie im folgenden Dialogfeld die einzelnen Felder dem Adressblock zu.

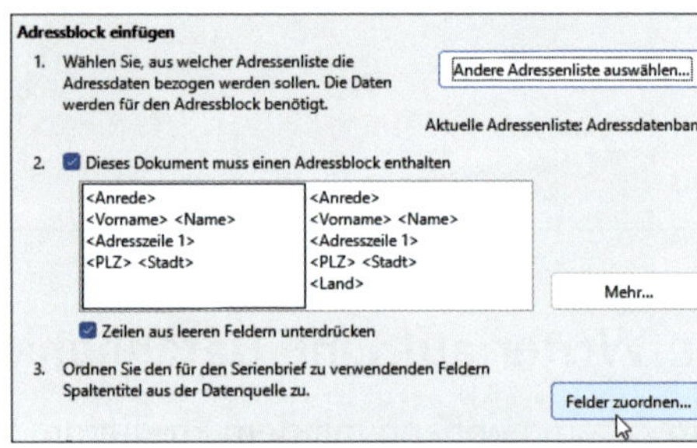

6. Bestätigen Sie mit *OK* und folgen Sie weiter dem Serienbrief-Assistenten.

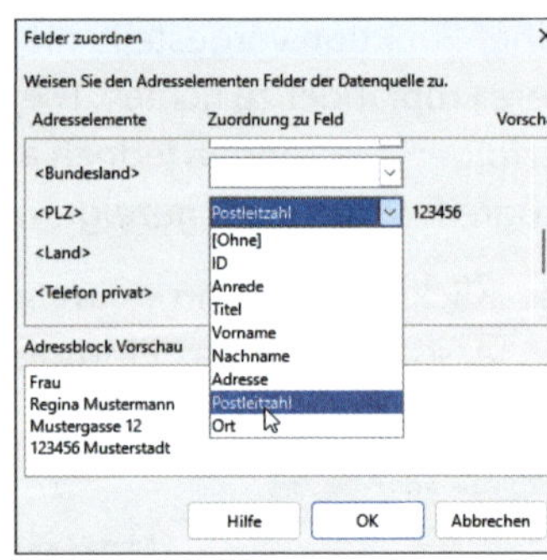

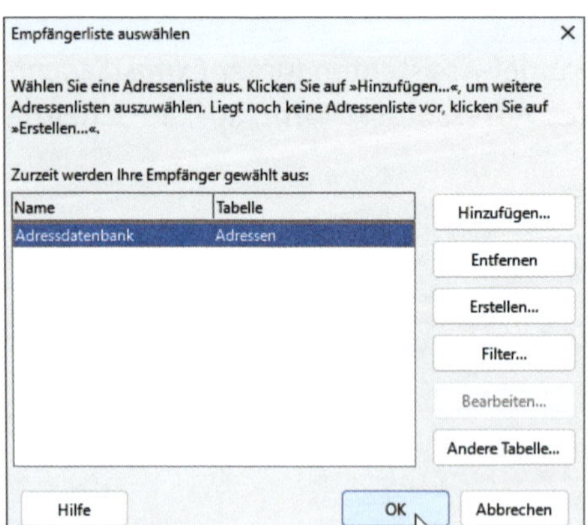

8. LibreOffice noch smarter nutzen

In den vorherigen Kapiteln dieses Buches haben Sie sich rundum mit der Nutzung der einzelnen Programme des LibreOffice-Pakets vertraut gemacht. Aber LibreOffice bietet natürlich noch viel mehr Funktionen als die bislang kennengelernten. Weitere, besonders pfiffige und nützliche Funktionen lernen Sie in diesem Kapitel kennen.

Symbolleisten anpassen

Bei den Darstellungen in diesem Buch wurden stets die Standard-Symbolleisten verwendet, jedoch lassen sich die Symbolleisten ganz nach Ihren Bedürfnissen anpassen – sodass Sie alle von Ihnen benötigten Funktionen stets griffbereit haben. Lernen Sie die verschiedenen Symbolleistenfunktionen auf den nächsten Seiten kennen.

Symbolleiste einblenden

Um in einem Programm neben den Standard-Symbolleisten eine oder mehrere weitere Symbolleisten einzublenden, klicken Sie in der Menüleiste auf *Ansicht* und bewegen den Mauszeiger im sich öffnenden Menü auf den Eintrag *Symbolleisten*. Im Ausklappmenü setzen Sie nun per Mausklick ein Häkchen

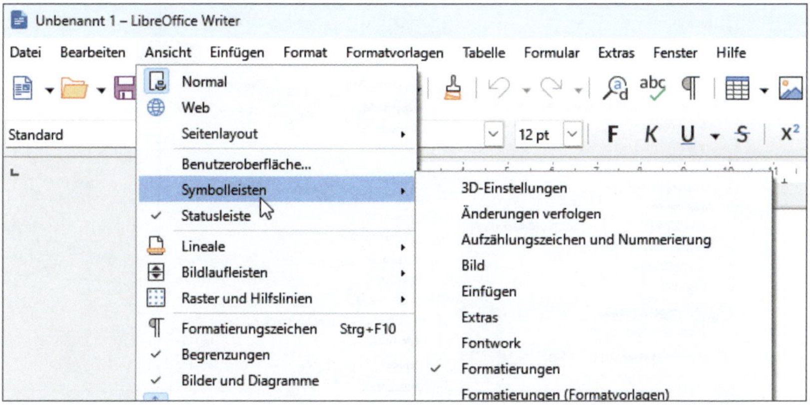

Blenden Sie diejenigen Symbolleisten ein, die Sie für Ihre Arbeit mit einem LibreOffice-Programm benötigen.

bei denjenigen Symbolleisten, die Sie einblenden möchten. Manche Symbolleisten werden dabei oben auf der Benutzeroberfläche eingeblendet (z. B. für Serienbriefe), andere hingegen im Dokumentbereich.

Schaltflächen einblenden

Innerhalb einer Symbolleiste lassen sich einzelne Schaltflächen ein- oder ausblenden. Sie blenden also das zu einer Funktion gehörende Symbol aus, wenn Sie die Funktion sowieso nicht benötigen, bzw. blenden benötigte Funktionen ein.

Zu diesem Zweck klicken Sie mit der rechten Maustaste in die Symbolleiste. Bewegen Sie den Mauszeiger im Kontextmenü auf den Eintrag *Sichtbare Schaltflächen*. Im Ausklappmenü werden die sichtbaren Symbole blau unterlegt dargestellt. Wiederum erfolgt das Aktivieren bzw. Deaktivieren per Mausklick auf einen Eintrag.

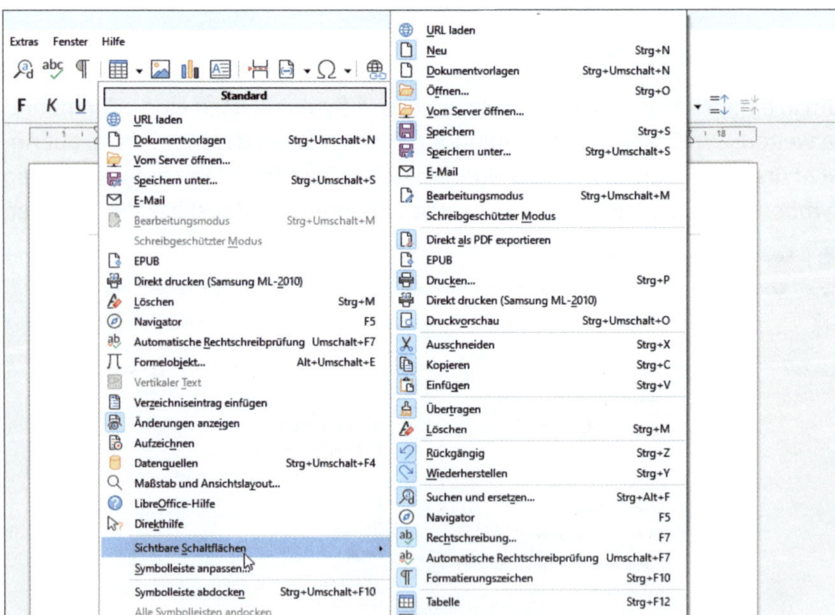

Blenden Sie benötigte Symbole in einer Symbolleiste ein, nicht benötigte Symbole blenden Sie aus.

Symbolleisten anpassen oder erstellen

Neben dem Ein- und Ausblenden von Symbolen lässt sich eine Symbolleiste auch noch weiter anpassen, beispielsweise im Hinblick auf die Reihenfolge, in der die Symbole in der Symbolleiste dargestellt werden.

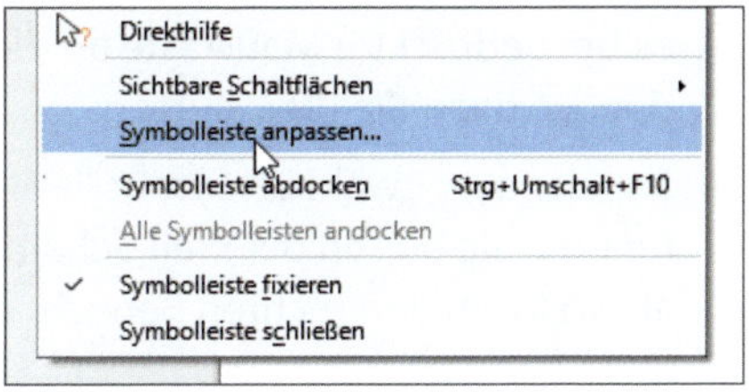

Um ein Dialogfeld zum Anpassen der Symbolleiste aufzurufen, klicken Sie mit der rechten Maustaste in die Symbolleiste und wählen im Kontextmenü den Befehl *Symbolleiste anpassen*. Alternativ klicken Sie in der Menüleiste auf *Extras/Anpassen* und entscheiden sich im folgenden Dialogfeld für die Registerkarte *Symbolleisten*.

Wählen Sie im Drop-down-Menü *Ziel* die Symbolleiste aus, die Sie anpassen möchten. Unter dem Symbol ≡ können Sie bei Bedarf auch eine neue Symbolleiste erstellen und individuell benennen, z. B. eine Symbolleiste mit den von Ihnen am allerhäufigsten benötigten Funktionen.

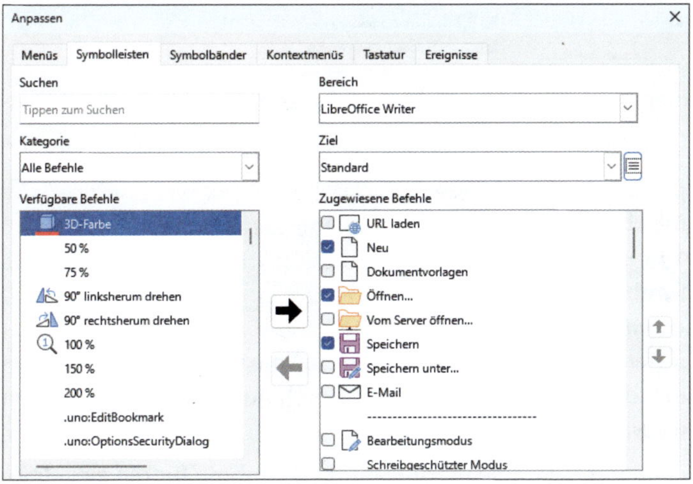

Diese Abbildung zeigt das Dialogfeld zum Anpassen der Symbolleisten.

Die folgenden Anpassungsoptionen werden Ihnen in dem Dialogfeld angeboten:

- Durch Aktivieren bzw. Deaktivieren des entsprechenden Kontrollkästchens im rechten Bereich des Dialogfelds lassen sich einzelne bereits hinzugefügte Funktionen ein- bzw. ausblenden.
- Möchten Sie ein Symbol an eine andere Position in der Symbolleiste verschieben, klicken Sie es im rechten Bereich des Dialogfelds an und ziehen es bei gedrückter Maustaste an die gewünschte Stelle. Alternativ verwenden Sie dazu die Pfeil-Buttons.
- Soll der ausgewählten Symbolleiste ein Befehl hinzugefügt werden, transferieren Sie diesen per Pfeil-Schaltfläche ➡ aus dem linken Bereich des Dialogfelds in den rechten Bereich.

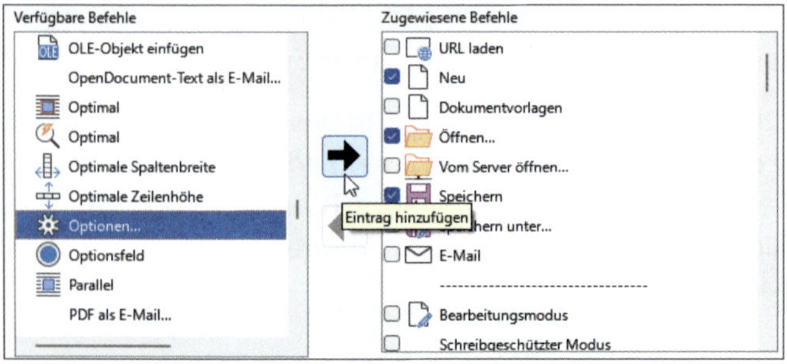

- Zum Entfernen eines Symbols wählen Sie dieses aus und drücken die Taste [Entf].
- Zum Gruppieren von Symbolen in einer Symbolleiste können Sie Trennlinien hinzufügen. Klicken Sie auf ein Symbol, wählen Sie die Schaltfläche *Einfügen* und klicken Sie dann auf *Trennlinie einfügen*, um eine Trennlinie nach dem Symbol einzufügen. Auch die Trennlinien lassen sich durch Auswählen und Drücken der [Entf]-Taste wieder entfernen.

- Möchten Sie andere Symbole als die Standardsymbole für die einzelnen Befehle anlegen? Wählen Sie ein Symbol aus, klicken Sie auf die Schaltfläche *Ändern* und entscheiden Sie sich im sich öffnenden Menü für den Befehl *Symbol austauschen*, um im folgenden Dialogfeld ein anderes Symbol auswählen zu können.

Symbolleisten zurücksetzen

Bei den Anpassungen in den Symbolleisten können Sie ruhig ein wenig experimentieren, denn Sie können die einzelnen Symbolleisten jederzeit auf die Standardeinstellungen zurücksetzen. Dazu klicken Sie im Dialogfeld zum Anpassen der Symbolleiste auf die Schaltfläche *Standards*. Bestätigen Sie das Zurücksetzen im folgenden Hinweisfenster mit *Ja*.

Symbolleiste schließen

Das Schließen einer Symbolleiste kann, wie bereits kennengelernt, unter *Ansicht/ Symbolleisten* erfolgen, indem Sie im Ausklappmenü eine eingeblendete Symbolleiste anklicken. Noch schneller geht es aber per Kontextmenü: Klicken Sie auf eine freie Fläche der Symbolleiste, die Sie schließen möchten, und wählen Sie im Kontextmenü den Befehl *Symbolleiste schließen*.

Symbolleiste verschieben

Sofern eine Symbolleiste nicht fixiert ist (dazu gleich im Anschluss mehr), können Sie diese an eine andere Position verschieben, sogar aus dem Programmfenster heraus. Zum Verschieben klicken Sie auf die gestrichelte Linie, die links in einer nicht fixierten Symbolleiste angezeigt wird. Halten Sie die Maustaste gedrückt, ziehen Sie die Symbolleiste in die gewünschte Position und lassen die Maustaste dann los.

Symbolleiste fixieren

Soll eine Symbolleiste verschoben werden dürfen oder nicht? Das entscheiden Sie, indem Sie die Symbolleiste mit der rechten Maustaste anklicken und dann im Kontextmenü den Befehl *Symbolleiste fixieren* wählen, um ein Häkchen entweder hinzuzufügen oder zu entfernen.

Menüs anpassen

Nicht nur die Symbolleisten der einzelnen LibreOffice-Programme lassen sich individuell anpassen, sondern auch die Menüs, die Sie in der Menüleiste bzw.

als Kontextmenü aufrufen. Die Optionen zum Anpassen der Menüs finden Sie ebenfalls im Dialogfeld *Anpassen*, das Sie mit *Extras/Anpassen* aufrufen. Entscheiden Sie sich anschließend für die Registerkarte *Menüs* bzw. *Kontextmenüs*. Die Anpassung erfolgt bei beiden Registerkarten auf ähnliche Weise:

- Menü auswählen: Wählen Sie im Drop-down-Menü *Ziel* das Menü aus, das Sie anpassen möchten.
- Befehl hinzufügen: Um einem Menü einen Befehl hinzuzufügen, transferieren Sie diesen per Pfeil-Schaltfläche aus dem linken Bereich des Dialogfelds in den rechten Bereich.

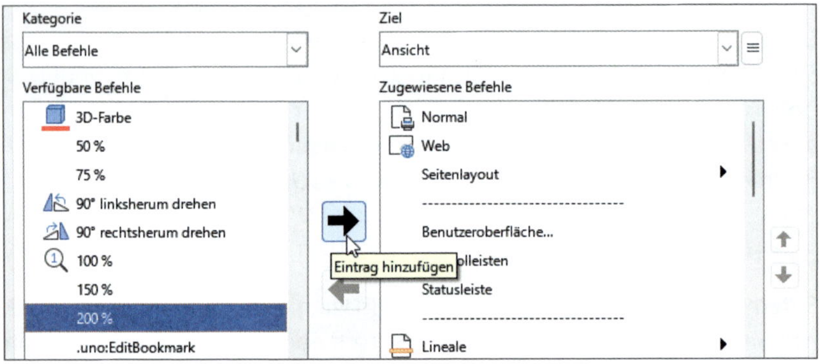

- Menü verschieben: Um ein Menü in der Menüleiste zu verschieben, klicken Sie auf das Symbol und wählen *Verschieben*. Im sich öffnenden Dialogfeld bringen Sie die Menüs mithilfe der Pfeil-Buttons in die gewünschte Reihenfolge und bestätigen mit *OK*. Diese Funktion ist nur für die Menüleiste, nicht jedoch für die Kontextmenüs gegeben.

- Menü hinzufügen: Dazu klicken Sie auf das Symbol und wählen *Hinzufügen*. Geben Sie dem Menü anschließend eine sinnvolle Bezeichnung und bringen Sie es in die gewünschte Position. Auch diese Funktion ist nur für die Menüleiste, nicht jedoch für die Kontextmenüs gegeben.

- Untermenü hinzufügen: Um Untermenüs anzulegen, klicken Sie auf die Schaltfläche *Einfügen* und wählen *Untermenü einfügen*.

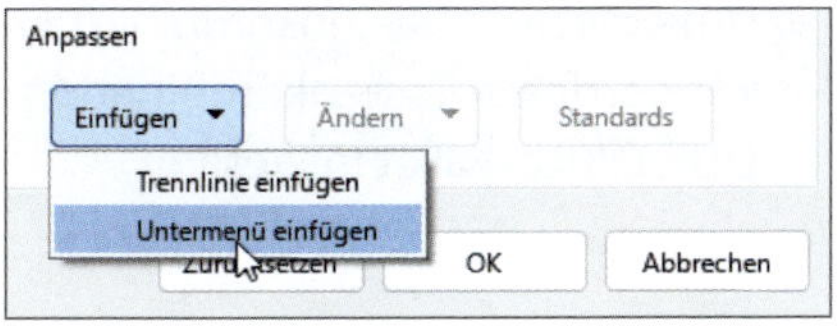

- Trennlinie hinzufügen: Möchten Sie zum Gruppieren von Befehlen Trennlinien einfügen? Dazu klicken Sie auf die Schaltfläche *Einfügen* und wählen *Trennlinie einfügen*.
- Reihenfolge anpassen: Zum Anpassen der Reihenfolge in einem Menü klicken Sie den Befehl an und ziehen ihn bei gedrückter Maustaste in die gewünschte Position. Alternativ verwenden Sie die Pfeil-Buttons.
- Befehl umbenennen: Um einen Befehl umzubenennen, klicken Sie ihn an. Wählen Sie dann die Schaltfläche *Ändern* und schließlich *Umbenennen*.
- Befehl entfernen: Zum Entfernen eines Befehls klicken Sie diesen an und drücken die Taste Entf.

Tastenkombinationen erstellen

Sie haben in diesem Buch eine ganze Reihe nützlicher Tastenkombinationen kennengelernt. Wenn Sie in der Menüleiste oder im Kontextmenü ein Menü aufrufen oder wenn Sie den Mauszeiger auf ein Symbol in der Symbolleiste bewegen, werden Ihnen gegebenenfalls verfügbare Tastenkombinationen neben dem Befehl angezeigt. Sie müssen sich aber keineswegs auf die vorhandenen Tastenkombinationen beschränken, sondern können auch eigene Tastenkürzel erstellen. Die folgende Anleitung zeigt Ihnen die Vorgehensweise:

1. Klicken Sie in der Menüleiste eines der LibreOffice-Programme auf *Extras*.
2. Wählen Sie im sich öffnenden Menü den Befehl *Anpassen*.

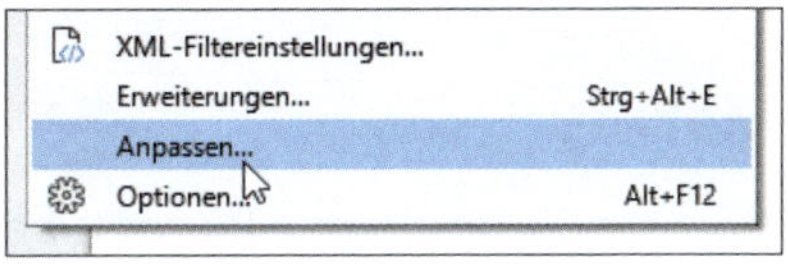

3. Es öffnet sich das Dialogfeld *Anpassen*, in dem Sie die Registerkarte *Tastatur* wählen.
4. Im Abschnitt *Tastenkombinationen* werden Ihnen die verfügbaren Tastenkombinationen angezeigt, die zum Teil bereits einer Funktion zugeordnet sind, zum größeren Teil aber noch nicht.

Um eine neue Tastenkombination zu erstellen, wählen Sie eine noch nicht zugeordnete Tastenkombination aus (sowohl im Programm als auch im LibreOffice-Paket insgesamt).

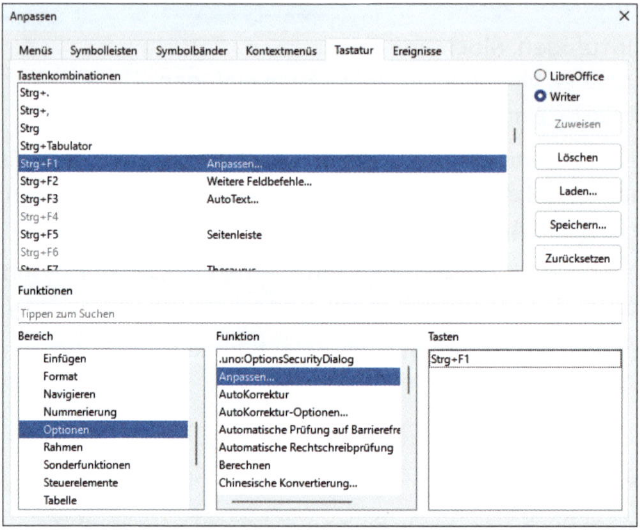

5. Im Abschnitt *Funktionen* erhalten Sie unter *Bereich* eine Kategorienauswahl und rechts daneben unter *Funktionen* eine Übersicht über die zu einer Kategorie gehörenden Funktionen. Wählen Sie eine Funktion aus, der Sie die in Schritt 4 ausgewählte Tastenkombination zuweisen möchten.
6. Klicken Sie auf die Schaltfläche *Zuweisen*. Wiederholen Sie den Vorgang gegebenenfalls mit weiteren Tastenkombinationen. Bestätigen Sie zum Schluss mit *OK* und führen Sie einen Neustart durch.

Makros

Möchten Sie bestimmte Prozesse bei der Nutzung der Programme Writer oder Calc automatisieren, sind Makros das Mittel der Wahl. Makros sind kleine Programme, die innerhalb des jeweiligen Programms laufen. Die Makros müssen aber nicht unbedingt programmiert werden, sondern lassen sich auch aufzeichnen. Alle wichtigen Informationen zum Aufzeichnen und Verwalten von Makros erhalten Sie auf den nächsten Seiten.

Makro aufzeichnen

Ein Makro aufzuzeichnen, bedeutet, dass alle Aktionen, die Sie während der Aufzeichnung durchführen, in einen Programmcode übertragen werden, der sich dann später jederzeit erneut ausführen lässt. So gehen Sie zum Aufzeichnen eines Makros vor:

1. Zunächst muss das Aufzeichnen von Makros aktiviert werden. Dazu klicken Sie in der Menüleiste auf *Extras*.
2. Wählen Sie im sich öffnenden Menü den Befehl *Optionen*.
3. Entscheiden Sie sich in den Optionen unter *LibreOffice* für den Eintrag *Erweitert*.
4. Aktivieren Sie das Kontrollkästchen *Makroaufzeichnung ermöglichen (eingeschränkt)* und bestätigen Sie mit *OK*.

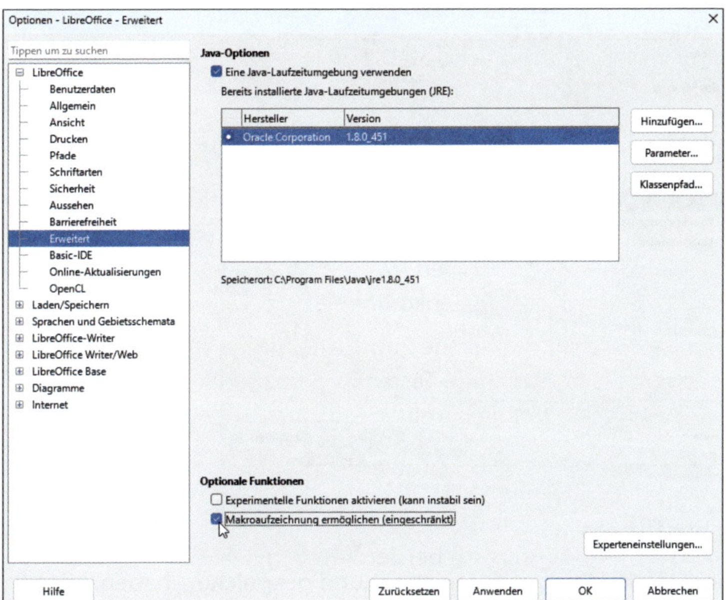

5. Wählen Sie nun in der Menüleiste von Writer oder Calc *Extras*.
6. Bewegen Sie den Mauszeiger im sich öffnenden Menü auf den Eintrag *Makros*.

7. Klicken Sie im Ausklappmenü auf *Makro aufzeichnen*. Führen Sie die gewünschten Aktionen durch, beispielsweise bestimmte Eingabe- oder Formatieraktionen.

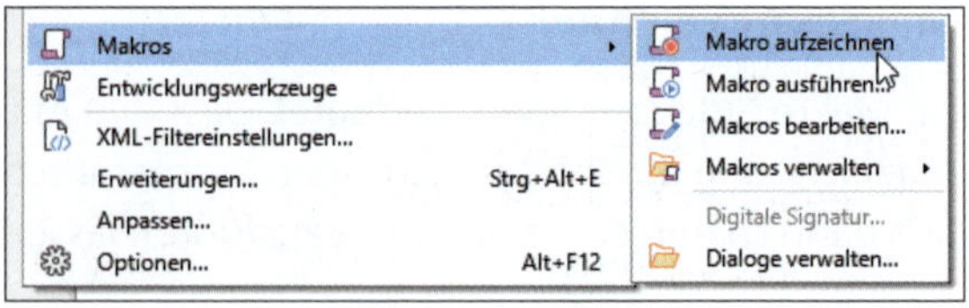

8. Wenn Sie fertig sind, klicken Sie auf die Schaltfläche *Aufzeichnung beenden*. Im sich öffnenden Dialogfeld können Sie, wenn Sie möchten, zunächst einen anderen als den vorgeschlagenen Speicherort für das Makro festlegen.

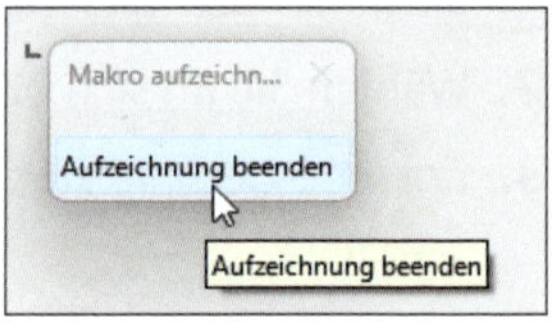

9. Geben Sie dem Makro anschließend eine sinnvolle, zusammenhängende Bezeichnung und bestätigen Sie mit *Speichern*.

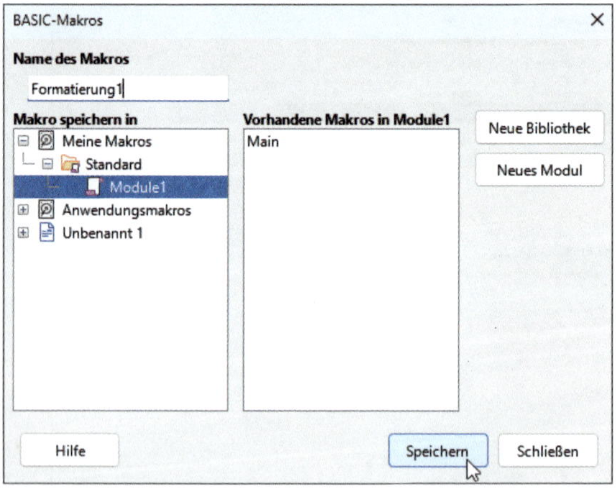

Makro ausführen

Nachdem Sie ein Makro aufgezeichnet und gespeichert haben, können Sie dieses jederzeit erneut ausführen, und zwar folgendermaßen:

1. Markieren Sie gegebenenfalls zunächst den Text, auf den per Makro eine Formatierung angewendet werden soll. Klicken Sie in der Menüleiste auf *Extras*.

2. Bewegen Sie den Mauszeiger im sich öffnenden Menü auf den Eintrag *Makros.*
3. Wählen Sie im Ausklappmenü die Funktion *Makro ausführen.*

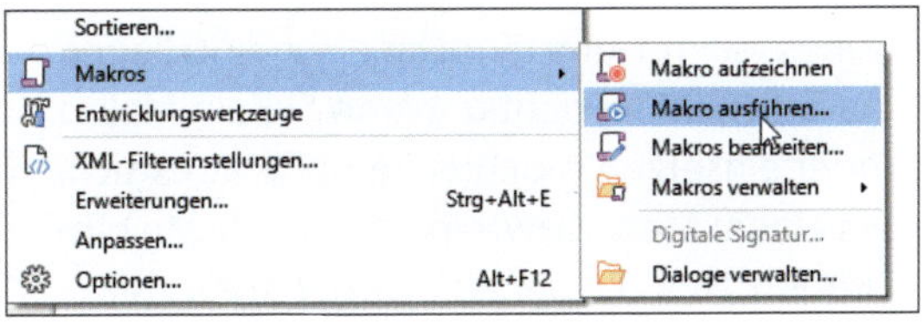

4. Öffnen Sie im folgenden Dialogfeld den Speicherort des Makros.
5. Wählen Sie ein Makro aus und bestätigen Sie mit *Ausführen.* Alternativ doppelklicken Sie auf das Makro.

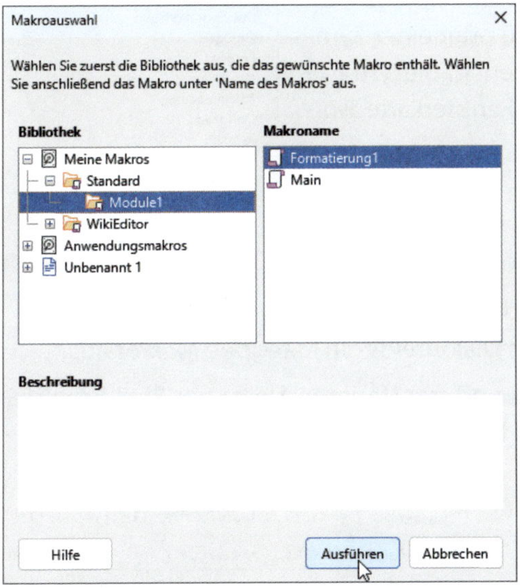

Vorhandene Makros nutzen

Auf die gleiche Weise können Sie selbstverständlich auch eines der bereits vorhandenen Makros ausführen. Schauen Sie sich diese in der Bibliothek *Anwendungsmakros* an.

Makro einem Menü hinzufügen

Wenn Ihnen der oben gezeigte Weg zum Ausführen eines Makros umständlich erscheint, liegen Sie natürlich völlig richtig. Wenn Sie ein Makro häufiger einsetzen möchten, empfiehlt es sich, dieses einem Menü bzw. einer Symbolleiste hinzuzufügen. Hier die genaue Vorgehensweise:

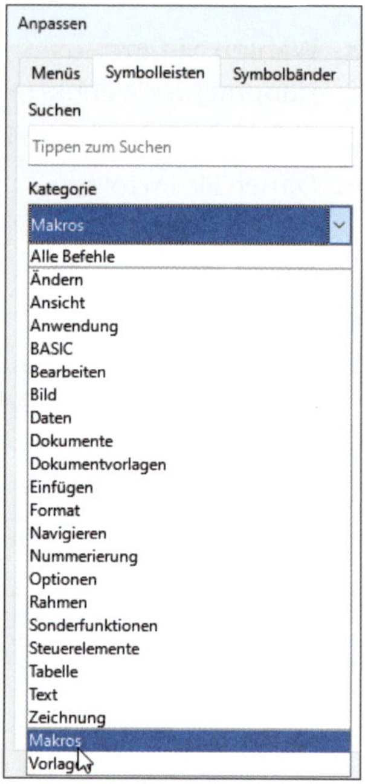

1. Klicken Sie in der Menüleiste auf *Extras*.
2. Wählen Sie im sich öffnenden Menü den Befehl *Anpassen*.
3. Entscheiden Sie im Dialogfeld *Anpassen*, ob Sie das Makro einem Menü oder einer Symbolleiste zuweisen möchten. In diesem Fall entscheide ich mich für die Registerkarte *Symbolleisten*.
4. Bestimmen Sie im rechten Bereich des Dialogfelds das Menü bzw. die Symbolleiste, der das Makro hinzugefügt werden soll.
5. Wählen Sie nun im Drop-down-Menü *Kategorie* im linken Bereich des Dialogfelds die Kategorie *Makros* aus.
6. Wählen Sie das Makro aus und transferieren Sie es per Pfeil-Schaltfläche vom linken in den rechten Bereich des Dialogfelds.

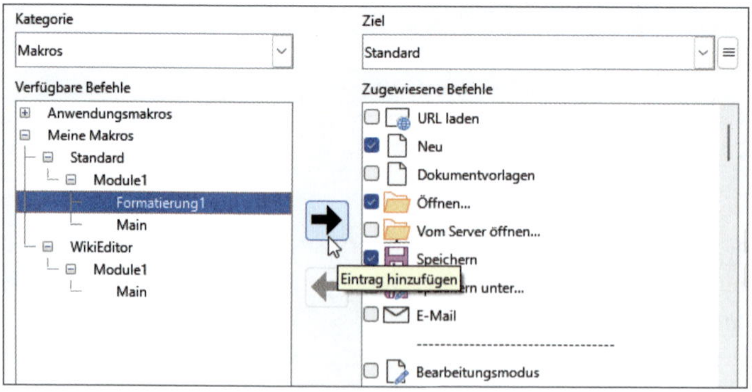

7. Schließen Sie das Dialogfeld mit *OK*. Sie stellen fest, dass das Makro nun im Menü bzw. in der Symbolleiste ausgeführt werden kann. Tipp: Wie bereits beim Anpassen der Symbolleiste gezeigt, können Sie auch noch ein passendes Symbol für das hinzugefügte Makro auswählen.

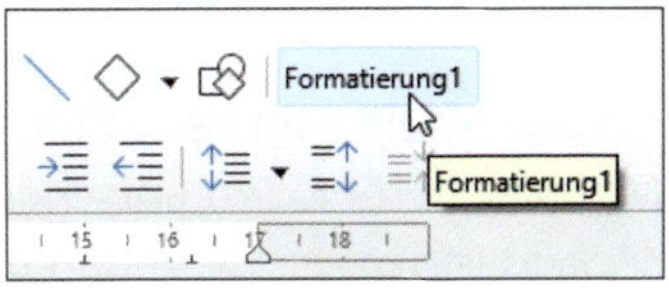

Makros bearbeiten

Sofern Sie über gewisse Programmierkenntnisse verfügen, können Sie ein aufgezeichnetes Makro nachträglich im Quelltext bearbeiten. Dazu wählen Sie in der Menüleiste *Extras/Makros/Makros bearbeiten*. Wählen Sie das Makro in der Leiste links aus, um rechts im zugehörigen Quelltext arbeiten zu können.

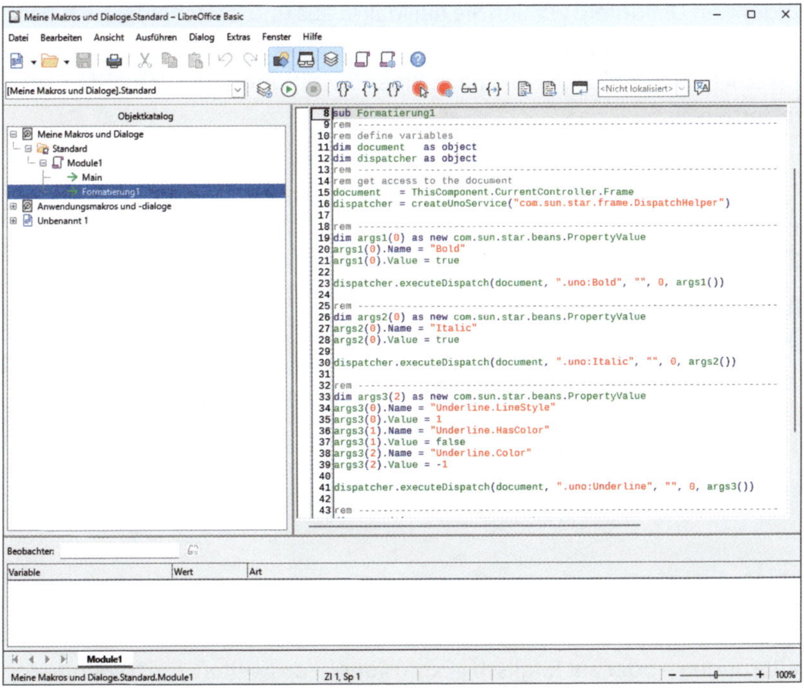

Der Quelltext eines Makros lässt sich nachträglich anpassen.

Makros verwalten

Ein Dialogfeld zum Verwalten Ihrer Makros rufen Sie auf, indem Sie sich in der Menüleiste für *Extras* entscheiden, den Mauszeiger auf *Makros* und dann auf *Makros verwalten* bewegen und schließlich im Ausklappmenü den Eintrag *Basic* wählen. Wie Sie im Ausklappmenü sehen, gibt es auch Makros in anderen Programmiersprachen.

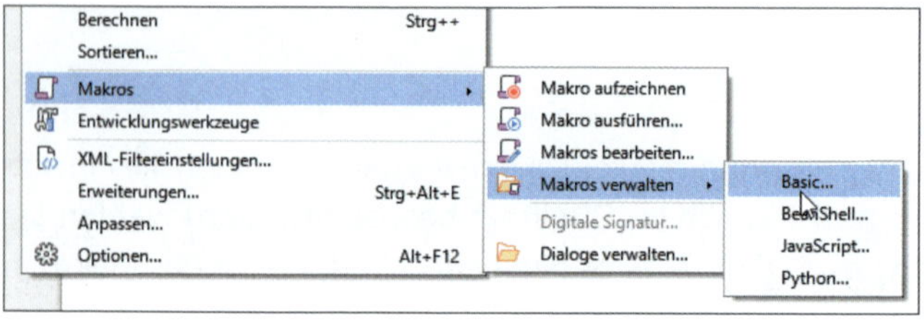

Rufen Sie ein Dialogfeld zum Verwalten Ihrer Makros auf.

Im folgenden Dialogfeld wählen Sie ein Makro aus und entscheiden sich dann per Schaltfläche für eine Verwaltungsoperation. Klicken Sie z. B. auf die Schaltfläche *Löschen*, um ein Makro – nach einer Bestätigung im Hinweisfenster – zu entfernen.

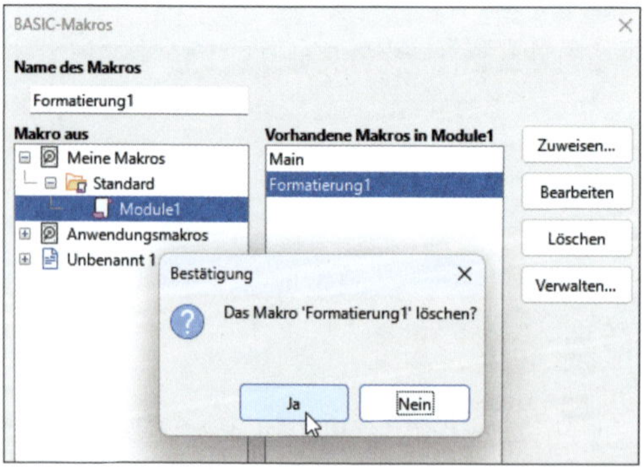

Hier wird ein aufgezeichnetes Makro wieder gelöscht.

Erweiterungen

Außer durch Makros lässt sich der Funktionsumfang von LibreOffice auch durch Erweiterungen – oder auf Englisch »Extensions« – ausweiten. Die folgende Anleitung zeigt als Beispiel die Installation der Erweiterung *Freecolour HLC Chart*:

1. Öffnen Sie in Ihrem Browser die Webadresse extensions.libreoffice.org.
2. Klicken Sie eine Erweiterung, die Sie anspricht, mit der Maus an.
3. Ihnen werden nähere Informationen zur Erweiterung angezeigt. Möchten Sie die Erweiterung installieren, klicken Sie auf den Download-Button.

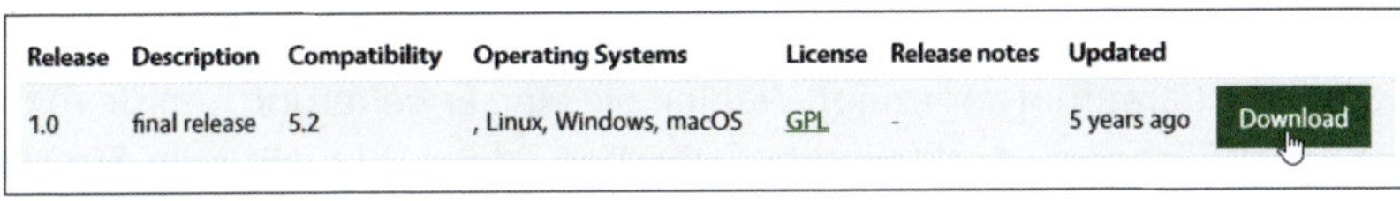

4. Führen Sie die heruntergeladene Datei aus.
5. Bestätigen Sie die Installation der Erweiterung mit *OK*.

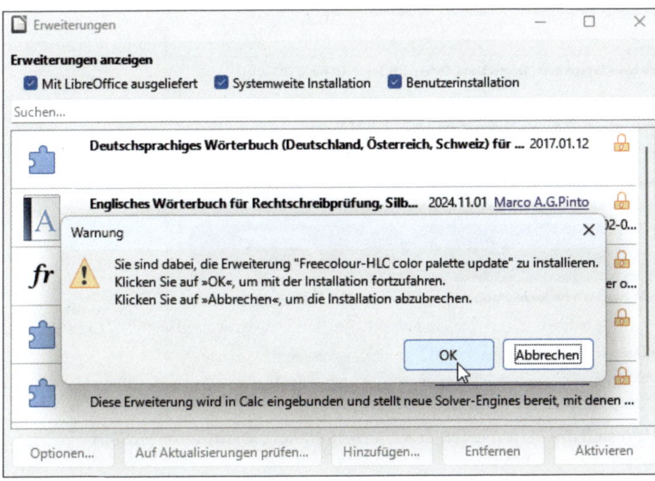

6. Die Erweiterung steht nach einem Neustart in LibreOffice zur Verfügung. In diesem Fall handelt es sich um eine alternative Farbpalette, die Sie in den Farbmenüs der einzelnen LibreOffice-Programme einsetzen können.

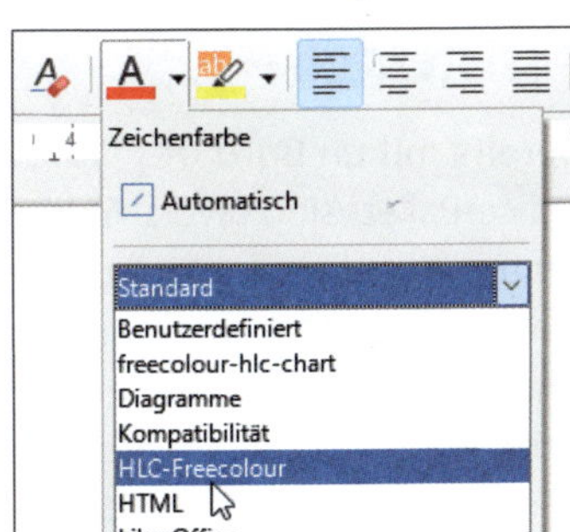

Erweiterungen verwalten

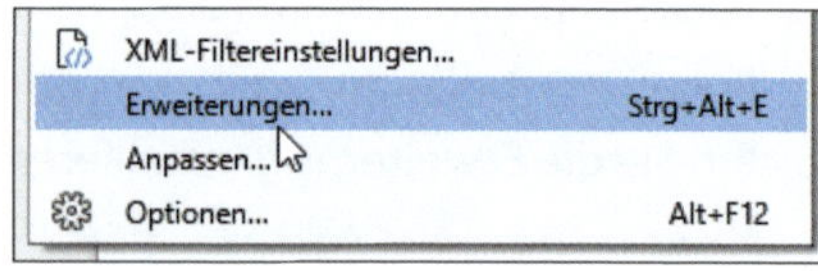

Zum Verwalten der installierten Erweiterungen wählen Sie in der Menüleiste *Extras* und dann *Erweiterungen.*

Die verfügbaren Erweiterungen werden Ihnen daraufhin angezeigt. Wählen Sie eine Erweiterung, um sie mithilfe der Schaltflächen zu deaktivieren, zu löschen oder zu aktualisieren. Für einige Erweiterungen stehen darüber hinaus weitere Optionen zur Verfügung.

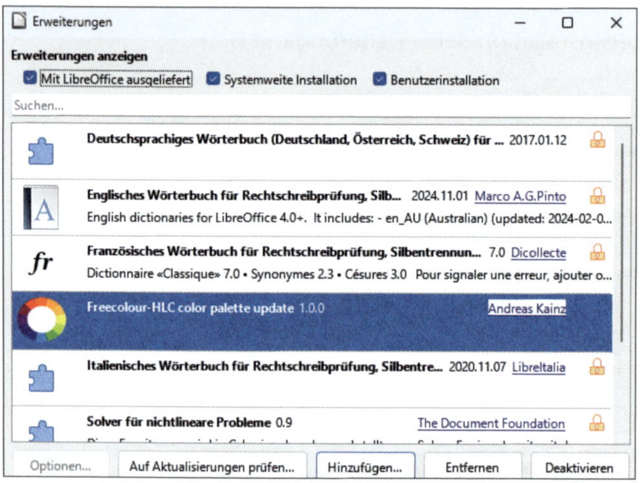

Im Dialogfeld lassen sich die installierten Erweiterungen komfortabel verwalten.

Assistenten

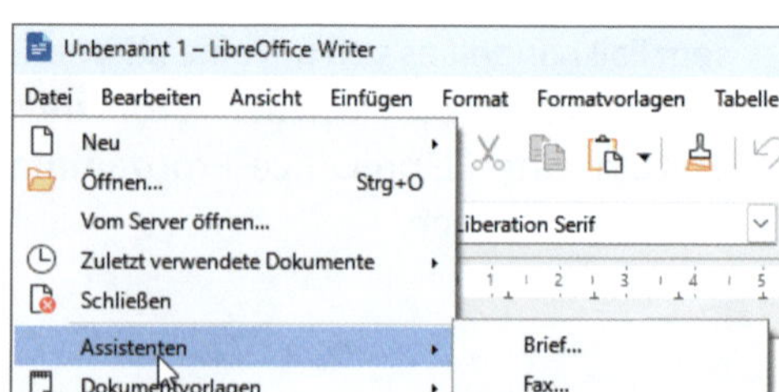

Bereits mit an Bord des LibreOffice-Pakets sind diverse Assistenten zum Erstellen oder Umwandeln von Dokumenten. Sie finden die Assistenten in einem Ausklappmenü, wenn Sie sich in der Menüleiste für *Datei* entscheiden und den Mauszeiger im sich öffnenden Menü auf den Eintrag *Assistenten* bewegen. Diese Assistenten stehen Ihnen zur Verfügung:

- *Brief:* Statt einen Brief auf eigene Faust einzutippen und zu gestalten bzw. auf eine bestehende Vorlage zurückzugreifen, können Sie auch den Assistenten zum Erstellen einer Briefvorlage im Programm Writer verwenden.

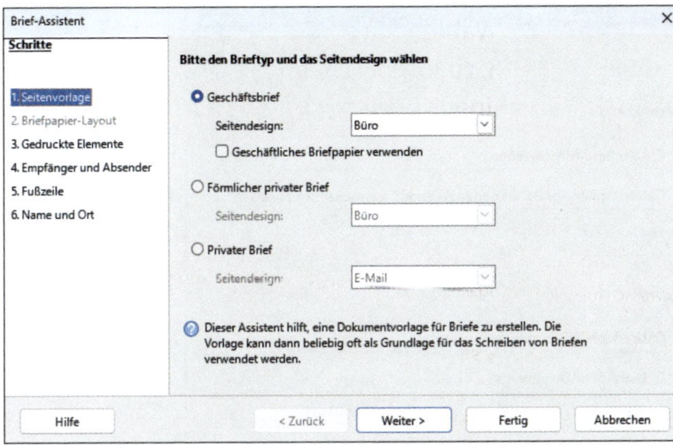

- *Fax:* Mit diesem Assistenten erstellen Sie eine Faxvorlage für den Versand von Faxnachrichten.
- *Tagesordnung:* Erstellen Sie mithilfe dieses Assistenten eine Vorlage für Tagesordnungsdokumente.

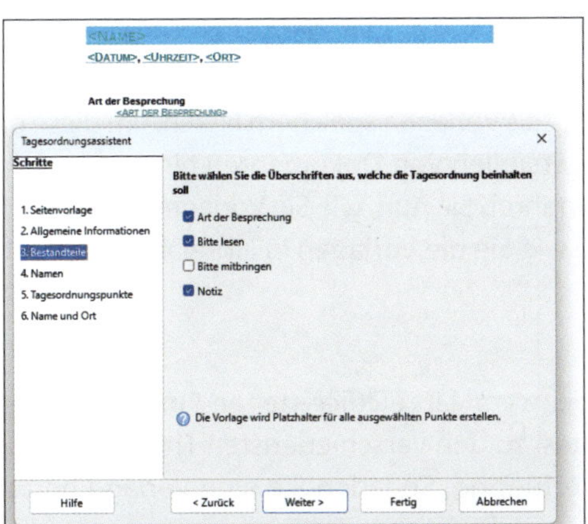

- *Dokumentkonverter:* Dieser Assistent ist Ihnen dabei behilflich, Dateien, die Sie mit Microsoft Office erstellt haben (Word, Excel, PowerPoint, Publisher) in das Open Document Format umzuwandeln.

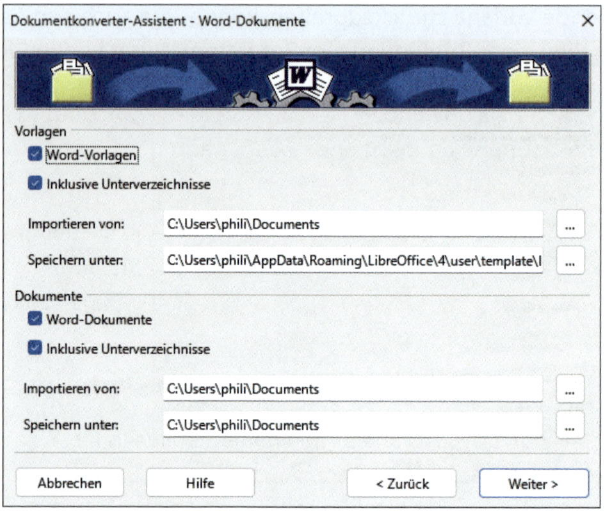

- *Adressdatenquelle:* Mithilfe dieses Assistenten konfigurieren Sie eine Datenquelle für Adressdaten, auf die Sie dann in LibreOffice zurückgreifen können.

Vorlagen herunterladen und verwalten

In Kapitel 2 zum Textverarbeitungsprogramm Writer wurde Ihnen bereits gezeigt, wie sich eigene Dokumente als Vorlagen speichern lassen, um diese dann später jederzeit erneut für das Erstellen von Dokumenten einsetzen zu können. Auf den nächsten Seiten erfahren Sie nun, wie Sie Vorlagen auch aus dem Internet beziehen können und wie Sie die Vorlagen in LibreOffice verwalten.

Vorlagen herunterladen

Auf der offiziellen Download-Seite von LibreOffice stehen Ihnen eine Menge Vorlagen (auf Englisch Templates) zu den verschiedensten Themen zum kostenlosen Herunterladen zur Verfügung. So laden Sie eine Vorlage herunter und machen diese in LibreOffice verfügbar:

1. Öffnen Sie im Browser die Webadresse extensions.libreoffice.org und suchen Sie nach dem Begriff *template*.
2. Klicken Sie eine Vorlage an. Die meisten der Vorlagen sind in englischer Sprache, jedoch lassen sich auch einige deutschsprachige Vorlagen sowie Vorlagen in weiteren Sprachen finden.

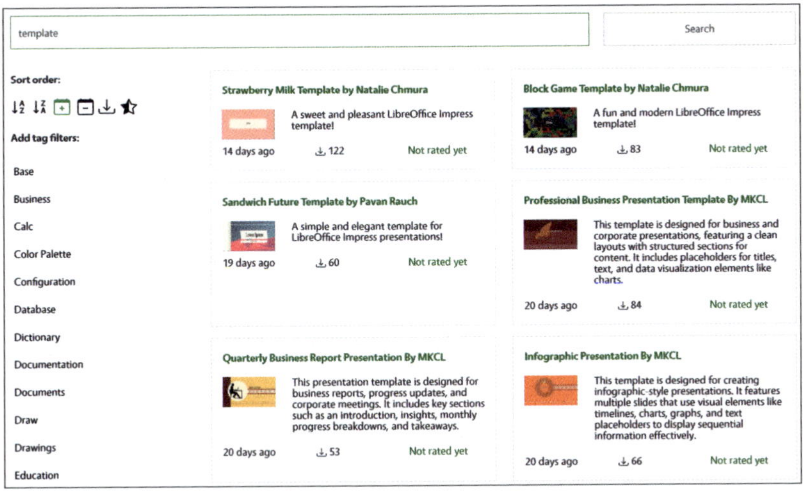

3. Lesen Sie sich die Informationen zur Vorlage durch. Wenn Sie diese verwenden möchten, laden Sie sie auf Ihren Computer herunter.

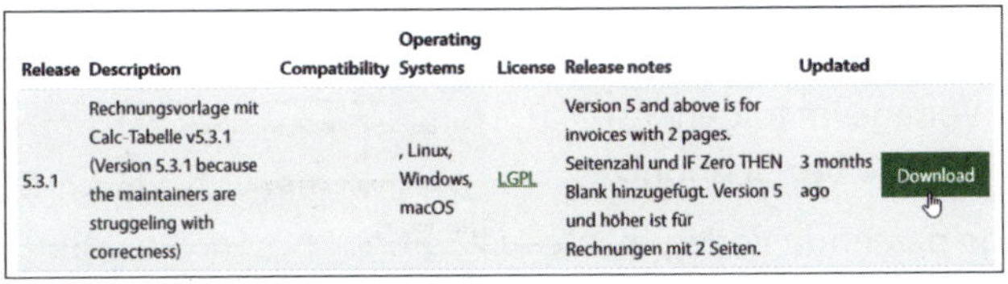

Release	Description	Compatibility	Operating Systems	License	Release notes	Updated	
5.3.1	Rechnungsvorlage mit Calc-Tabelle v5.3.1 (Version 5.3.1 because the maintainers are struggeling with correctness)		, Linux, Windows, macOS	LGPL	Version 5 and above is for invoices with 2 pages. Seitenzahl und IF Zero THEN Blank hinzugefügt. Version 5 und höher ist für Rechnungen mit 2 Seiten.	3 months ago	Download

4. Bei vielen Vorlagen können Sie einfach auf die heruntergeladene Datei doppelklicken, um die Vorlage im entsprechenden LibreOffice-Programm aufzurufen. Sollte das nicht funktionieren, wählen Sie in LibreOffice *Datei/ Öffnen*, um die heruntergeladene Vorlage zu öffnen.
5. Jetzt möchten Sie die geöffnete Vorlage noch in den Vorlagen speichern, um sie z. B. auf der allgemeinen Benutzeroberfläche unter *Vorlagen* verfüg-

bar zu machen. Die Vorgehensweise kennen Sie bereits aus Kapitel 2 zum Programm Writer: Klicken Sie in der Menüleiste auf *Datei.*

6. Bewegen Sie den Mauszeiger im sich öffnenden Menü auf den Eintrag *Dokumentvorlagen.*
7. Klicken Sie im Ausklappmenü auf den Befehl *Als Dokumentvorlage speichern.*

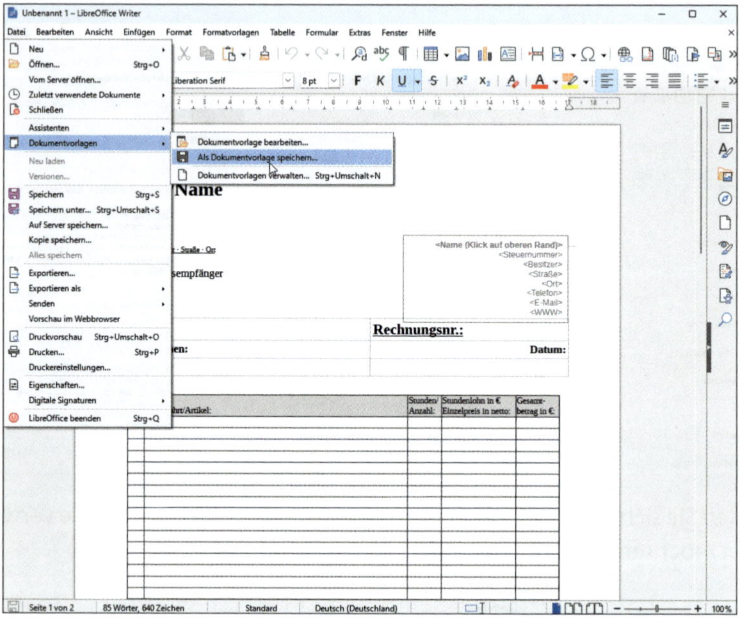

8. Geben Sie der Vorlage im folgenden Dialogfeld eine sinnvolle Bezeichnung.
9. Wählen Sie eine passende Vorlagenkategorie aus. Bestätigen Sie mit *Speichern.*

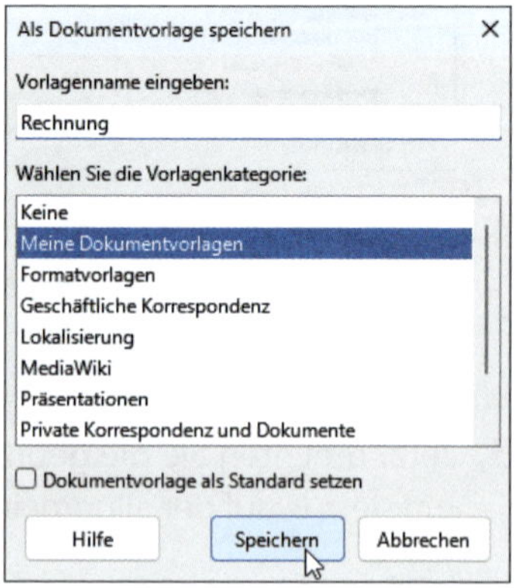

10. Wenn Sie sich nun z. B. auf der allgemeinen Benutzeroberfläche die Vorlagen anzeigen lassen, stellen Sie fest, dass sich dort nun auch die hinzugefügte Vorlage auswählen lässt.

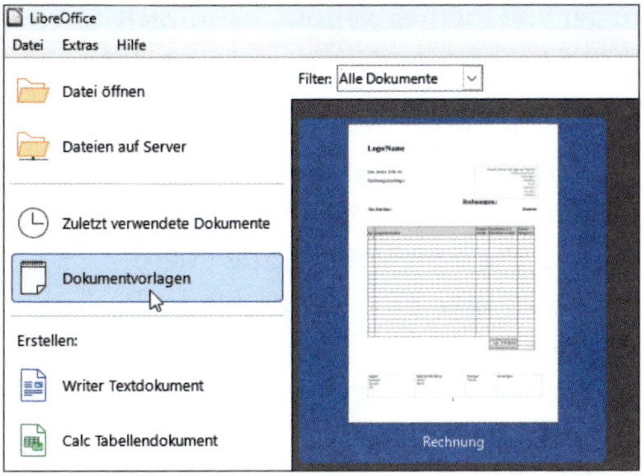

Vorlagen verwalten

Es stehen für die Verwaltung Ihrer Vorlagen einige nützliche Funktionen zur Verfügung, die Sie kennen sollten. Das Dialogfeld zum Verwalten der Vorlagen rufen Sie auf, indem Sie sich in der Menüleiste für *Datei/Dokumentvorlagen/ Dokumentvorlage verwalten* entscheiden. Welche Vorlagen in der Vorlagenverwaltung angezeigt werden sollen, bestimmen Sie mithilfe der Drop-down-Menüs bzw. mithilfe des Suchfeldes oben im Dialogfeld.

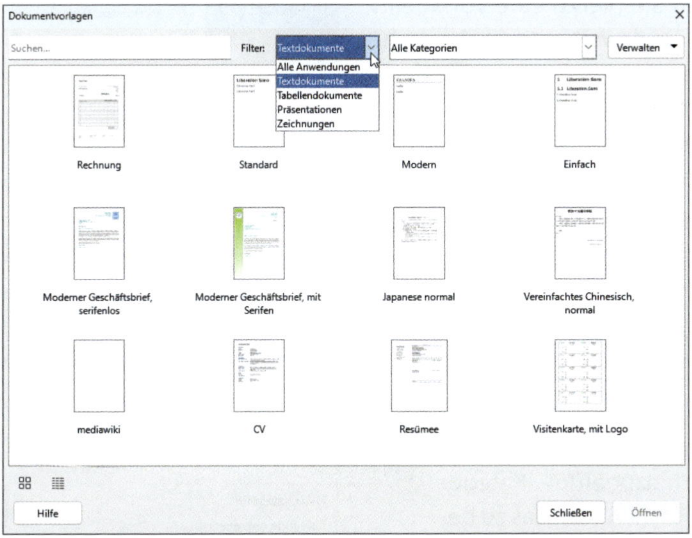

Entscheiden Sie zunächst, welche Vorlagen in der Vorlagenverwaltung angezeigt werden sollen.

In der Vorlagenverwaltung bietet sich Ihnen nun eine Reihe von Optionen, die Ihnen nachfolgend vorgestellt werden:

- **Importieren von Vorlagen:** Ihnen wurde gezeigt, wie Sie eine Vorlage in LibreOffice öffnen und dann als Vorlage speichern. Sie können eine Vorlage jedoch auch direkt als Vorlage importieren. Hierzu klicken Sie rechts oben in der Vorlagenverwaltung auf die Schaltfläche *Verwalten* und dann auf *Importieren*. Wählen Sie im folgenden Dialogfeld eine Kategorie für die zu importierende Vorlage aus und bestätigen Sie mit *OK*. Wählen Sie dann die Vorlagendatei aus und bestätigen Sie mit *Öffnen*.

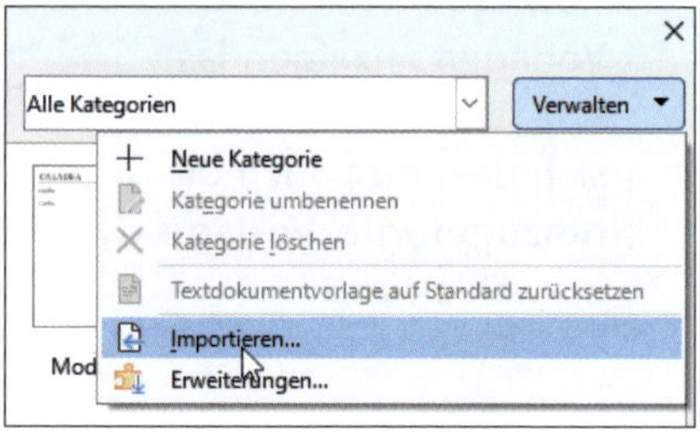

- **Exportieren von Vorlagen:** Vorlagen lassen sich aus der Vorlagenverwaltung in eine Vorlagendatei exportieren. Klicken Sie hierzu eine Vorlage in der Vorlagenverwaltung mit der rechten Maustaste an und wählen Sie dann im Kontextmenü *Exportieren*. Bestimmen Sie anschließend den Speicherort für die Vorlagendatei und bestätigen Sie mit *OK*.

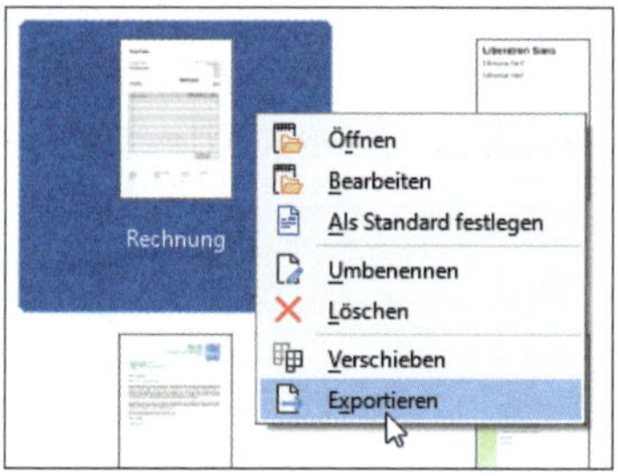

- **Neue Kategorie erstellen:** Die Vorlagen werden Kategorien zugewiesen. Zusätzlich zu den Standard-Kategorien lassen sich beliebige weitere Kategorien für die Vorlagen erstellen. Dazu klicken Sie rechts in der Vorlagenverwaltung auf *Verwalten* und wählen im sich öffnenden Menü den Eintrag *Neue Kategorie*. Geben Sie im folgenden Dialogfeld einen Kategorienamen ein und bestätigen Sie mit *OK*.

- **Kategorien löschen:** Möchten Sie eine selbst hinzugefügte Kategorie wieder löschen? Um das zu bewerkstelligen, wählen Sie diese zunächst im Drop-down-Menü *Alle*

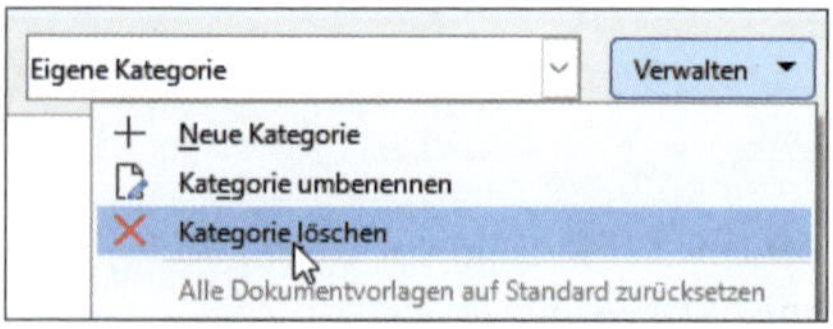

Kategorien aus. Klicken Sie dann unter der Schaltfläche *Verwalten* auf den Eintrag *Kategorie löschen*. Bestätigen Sie das Löschen anschließend im Hinweisfenster mit *Ja*.

- **Vorlage verschieben:** Um eine Vorlage in eine andere Kategorie zu verschieben, klicken Sie diese in der Vorlagenverwaltung mit der rechten Maustaste an. Wählen Sie im Kontextmenü den Eintrag *Verschieben*. Entscheiden Sie sich nun für die gewünschte Kategorie und bestätigen Sie mit *OK*.
- **Vorlage umbenennen:** Zum Umbenennen einer Vorlage klicken Sie diese in der Vorlagenverwaltung mit der rechten Maustaste an und wählen im Kontextmenü den Befehl *Umbenennen*. Geben Sie im folgenden Dialogfeld die gewünschte neue Bezeichnung für die Vorlage ein und bestätigen Sie mit *OK*.
- **Vorlage löschen:** Um eine nicht mehr benötigte Vorlage zu löschen, klicken Sie diese mit der rechten Maustaste an und wählen im Kontextmenü den Befehl *Löschen*; alternativ drücken Sie zu diesem Zweck die Taste Entf. Bestätigen Sie das Löschen im folgenden Hinweisfenster mit *Ja*.

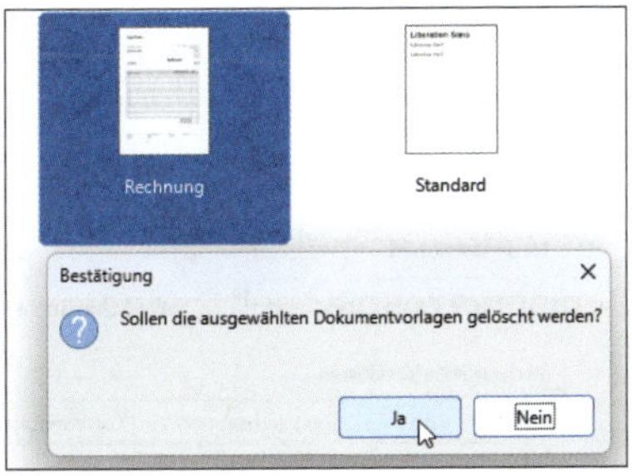

- **Vorlage bearbeiten:** Oder soll die Vorlage als solche bearbeitet werden? Dazu klicken Sie die Vorlage mit der rechten Maustaste an und wählen im Kontextmenü den Befehl *Bearbeiten*. Anschließend können Sie die Vorlage Ihren Vorstellungen entsprechend anpassen.

Als Standardvorlage setzen

Wenn Sie beim Starten eines LibreOffice-Programms statt einer leeren Datei eine bestimmte Vorlage öffnen möchten, legen Sie diese Vorlage als Standard fest. Dazu klicken Sie eine Vorlage in der Vorlagenverwaltung mit der rechten Maustaste an und wählen im Kontextmenü den Eintrag *Als Standard festlegen*. Soll wieder die normale Vorlage als Standardvorlage verwendet werden, klicken Sie die aktuelle Standardvorlage mit der rechten Maustaste an und wählen im Kontextmenü *Auf Standard zurücksetzen*.

Versionen speichern

Sie können eine LibreOffice-Datei in mehreren Versionen speichern, um später jederzeit auf ältere gespeicherte Versionen zurückgreifen zu können. Zu diesem Zweck müssen Sie nicht mehrere Dateien anlegen, sondern gehen den folgenden Weg:

1. Zunächst mal muss das Dokument als Datei auf dem Computer gespeichert werden, z. B. per Symbol (vgl. Kapitel 1).
2. Klicken Sie nun in der Menüleiste auf *Datei.*
3. Wählen Sie im sich öffnenden Menü die Option *Versionen.*
4. Klicken Sie im folgenden Dialogfeld auf die Schaltfläche *Neue Version speichern.*

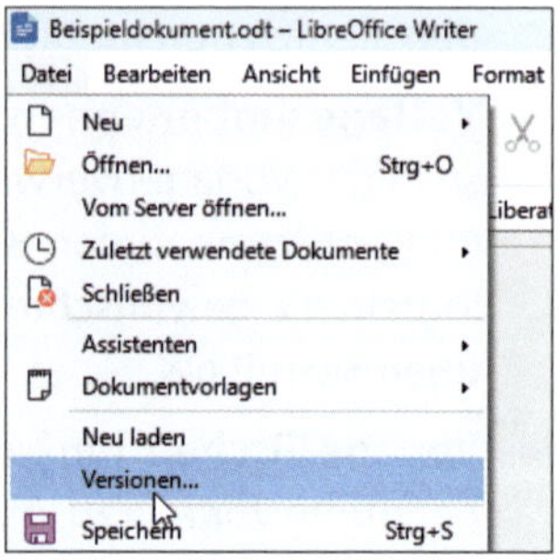

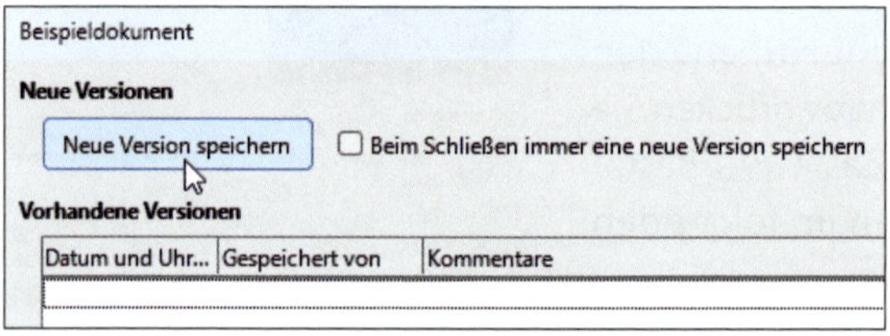

5. Es öffnet sich ein weiteres Dialogfeld, in dem Sie einen kurzen Kommentar zur aktuellen Version eingeben können. Die Eingabe eines Kommentars ist jedoch nicht zwingend erforderlich.
6. Bestätigen Sie mit *OK*, um die neue Version zu erstellen.
7. Die neue Version wird nun im Abschnitt *Vorhandene Versionen* aufgelistet. Bestätigen Sie mit *Schließen.*

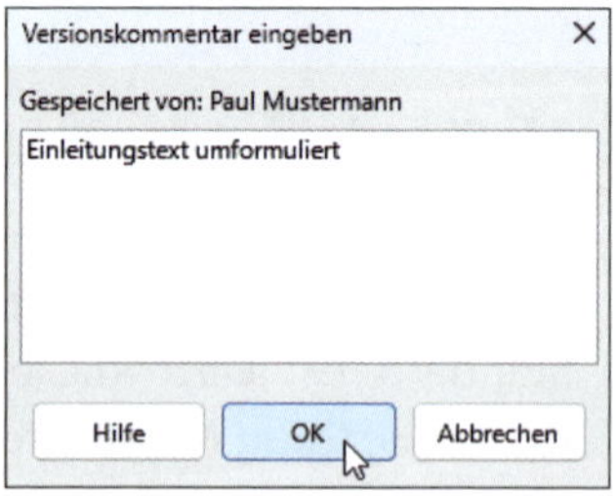

Wichtig zu wissen: Wenn Sie das Dokument als neue Datei speichern (mit *Speichern unter*), werden die Versionsinformationen nicht mitgespeichert.

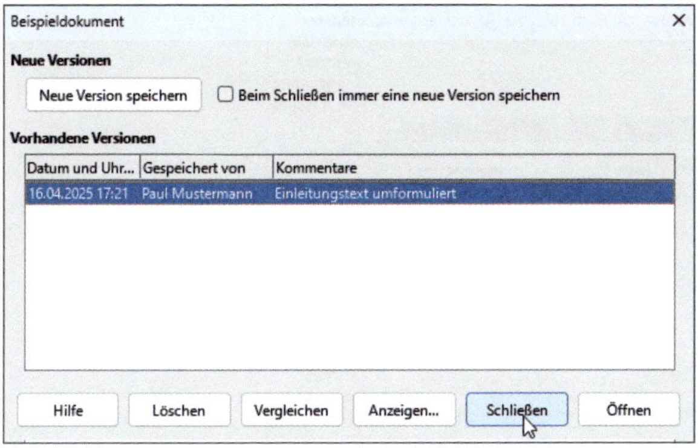

Neue Version automatisch speichern

Soll eine neue Version beim Schließen eines Dokuments automatisch angelegt werden, aktivieren Sie im Dialogfeld zum Anlegen von Versionen das Kontrollkästchen *Beim Schließen immer eine neue Version speichern.*

Ältere Version verwenden

Um später auf eine ältere Version eines Dokuments zurückzugreifen, wählen Sie wiederum *Datei/Versionen.* Doppelklicken Sie dann einfach auf eine Version, um diese in schreibgeschützter Form zu öffnen. Klicken Sie rechts oben auf die Schaltfläche *Dokument bearbeiten* und speichern Sie eine Kopie ab.

Versionen vergleichen

Sie können auch mehrere Versionen miteinander vergleichen und einzelne Änderungen ablehnen oder akzeptieren. Wählen Sie hierzu ebenfalls *Datei/Versionen*, entscheiden Sie sich für eine Version und klicken Sie auf die Schaltfläche *Vergleichen.* Es wird ein Fenster geöffnet, in dem die einzelnen Änderungen aufgelistet werden. Klicken Sie eine Änderung in dem Fenster an, um im Dokument zur entsprechenden Stelle zu springen. Mit der Schaltfläche *Annehmen* akzeptieren Sie eine Änderung (mit *Alle annehmen* nehmen Sie alle Änderungen an), mit Klick auf die Schaltfläche *Ablehnen* lehnen Sie eine Änderung ab (mit *Alle Ablehnen* lehnen Sie alle Änderungen ab).

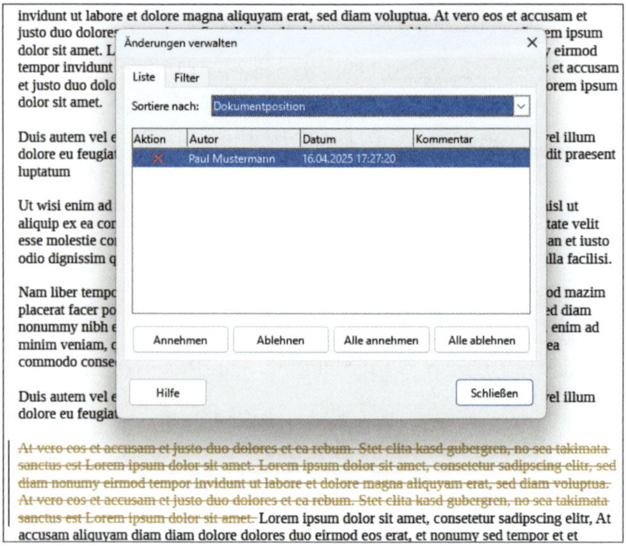

Klicken Sie eine Änderung an, um diese im Dokument anzuzeigen und dann entweder anzunehmen oder abzulehnen.

Schutz für Dateien

LibreOffice bietet verschiedene Schutzfunktionen für die Datei selbst sowie für Elemente innerhalb einer Datei an. Machen Sie sich im Folgenden mit den Schutzfunktionen vertraut, um unbefugte Zugriffe auf ein Dokument bzw. nicht gewünschte Änderungen innerhalb eines Dokuments zu verhindern.

Mit Kennwort speichern

Beim Speichern einer LibreOffice-Datei haben Sie die Möglichkeit, ein Kennwort einzugeben, das dann zum Öffnen der Datei erforderlich ist. Es geht ganz einfach:

1. Wählen Sie die Funktion *Speichern* bzw. *Speichern unter* und machen Sie Ihre Angaben zu Speicherort, Dateiname sowie Dateityp (vgl. Kapitel 1).

2. Aktivieren Sie das Kontrollkästchen *Mit Kennwort speichern.*
3. Bestätigen Sie mit *Speichern.*
4. Geben Sie im folgenden Dialogfeld zweimal das gewünschte Kennwort ein. Ein farbiger Balken zeigt Ihnen dabei an, wie sicher das Kennwort ist.
5. Bestätigen Sie mit *OK.*

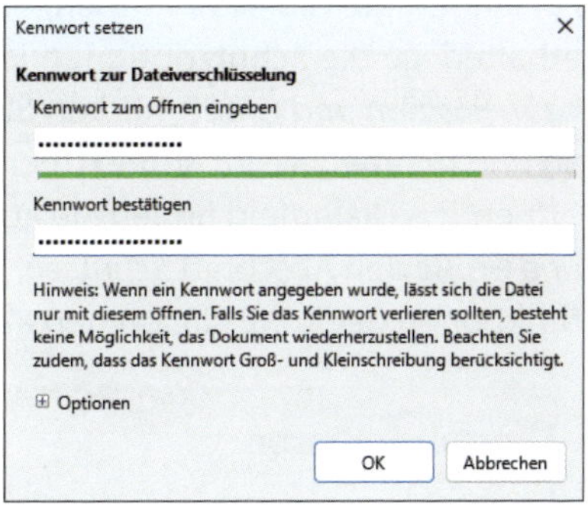

Möchten Sie die mit einem Kennwort versehene Datei öffnen, erscheint zunächst ein Fenster für die Kennworteingabe. Tippen Sie das Kennwort ein und bestätigen Sie mit der ↵-Taste, um die Datei anzuzeigen.

Aufzeichnen der Änderungen schützen

Soll das Aufzeichnen der Änderungen nur durch die Eingabe eines Kennworts abgeschaltet werden können? Dazu wählen Sie *Bearbeiten/Änderungen verfolgen/Schützen.* Geben Sie zweimal das gewünschte Kennwort ein und bestätigen Sie mit *OK.* Das Kennwort wird beim Deaktivieren der Aufzeichnungsfunktion abgefragt.

Schreibschutz

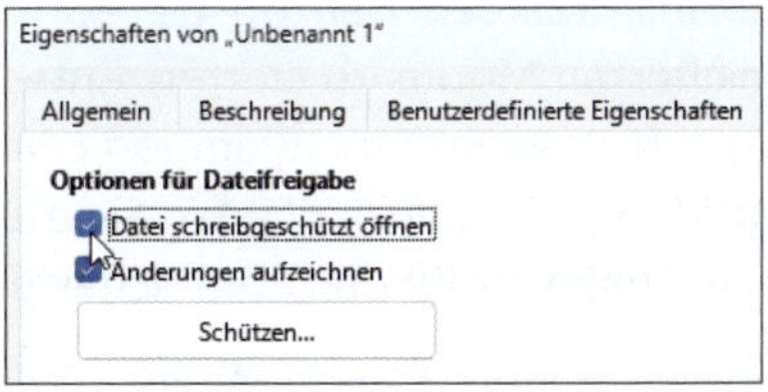

Sollen gar keine Änderungen in einem Dokument vorgenommen werden, aktivieren Sie den Schreibschutz. Wenn Sie das Dokument in LibreOffice geöffnet haben, wählen Sie dazu *Datei/Eigenschaften.* Entscheiden Sie sich im folgenden Fenster für die Registerkarte *Sicherheit.* Aktivieren Sie das Kontrollkästchen *Datei schreibgeschützt öffnen* und bestätigen Sie mit *OK.* Wenn Sie das Dokument erneut aufrufen, ist der Schreibschutz aktiviert. Um ein schreibgeschütztes Dokument wieder bearbeiten zu können, wählen Sie *Bearbeiten/Bearbeitungsmodus.*

Grafiken und weitere Inhalte schützen

Für eingefügte Grafiken, Formen, OLE-Objekte, Formular-Steuerelemente usw. erhalten Sie die Schutzoptionen jeweils im Dialogfeld *Eigenschaften*, *Objekt* bzw. *Position und Größe*. Klicken Sie ein Element mit der rechten Maustaste an und nehmen Sie im Kontextmenü die entsprechende Auswahl vor. Im sich öffnenden Dialogfeld finden Sie auf der Registerkarte *Optionen* bzw. *Position und Größe* den Abschnitt *Schützen*, in dem Sie die jeweils verfügbaren Schutzfunktionen per Kontrollkästchen aktivieren können. Bestätigen Sie mit *OK*.

Digital signieren

Ist die digitale Signatur eines Dokuments erforderlich? Um eine digitale Signatur hinzuzufügen, klicken Sie in der Menüleiste auf *Datei*, bewegen den Mauszeiger im sich öffnenden Menü auf *Digitale Signaturen* und wählen im Ausklappmenü den gleichlautenden Befehl, um das Dokument anschließend mithilfe eines entsprechenden Zertifikats digital signieren zu können.

Abgesicherter Modus

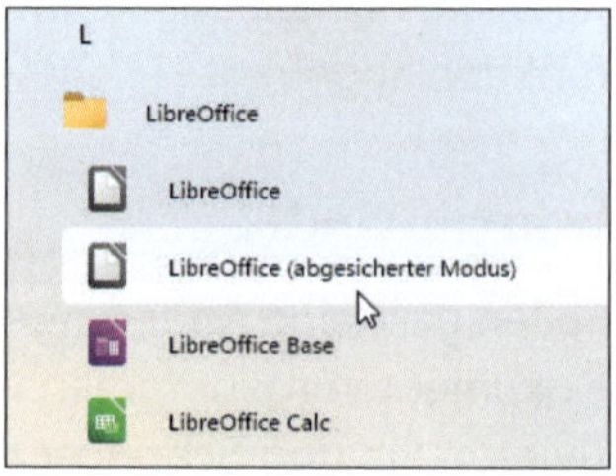

Falls LibreOffice in Ausnahmefällen mal Probleme machen sollte, beispielsweise weil eine installierte Extension nicht richtig funktioniert, nutzen Sie den abgesicherten Modus, um das Problem zu beheben. Um LibreOffice im abgesicherten Modus zu starten, entscheiden Sie sich für den Startmenüeintrag *LibreOffice (abgesicherter Modus)*. Wählen Sie anschließend die Optionen für den abgesicherten Modus aus.

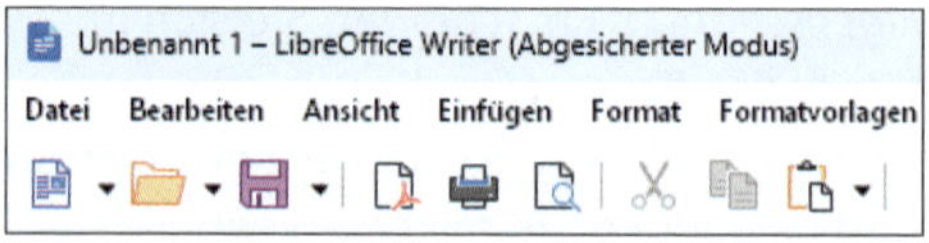

Dass der abgesicherte Modus verwendet wird, erkennen Sie am entsprechenden Vermerk hinter dem Dateinamen.

A

Abbildungsverzeichnis 69
Abfragen 147, 152
Abgesicherter Modus 186
Absatzabstand 42
Absatzformatierung 41
Absatzmarkierungen 28
Abstand 42
Absteigend sortieren 96
Adressblock 71
Adressdatenbank 157
Adressdatenquelle 176
Adressen 71
Alphabetische Sortierung 95
Als Dokumentvorlage speichern 39
Alternativtext 78
Änderungen aufzeichnen 79
Animation 126
Animiertes Bild 127
Anpassen 161
Anzeigebereich 13
Assistenten 174
Attribute 143
Audio/Video 52
Aufsteigend sortieren 95
Aufzählung 43
Aufzeichnen von Änderungen 79
Ausblenden 92
Ausrichtung des Textes 42
Ausrichtung in Zellen 88
Ausrichtungsoptionen 88
Ausschneiden 56
Auswahlmodus 132
AutoFilter 96
AutoFormat 90
AutoKorrektur 75
AutoText 76
Autowiederherstellen 21

B

Barrierefreiheit 78
Base 12, 144
  Abfragen 152
  Berichte 155
  Entwurfsansicht 149
  Formulare 153
  Index 149
  Tabellen 146
Beamer 114
Bedingte Formatierung 91
Benutzerdaten 14
Benutzeroberfläche 12, 24
  Gruppiert kompakt 26
  In Registern 24
  Kontextabhängig 26
Berichte 147, 155
Beschriftung von Bildern 51
Beziehungen zwischen Tabellen 151
Bezüge 101
Bezugsoperatoren 103
Bildanpassung 51
Bilddateien 49
Bildlaufleiste 13
Blocksatz 42
Brief 70, 175
Briefanrede 71
Briefumschlag 72

C

Calc 10, 82
Cloud 21
Collabora Office 5
Copy-and-paste 55
Cursor 27

D

Datei 15
  anlegen 15
  öffnen 23
  schließen 22
  schützen 184
Dateianhang 81

Dateien auf Server 24
Dateiname 18
Dateityp 19
Datenbank 144
Datenbankmanagementsystem 12
Datenbankobjekte 146
Datenbereiche 110
Daten in Tabelle 106
Datentabelle 110
Designvorlage 114
Designvorlage ändern 117
Diagramm-Assistent 107
Diagramme 106
  in Writer erstellen 48
Diagrammtyp 107
Diagrammwand 109
Digitale Signatur 186
Dokument durchsuchen 73
Dokumentkonverter 176
Dokumentvorlagen 16
Draw 11, 130
  3D-Objekte 134
  Flussdiagramme 134
  Gruppieren 136
  Masteransicht 131
  Seitengröße 131
  Zeichnungsfunktionen 132
Drehen von Bildern 51
Druckbereich 113
Drucken 80
  eines Tabellenblatts 111
Druckvorschau 80
Durchstreichen 33

E

Effekt 126
Eigenschaften 43
Einblenden 93
Einfügen 46, 55
Einfügeoptionen 56
Eingabehilfe 106
Eingabekorrektur 28
Eingabemarkierung 27
Eingabezeile 83
Einzug 44
Ellipse zeichnen 133
E-Mail, Dateianhang 81
Endnote 62
Entwurfsansicht 149
Ereignisse 70
Ersetzen 74
Erweiterungen 172
Export 138
  als Grafikdatei 20
  als PDF-Datei 19

F

Farbe 132
Farbmenü 34
Fehlermeldung 106
Feldbefehle 65
Feldbezeichnungen 64
Felder 61, 64
Fettdruck 32
Filtern 96, 151
Fixieren von Spalten/Zeilen 94
Fläche 46
Flussdiagramme 134
Folie 114
  ausblenden 116
  doppeln 116
  löschen 116
  sortieren 117
Folienlayout 117
Foliensortierung 118
Folienwechsel 128
Fontwork 52
Format 19
Format-Code 87
Formatierung 31
  entfernen 36
  übertragen 36

Formatierung
von Zellinhalten ...83
Formatierungszeichen...28
Formatvorlagen ...36, 47
Formatvorlagen erstellen...37
Formeleditor ...12
Formeln...100, 140
Formeln, Gültigkeit...106
Formen...53
Formulare...147, 153
Formular-Steuerelemente...69
Fotoalbum...123
Freihandlinien...133
Füllfarbe...132
Funktionsargumente ...104
Fußnote...62
Fußzeile...60

G

Gamma...51
Gitter...113
Gleichheitszeichen...100
Gliederung...44, 118
GNU/Linux ...5
Grafikdateien ...20
Grafikdateien einfügen ...49
Grafikeffekte...50
Grafikprogramm ...11
Grammatikprüfung...76
Graustufen ...50
Größe...49
Grundformen...133
Grundschriftarten...40
Gruppieren...136
Trenner hinzufügen...162

H

HDMI-Anschluss...128
Helligkeit ...51
Hervorhebungsfarbe ...33
Hilfslinien...130
Hintergrund...59
Hochstellen...33
Hyperlink...41

I

Ignorieren...77
Impress...11, 114
Animation...126
Audio/Video ...124
Bilder...122
Diagramm ...122
Fontwork...124
Form ...124
Objekte...125
Tabelle ...121
Textfeld...120
Index ...66, 149
Inhaltsverzeichnis...65
Installation ...6
Internet ...21, 81
iOS...5

J

JDBC...144

K

Kapitelnummerierung...62
Kategorie...180
Kennwort...184
Kommentare ...78
Kontextmenü...163
Kontrast...51
Koordinate ...82
Kopfzeile...60
Kopieren ...55
Kopie speichern ...19
Korrigieren...77
Kriterien ...106
Kursivdruck...32
Kurven zeichnen...133

L

Layouteinstellungen ... 58
Legende ... 110, 134
Lesezeichen ... 73
LibreOffice ... 5
  Makros ... 169
  portable Version ... 8
Linien ... 45, 54, 133
Linienfarbe ... 132
Link anlegen ... 41
Linksbündig ... 42
Linux ... 5
Literaturverzeichnis ... 68
Löschen ... 28, 91

M

Makros ... 166
  aufzeichnen ... 167
  ausführen ... 168
  bearbeiten ... 171
  Menü hinzufügen ... 170
  verwalten ... 172
Manueller Umbruch ... 57
Markieren ... 30, 33
Maßlinien zeichnen ... 133
Masterfolie ... 119
Masterhandzettel ... 119
Masternotizen ... 119
Math ... 12, 140
  Formel erstellen ... 141
  Formel formatieren ... 142
Medien in Dokument einfügen ... 52
Menüleiste ... 13
Menüleiste anpassen ... 163
Microsoft Access ... 144
Microsoft Office ... 19
Microsoft PowerPoint ... 54
Microsoft Word ... 27
Mit Kennwort speichern ... 184
MySQL ... 144

N

Navigationsbereich ... 13
Navigator ... 72
Neue Datei anlegen ... 15
Neue Folie ... 116
Neuer Absatz ... 27
Neue Zeile ... 27
Notebook ... 114
Notizen ... 118
Nummerieren ... 44

O

Objekte ... 54
ODF (Open Document Format) ... 18
Öffnen ... 23
OLE-Objekte ... 54
Operator ... 100
Optionen ... 14
Optionsfeld ... 69

P

Papierformat ... 27, 58
PDF ... 19
Pfeilformen ... 134
Pfeillinien zeichnen ... 133
Pivot-Tabelle ... 97
Platzhalter ... 120
Polygone zeichnen ... 133
Portable Version ... 8
Position ... 50
Präsentation ... 114
  drucken ... 129
  starten ... 128
Präsentationsprogramm ... 11
Programmfenster ... 12
Programmverknüpfung ... 8
Projektionsoptionen ... 128
Punkt, Schriftgröße ... 32
Punkt-vor-Strich-Regel ... 100